网络广告设计与制作

21 世纪高职高专艺术设计规划教材

谢成开
王　波　编　著

清华大学出版社
北　京

内 容 简 介

本书根据网络广告的特点和发展的现状与趋势,对网络媒体的发展与特征、网络广告设计、网络广告制作技术三个方面作了系统地分析和阐述。全书共分为 6 章,第 1 章介绍网络的广告价值,第 2 章介绍网络广告的一般原理,第 3 章介绍网络广告设计,第 4 章介绍网络广告动画制作,第 5 章介绍网络广告互动技术,第 6 章介绍网络广告制作实例。

本书可作为高等职业技术院校广告设计专业、电子商务专业和计算机信息管理等专业的教材,也可作为网络广告从业人员、企业营销人员、网络广告爱好者的参考书和自学读物。

图书在版编目(CIP)数据

网络广告设计与制作 / 谢成开,王波编著. —北京:清华大学出版社,2005.12 (2019.9 重印)
(21 世纪高职高专艺术设计规划教材)
ISBN 978-7-302-11620-2

Ⅰ．网⋯　Ⅱ．①谢⋯ ②王⋯　Ⅲ．因特网－应用－广告－设计－高等学校:技术学校－教材
Ⅳ．F713.81-39

中国版本图书馆 CIP 数据核字(2005)第 092472 号

责任编辑:张龙卿
封面设计:邓晓新　陈新宇
责任印制:宋　林

出版发行:清华大学出版社
　　　　网　　址:http://www.tup.com.cn,http://www.wqbook.com
　　　　地　　址:北京清华大学学研大厦 A 座　　　　邮　　编:100084
　　　　社 总 机:010-62770175　　　　　　　　　　邮　　购:010-62786544
　　　　投稿与读者服务:010-62776969,c-service@tup.tsinghua.edu.cn
　　　　质 量 反 馈:010-62772015,zhiliang@tup.tsinghua.edu.cn
印 装 者:三河市君旺印务有限公司
经　　销:全国新华书店
开　　本:185mm×260mm　　　印　　张:15.5　　　字　　数:365 千字
版　　次:2005 年 12 月第 1 版　　　　　　　　印　　次:2019 年 9 月第 11 次印刷
定　　价:55.00 元

产品编号:015792-02/J

出版说明

　　高职高专教育是我国高等教育的重要组成部分。高职高专教育承担着培养技术、技能型人才的重要责任，是我国教育与经济发展联系最紧密、最直接的部分。当今劳动力市场上高技能人才的紧缺状况给高职高专教育的改革与发展带来了机遇和挑战。

　　大力发展高职高专教育，是党和政府根据我国经济结构调整的要求，积极完善目前高等教育体系的战略性举措，对于培养大批技术应用型和高技能人才，优化人才结构，促进人才的合理分布，推动我国经济社会发展具有重要意义。

　　由于市场经济的需求，促进了高职高专教育的开放性和多样化，也给高职高专艺术设计人才的培养带来了极好的发展机遇。目前全国各行业对高职高专艺术设计人才的需求逐年呈级数地增加，各高职高专院校培养学生的规模和数量也有了突飞猛进的发展。

　　学生知识的获得主要来自于教材，所以一套新颖、实用、面向社会需求的教材是学生学习最好的良师益友。目前由于高职高专艺术设计教材的开发相对于办学的规模及实践的需求有些滞后和脱节，许多院校仍沿用本科生的教材或者使用一些内容相对陈旧的教材，从而为教学工作的开展及学生的学习带来了很多困难，也影响了各艺术设计院校及专业的进一步发展。有鉴于此，清华大学出版社高职高专事业部专门组织全国高职高专院校艺术设计专业办学经验丰富的多所院校的老师，召开了几次艺术设计教学研讨会和教材规划会议，专门研究了目前高职高专艺术设计教学中面临的许多问题，与会专家及老师对教材的开发及教学改革提出了许多可行性的实施方案。

　　清华大学出版社在遵循与会老师意见的基础上，成立了"高职高专艺术设计规划教材编审委员会"。该教材编审委员会包括了北京艺术设计学院、大连轻工业学院职业技术学院、大连职业技术学院、广播电影电视管理干部学院、广州轻工业职业技术学院艺术设计学院、广州番禺职业技术学院、南宁职业技术学院、青岛职业技术学院、山东工艺美术学院、上海工艺美术职业技术学院、深圳职业技术学院、四川美术学院职业技术学院、武汉职业技术学院、中国美术学院职业技术学院、徐州建筑职业技术学院、淄博职业技术学院等多所高职高专艺术设计院校（以上院校按照字母顺序排名）为主的阵容强大的作者队伍，同时还有其他院校的老师也在陆续参与进来。"高职高专艺术设计规划教材编审委员会"的具体职责是组织各院校之间的交流联系；审核该套教材的大纲、初稿，审议并确定各选题主、参编人员；跟踪专业动态及教材使用情况，及时提出修订再版建议等，从而为多出精品教材奠定了良好基础。

　　本套教材具备如下特点：

　　（1）丛书定位。该套丛书是专门针对高职高专艺术设计相关专业的学生使用的教材，也可以作为中职院校、各种培训班学员的教材。另外，还可以作为社会相关艺术设计人才的参考书。

（2）出版形式。该套丛书采用多种印刷形式，并以彩印为主，以彩色插图、黑白印刷为辅。许多教材还提供多媒体电子教案、视频教学录像等教学素材，以方便教学的实施。

（3）选题范围。包括了艺术设计领域的各个专业方向。具体包括平面设计、影视动画、网络与多媒体、环艺设计、工业设计、服装设计等专业，同时还包括了计算机辅助设计、艺术设计专业基础等课程。

（4）出版步骤。该套教材将从众多稿件中选择学校最需要、学生要求最迫切的一些教材先行出版，然后根据各高职院校的要求，逐步完善整套丛书的教材体系，并逐步将其做成一套精品教材，以满足艺术设计类院校老师及学生的要求。

目前先期出版的体系比较完整的教材包括影视动画、环境艺术、计算机辅助设计、网络与多媒体等领域，平面设计（视觉传达）、工业设计、服装设计等专业的部分重点教材及艺术设计专业基础课程也在陆续出版。以后逐步完善各个专业方向的教材体系。

（5）组织方式。从各高职院校选择最具有代表性的、在本领域比较领先的院校的艺术设计类专业的老师来写作自己最擅长的课程，这些老师基本都具备丰富的教学经验、深厚的专业功底及扎实的实践经验。

（6）丛书特色。本套丛书层次分明、内容充实、实践性强、知识体系新，突出实用性、案例性的特点，专门针对高职高专艺术设计类的学生，并且书籍内容完全有别于本科生的教材及已经出版的一些内容相对陈旧的高职高专艺术设计类教材。同时，这套教材也更贴近社会及企事业单位的实际需求。

（7）视频教学。本套丛书使用了视频教学的方法来开发计算机辅助设计教材，主要包括了艺术设计常用的图形图像类软件。这些教材在讲授基本知识点的基础上，通过大量案例上机操作的视频录像及语音讲解来辅助教学。这些教材的每一种又分别包含了一本基础教程和一本上机实训教程。

对于教材出版及使用过程中遇到的各种问题，可以及时与我们取得联系，E-mail：zhanglq@tup.tsinghua.edu.cn，并提出您的宝贵意见及建议。对于您的任何建议及意见，我们都会认真对待，以便通过我们的共同努力，不断提高教材的出版质量。

高职高专艺术设计规划教材编审委员会

前　言

全球信息基础设施的建设极大地推动了 Internet 的发展和应用，Internet 已在人们的日常生活和工作中占据了十分重要的地位，成为人们获取信息和交流信息的主要渠道之一，它的媒体功能已经凸显出来。作为一种新兴媒体，它所具有的广告价值被越来越多的广告主和广告人所认识。近年来，网络广告的广告主和网络广告收入均成倍增长，表现出了很好的发展态势。

随着 Internet 的进一步发展和普及，网络广告的潜力会不断地体现出来，一方面网络的受众会越来越多，所覆盖的范围也会更加广泛；另一方面，网络广告的优势会被更多的广告主认识。加入 WTO 后，大中型企业的国际市场开拓是企业发展的重要途径，对这些企业来说，网络广告的全球性传播特点具有独特的魅力。网络广告还具有传播速度快、费用低、信息容量大、便于互动交流、便于检索、形式多样等优势，这些优势注定了网络广告的发展前景是美好的。

总体来说，网络广告还处于发展的初级阶段，还有许多不成熟的地方：人们对网络广告的了解和认识不够深入和全面；缺乏专业的网络广告策划、创意人才；既懂网络广告设计，又掌握网络广告技术的复合型人才还不多。因此，让更多的人学习、了解网络广告的基本知识，掌握网络广告的基本制作技术，是推动网络广告发展的重要任务，编写本书正是为了完成这一任务尽滴水之力。

本书共分为 6 章，第 1、3、4、5、6 章由谢成开编写，第 2 章由王波编写。在编写过程中，参考了大量书籍和网上资料，同时也得到了清华大学出版社高职高专事业部给予的很多帮助。在此，对有关作者和编辑表示衷心的感谢。

由于作者的水平有限，加之网络广告涉及的知识非常广泛，在书中难免有错误和不当之处，敬请各位专家和读者批评指正。

编　者
2005 年 6 月

目　录

第 1 章　网络的广告价值 1

1.1　网络的发展 1

1.1.1　网络的概念 1

1.1.2　Internet 的产生 2

1.1.3　应用扩展促使 Internet 发展 2

1.1.4　商业化促使 Internet 的发展加速 2

1.1.5　万维网与 Internet 的应用 3

1.1.6　网络时代的来临 3

1.1.7　中国的 Internet 发展 4

1.1.8　Internet 的未来 5

1.1.9　Internet 成为第四媒体 6

1.2　网络的受众 7

1.2.1　受众数量高速增长 7

1.2.2　受众的年龄特征 8

1.2.3　受众的性别特征 8

1.2.4　受众的文化程度特征 9

1.2.5　网络受众的上网目的 9

1.2.6　用户经常使用的网络服务 10

1.2.7　受众对网络广告的态度 10

1.3　网络的覆盖范围 11

1.4　网络广告的现状和发展 12

1.4.1　网络广告的概念 12

1.4.2　网络广告的现状 13

1.4.3　网络广告存在的问题 16

1.4.4　网络广告的发展趋势 17

1.5　思考与练习题 18

第 2 章　网络广告的一般原理 21

2.1　网络广告的形式 21

2.1.1　旗帜广告 21

2.1.2 按钮广告 22

2.1.3 漂移广告 23

2.1.4 悬浮式广告 24

2.1.5 弹出式广告 25

2.1.6 电子邮件广告 25

2.1.7 网上分类广告 26

2.1.8 关键词广告 27

2.1.9 游戏广告 27

2.1.10 网站栏目广告 28

2.1.11 其他广告形式 29

2.2 网络广告的信息元素 29

2.2.1 网络广告中的文字 29

2.2.2 网络广告中的图像 30

2.2.3 网络广告中的动画 31

2.2.4 网络广告中的声音 34

2.3 网络的传播特点 34

2.4 网络广告与传统媒体广告的比较 38

2.4.1 网络广告的优势 38

2.4.2 传统广告的优势 40

2.4.3 网络广告的劣势 41

2.4.4 传统媒体广告的劣势 43

2.5 思考与练习题 44

第 3 章 网络广告设计 47

3.1 网络广告创意设计 47

3.1.1 广告创意的含义 47

3.1.2 广告创意在广告中的作用 47

3.1.3 广告创意要策略为先 48

3.1.4 好广告创意的特征 48

3.1.5 广告创意常用方法 50

3.2 网络广告标题设计 52

3.2.1 网络广告标题的功能 52

3.2.2 网络广告标题的几种类型 53

3.3 网络广告动画设计 54

3.3.1 网络广告动画的特点 54

3.3.2 网络广告动画设计的艺术规律 57

3.3.3 广告动画的基本形式 68

4.4.5　动画配音 147

4.4.6　动画发布 149

4.5　思考与练习题 149

第5章　网络广告互动技术 151

5.1　Flash 脚本语言基础 151

5.1.1　变量与表达式 151

5.1.2　程序流程控制 154

5.1.3　事件与程序执行 157

5.1.4　脚本程序编辑器的使用 161

5.2　影片与影片剪辑对象 163

5.2.1　影片控制命令 163

5.2.2　影片剪辑对象的属性与控制 167

5.2.3　影片剪辑对象的方法 171

5.3　鼠标对象与声音对象 182

5.3.1　鼠标对象 182

5.3.2　声音对象 184

5.4　思考与练习题 189

第6章　网络广告制作实例 191

6.1　弹出式广告制作实例 191

6.1.1　动画制作 191

6.1.2　制作弹出广告 195

6.2　漂移广告制作实例 197

6.2.1　动画制作 197

6.2.2　漂移广告制作 198

6.3　悬浮式广告制作实例 200

6.3.1　动画制作 200

6.3.2　悬浮广告制作 206

6.4　邮件广告制作实例 208

6.4.1　广告页面制作 208

6.4.2　邮件广告发送 209

6.5　互动旗帜广告制作实例 212

6.5.1　元件制作 212

6.5.2　互动编程 214

6.5.3　广告发布 217

6.6　游戏广告制作实例 218

  3.3.4 常见动画效果 73

3.4 网络广告互动设计 76

  3.4.1 鼠标感应 76

  3.4.2 行为互动 78

  3.4.3 虚拟现实 79

3.5 思考与练习题 81

第4章 网络广告动画制作 83

4.1 ImageReady 制作 GIF 动画 83

  4.1.1 ImageReady 的特点 83

  4.1.2 ImageReady 的界面 84

  4.1.3 动画的制作步骤 84

  4.1.4 动画面板的使用 86

  4.1.5 常用动画制作手法 88

4.2 GIF Animator 动画制作 95

  4.2.1 界面介绍 96

  4.2.2 利用动画向导制作动画 96

  4.2.3 帧面板的使用 97

  4.2.4 对象面板的使用 100

  4.2.5 转场动画制作 100

  4.2.6 文字动画制作 102

  4.2.7 使用视频制作动画 104

  4.2.8 动画的连接 105

  4.2.9 动画的优化 105

4.3 COOL 3D 动画制作 108

  4.3.1 界面介绍 108

  4.3.2 关键帧动画制作 108

  4.3.3 几何体动画制作 111

  4.3.4 三维造型 113

  4.3.5 特效动画 118

  4.3.6 工作室的使用 120

  4.3.7 纵深方向位置的调整 123

4.4 Flash 动画制作 124

  4.4.1 位图的引用和处理 124

  4.4.2 基本动画形式 126

  4.4.3 元件与实例 137

  4.4.4 复杂动画制作 143

6.6.1　开始场景制作 ……………………………………… 218

6.6.2　游戏场景制作 ……………………………………… 218

6.6.3　失败场景制作 ……………………………………… 228

6.6.4　胜利场景制作 ……………………………………… 231

6.6.5　游戏广告的发布 …………………………………… 232

6.7　思考与练习题 …………………………………………… 232

习题参考答案 ……………………………………………………… 233

参考文献 …………………………………………………………… 234

第1章 网络的广告价值

很多学生曾问过一个相同的问题："在网上一切都是免费的，网站靠什么挣钱？"，其实这和我们看电视、听广播一样，我们同样没有为我们所看的节目和所听的内容付费，但电视台和广播电台却财源滚滚，他们的财富主要来源于广告收入，这是众所周知的事实。我们之所以不为我们所看和所听的内容付费，是因为广告主间接为电视节目和广播节目支付了费用。与电视、广播媒体一样，网络上的一个主要收入来源就是网络广告。那么，网络为什么具有广告价值呢？本章将从网络的发展、网络的受众、网络的覆盖范围、网络广告的现状几个方面来阐述。

1.1 网络的发展

1.1.1 网络的概念

计算机网络是通过通信设备和通信线路将多台地理位置上分散且独立工作的计算机进行互联，在相应软件的支持下，以达到通信和资源共享的目的。这一定义说明了网络的组成和实施的功能。在这一定义之下，按照不同的属性和用途，可将网络分为多种类型。如果按照覆盖的地理范围大小划分，可分为局域网、城域网、广域网。我们所知的 Internet 便属于广域网。

Internet 在我国也称为互联网、国际互联网、因特网等，在本章中提到的网络，就是指的 Internet。按照 1995 年 10 月 24 日美国联邦网络委员会一致通过的决定，Internet 的定义为：Internet 是一个全球信息系统，它使用 IP 协议，用惟一的地址逻辑地连接起来；通过 TCP/IP 协议进行通信；提供基于上述协议的公众或私人的高级信息服务，包括对信息的提供、使用或访问服务。Internet 目前提供的服务功能主要有：电子邮件（E-mail）、文件传输（FTP）、公告板系统（BBS）、新闻（USEnet），以及我们使用最多的万维网（World Wide Web），俗称 3W 服务。

万维网并非 Internet，它只是在 Internet 上提供的一种信息服务系统。由于众多的用户在使用 Internet 时，所见到的均是万维网的面孔，形成了万维网就是 Internet 的错误印象。不过，万维网确实是 Internet 中应用最广泛的一种信息服务方式，也是最具活力和发展前景的服务方式。万维网的核心是超文本语言 HTML，HTML 是一种用来创建网页的简单的计算机语言，利用它可以创建出包括文字、图形、声音、动画、视频等多媒体元素的网页，并能实现超级链接。超级链接是万维网最重要的功能，它可以链接到万维网上任何主机中的任何一个页面，从而使一个全球性的信息网络得以实现，达到了信息资源共享的目的。

>>>>>>>>>>

在本书中涉及到网络的术语时，主要是针对万维网，因为网络广告的载体主要是在万维网的网页上。由于万维网是 Internet 的一种服务，要讨论网络广告的价值，需从 Internet 说起。

1.1.2   Internet的产生

20 世纪 60 年代初，古巴的导弹危机使美国与苏联之间的冷战状态随之升温。当时美国便在思考，如果有一种军事指挥网络，即使在遭到苏联核武器的攻击之后，未被摧毁的节点仍能正常工作，并能通过某种通信网络取得联系。于是美国国防部高级研究计划管理局便开始拨款对这一项目进行研究。1969 年该项目完成了初步功能，利用 BBN 公司提出的网络控制协议的分组交换网络协议，将位于加利福尼亚大学洛杉矶分校和圣芭芭拉分校以及斯坦福大学、犹他大学的 4 台计算机连接起来，实现了计算机间通信，成为了全球第一个计算机网络，即 ARPA 网。

1972 年，ARPA 网在第一届国际计算机通信会议上首次与公众见面，并验证了分组交换技术的可行性。在这次会议上，与会代表对计算机和不同网络间的通信协议达成了一致，即现今在 Internet 上一直采用的 TCP/IP 协议。到 1977 年，连接在 ARPA 网上的节点已达 57 个，连接各类计算机 100 多台。与此同时，美国的一些机构也开始建立自己的面向全国的计算机广域网，大都采用与 ARPA 相同的协议。1983 年，ARPA 分为民用 ARPAnet 和纯军用的 MILnet，其后人们称呼这个以 ARPAnet 为主干网的网际网络为 Internet 雏形。

早期的 Internet 提供的信息服务有文件传输和文字通信，主要服务对象是军事，主要的使用者是学者和科学家。

1.1.3   应用扩展促使Internet发展

1985 年，美国国家科学基金会（NSF）为了使全国的科学家、工程师能够使用上网络，投入巨资建立了 NSFnet。NSF 在全国建成了按地区划分的广域网，这些地区网和超级计算中心相联，最后将各地的超级计算中心连接，形成了 NSFnet 的主干网。NSFnet 除了提供任意两台计算机的通信外，还可通过网络提供大量的信息和数据，并对教育、科研、政府职员开放。由于 NSFnet 的极大成功，1986 年建成后，立即取代了 ARPAnet，成为 Internet 的主干网。1989 年，NSFnet 和 ARPAnet 合并，正式取名为 Internet。随后，世界各地的不同种类网络与美国的 Internet 相联，形成了全球的 Internet。到 1991 年，全球已有 3000 多个子网并入了 Internet，几乎每年都以 100% 的速度递增。

1.1.4   商业化促使Internet的发展加速

在 20 世纪 90 年代以前，Internet 的使用一直局限于研究和学术领域，其建设经费也完全由政府出资，对 Internet 的商业应用不感兴趣，甚至制定一些政策，限制人们将 Internet 作为商业用途。直到 20 世纪 90 年代初，由于巨额的费用负担，Internet 的费用已不完全由政府出资了，开始由一些商业公司投资建设 Internet。首先是 General Atomics、Performance System International、UUnet Technologies 三家公司涉足 Internet 商业领域，这三家公司分别经营着自己的 CERFnet、PSInet、Alternet 网络，他们于 1991 年组成了"商用 Internet 协会"，宣布用户可以把他们的 Internet 子网用于任何商业用途。

商业机构介入 Internet 之后，很快发现了 Internet 的巨大商业价值，包括通信、资料检索、信息发布、客户服务、商业调查、广告、电子贸易、娱乐等领域都有巨大的潜力。随后，世界各地的无数企业纷纷涌入 Internet，加速了 Internet 的发展。1994 年底，Internet 已通往 150 个国家和地区，连接着三万多个子网，320 多万台计算机主机，直接用户超过3500 万。1995 年，NSFnet 宣布正式停止动作，由美国政府指派的三家私营企业经营管理。至此，Internet 的商业化彻底完成。

商业化后的 Internet 得到了飞速的发展，开始阶段用户几乎每年翻一番，近来增长率也保持在 20% 以上。据联合国 2003 年发布的《2003 年电子商务与发展报告》数据显示，2002 年全球互联网用户数已达 5.91 亿，年增长率放慢到 20%；2002 年在线零售总额，美国约为 434.7 亿美元，欧洲联盟为 282.9 亿美元，亚太地区为 150 亿美元，拉丁美洲为 23 亿美元，非洲为 400 万美元。

1.1.5　万维网与Internet的应用

除 Internet 的商业化之外，还有一个重要因素是推动 Internet 普及应用的关键，那就是万维网。万维网也就是 WWW（World Wide Web），它是运行在 Internet 上的一种服务系统。对大多数用户来说，接触到的 Internet 应用就只是万维网，所以人们通常认为 WWW 就是Internet 的代名词。从概念上来说，这种认为是不正确的，万维网只是运行在 Internet 上的一种信息服务系统，并非 Internet 的全部。

早在 1965 年，特德·纳尔逊（Teel Nelson）创造了术语"超文本（Hypertext）"，特德是这样描述他的"超文本"，想法是：创建一个全球化的大文档，文档的各部分分布在不同地区的服务器中，通过激活称为链接的超文本项目，便可以跳转到文档引用参考文献的论文。这一概念是万维网的核心。

1990 年到 1991 年间，在瑞士日内瓦核物理研究协会工作的系统分析员蒂姆·伯纳斯·李（Tim Berners-Lee）汲取了特德的思想后，提出了 WWW 计划，推出了世界上第一个所见即所得的超文本浏览器／编辑器。

1993 年，由美国伊利诺大学国家超级计算机应用中心的马克·安德森（Marc AndeerSeen）和埃里克·宾纳（Eric Bina）编写的网络浏览器 Mosaic，能够支持图形，并可以在网络中免费得到，引发了一场"网络革命"，标志着 WWW 浏览器发展的新阶段。后来，由 Mosaic 发展成为的"网景"（Netscape Navigator）又推出了新的网络浏览器 Navigator；1995 年，微软公司在 Windows 95 操作系统上搭载它的网络浏览器 IE（Internet Explorer）。目前，Navigator 和 IE是 Internet 上两大主流浏览器，通过它们可以浏览具有文字、图形、声音、动画、视频的 Web页面。

有关研究资料表明：2000 年 1 月 Internet 上的网页数超过 10 亿，但到 2000 年 6 月就超过了 20 亿，在半年之内翻了一番，这说明万维网的发展速度是惊人的。

1.1.6　网络时代的来临

1993 年，克林顿入主白宫后，由副总统戈尔提出了国家信息基础设施建设（NII）计划，紧接着西方七国首脑提出了全球信息基础设施计划（GII），宣布网络时代的来临，相继出现了网络经济、信息经济、数字化生活等概念。随后，世界各国都加强了信息基础设

施建设，包括通信带宽的扩容、信息存储与处理设施设备的研究与制造、Internet 的应用开发以及无线网络、卫星网络的研究与应用等。经过近 10 年的建设，各国都取得了较大的成果。从我国的情况看：2003 年上网人数已达到 7950 万，上网计算机数达到 3089 万，与 1997 年的 62 万上网人数和 29.9 万台上网计算机数相比，增加了近 130 倍；国际出口带宽从 1997 年的 25.408M，增加到 2003 年的 9380M；增加了约 370 倍；WWW 网站数从 1997 年的 1500 个，增长到 2003 年的 37.1 万个，增长了约 250 倍。

1.1.7　中国的 Internet 发展

中国的 Internet 起步较晚，但发展迅速，其间经受了一些来自美国的政治障碍。1986 年，北京市计算机应用技术研究所和德国卡尔鲁大学（University of Karlsruhe）合作，启动我国第一个国际联网项目——中国学术网（Chinese Academic Network），简称 CANET。1987 年 9 月，CANET 在北京计算机应用技术研究所内正式建成中国第一个国际互联网电子邮件节点，并于 9 月 14 日发出了中国第一封电子邮件："Across the Great Wall, we can reach every corner in the word."，从此揭开了中国人使用 Internet 的序幕。1990 年 11 月 28 日，钱天白教授代表中国，正式在 SRI-NIC（Stanford Research Institute's Network Information Center）注册登记了中国的顶级域名 CN，从此中国的网络有了自己的身份标识。1992 年 6 月，在日本神户举行的 INET'92 年会上，中国科学院的钱华林研究员约见美国国家科学基金会国际联网部负责人，第一次讨论中国进入 Internet 的问题，但美国以网上有很多政府机构为由，拒绝了中国的请求。经过多次努力，1994 年 4 月初，中国科学院副院长胡启恒代表中方向美国国家科学基金会重申联入 Internet 的请求，得到了认可，从此中国的网络才全面接入 Internet，掀起了中国 Internet 的全面发展。经过十多年的建设，中国的 Internet 已形成了 6 大骨干网，这些骨干网均提供用户入网服务，且具有国际联网出口。

1. 中国科学技术网（CSTNET）

该网是为科研机构服务的非盈利性公益网络，网上连接的是全国各地的主要科研机构。网中的中科院网络信息中心是国家授权的中国互联网管理机构，向全国提供网络域名注册服务。该网的前身是 1989 年国家计委利用世界银行贷款启动的 NCFC 项目，于 1992 年底完成了该项目的中科院院网（CASNET）工程、北京大学校园网（PUNET）、清华大学校园网（TUNET），其中 CASNET 连接了中关村地区的三十多个研究所及三里河中科院院部。1995 年 4 月，中科院启动京外单位联网工程，将 CASNET 网络扩展到 24 个城市，实现国内各学术机构的互联，并和 Internet 相联，由此改名为中国科学技术网（CSTNET）。

2. 中国教育和科研计算机网（CERNET）

1994 年 8 月，该项目正式立项，其目标是利用先进实用的计算机技术和网络通信技术，实现校园间的计算机联网和信息资源共享，并与国际学术计算机网络互联，建立功能齐全的网络管理系统。1995 年 12 月，CERNET 示范工程建设完成，该工程完全由中国自行设计和建设。1996 年 11 月，CERNET 开通到美国的 2M 国际线路和中德学术网络互联线路 CERNET-DFN，建立了中国内地到欧洲的第一个 Internet 连接。CERNET 分为主干网、地区

网和校园网三级层次，网内连接了全国大多数高等院校和中小学。

3. 中国公用计算机网（CHINANET）

该网是为了适应 Internet 的商业需求，由中国邮电部投资建设的。1994 年 9 月，邮电部电信总局与美国商务部签订中美双方关于国际互联网协议，协议规定电信总局将通过美国 SPRINT 公司开通 2 条 64K 专线，由此中国公用计算机网（CHINANET）的建设开始启动。1996 年 1 月，CHINANET 全国骨干网建成并正式开通，全国范围的公用计算机互联网络开始提供服务。目前，CHINANET 拥有全国最多的 Internet 用户，大多数个人用户、网吧、企业均通过该网接入 Internet。

4. 中国金桥信息网（CHINAGBN）

该网是由原电子工业部的吉通公司主持建设的公用计算机网，其主要目的是为国家宏观经济调控和决策服务，是我国国民经济信息化的基础设施。1993 年 8 月 27 日，李鹏总理批准使用 300 万美元预备费支持金桥网前期工程启动，1996 年 9 月金桥网联入美国的 256K 专线正式开通，宣布开始提供 Internet 服务，主要提供集团用户的接入和个人用户的单点上网服务。该网主要连接国内的大中型企业，为满足对外经济贸易、海关及银行提供服务。

除了上述四大网络外，还有中国经贸网（CIENET）、中国联通互联网（UNINET）、中国移动互联网（CMNET）、中国网通高速互联网（CNCNET）等也于近年开通，并提供 Internet 服务。近几年，各大网络都对主干网进行了改造，通过光纤或高速卫星信道来增加主干网带宽，提高了网络的运行效率。为了提高对国外网络的访问速度，国际出口带宽也由 1997 年的 25.408M 增加到了 2003 年的 9380M。

1.1.8　Internet 的未来

18 世纪英国的政治家、哲学家埃德蒙·伯克说："永远无法根据过去去计划未来"，这说明我们要准确地预测 Internet 的未来模样是很难的，甚至是不可能的。不过，温斯顿·丘吉尔也曾乐观地表示："未来的王国是思想的王国"，按照他的观点，我们只要认真分析和思考，对未来应该可作出一些正确的推测和判断。密歇根大学的科学家纳撒尼尔·伯伦斯坦在《互联网的未来和未来的互联网》一文中写道："正如事实所展现的一样，互联网的一些技术前景相对而言比较清楚。尽管不可能预计突发的革新，但大多数的互联网革新还是遵循连续的道路的，是可以预计的"。我们根据对 Internet 的一些相关统计资料，结合一些知名科学家、预言家的观点，总结出以下几个未来 Internet 的发展趋向。

1. 全民上网

上网的人会越来越多，会像现在的电视一样普及。全球 Internet 的使用人数从 1993 年的不到 9 万猛增到 2003 年 5.91 亿，已经超过了全球人口的 10%，2003 年 Internet 用户的全球增长率为 20%。就我国而言，2003 年 Internet 的用户人数为 7950 万，普及率超过 6%。由于我国城市与农村发展不均衡，在城市人口中的 Internet 普及率远高于 6%。2003 年我国 Internet 的用户人数增长率为 35%，远远超过全球的平均增长率，我国的 Internet 用户位居全球第二。

2．速度更快

网络带宽的提高，将大幅度提高网络的下载速度，同时压缩技术的发展也会使我们的文件越来越小，未来的 Internet 将会接近"即时"状态。2004 年 1 月中国互联网信息中心第 13 次调查表明：我国宽带上网用户已达 1740 万，且增长迅猛。

3．网络无处不在

国际互联网协会前主席 Vinton Gerf 说："所有家用电器都将上网。"实际上，今后与 Internet 连接的远非家用电器，汽车、飞机、火车，甚至衣服和日用品都将和 Internet 相联，网络将真正变得无处不在。据新华网的消息：日本政府计划在今年 5 月到 6 月的世界杯足球比赛期间，在往返于成田机场和东京都市区之间的特快列车上提供 Internet 宽带无线接入服务。

4．没有连线的网络

无线通信技术和无线网络的发展，将会使 Internet 的接入更方便，不再受有形"线"的制约，实现随时与网相伴。事实上，目前的 3G 技术已可达到 2M 的带宽，只是目前价格昂贵。技术的发展将使无线上网费用降低，得到普及。

5．随时联机

现在的上网方式其过程十分烦琐，首先得启动计算机，打开调制解调器，拨号等待接入，然后才启动浏览器并输入网址方可实现上网。这一连串的过程，不但耗费大量的时间，还需要使用者具备一定的计算机知识和技能，从而使很多用户对使用 Internet 失去了兴趣，也使众多没有上网的人望而生畏。今后的 Internet 将即时启动，永远连线，只要设备启动，便直接接入 Internet，且一直保持连接状态。就目前而言，由于上网是计时收费，很多用户无法支付这昂贵的费用，将来收费方式的改变或收费标准的降低，将使人们能够承受这种费用。

6．多种媒体融合

Internet 将和现今的多种媒体融合，人们可以在网上收看电视、听广播、看电影、读报纸。人们的选择将会增多，不但可以选择看什么、听什么，而且还可以选择什么时间看、什么时间听。现在，有些东西已经实现，如网络电影、网络广播等。今后 Internet 将会更大程度地和其他媒体融合，到那时电视、广播、报纸与 Internet 之间的界线将会变得越来越模糊，传统媒体和 Internet 之间会互相补充，Internet 需要传统媒体的传播内容，而传统媒体需要 Internet 的传播方式。

2000 年 1 月，世界上最大的 Internet 服务商——美国在线宣布以 1640 亿美元的天价并购已连续 7 年坐在全球电视产业 100 强头把交椅的美国时代华纳公司，这使美国在线介入了所有的媒体种类，从而创造了一种新型的媒体巨人，开创了 Internet 与传统媒体融合的新篇章。可以预计，今后会有更多的 COM 公司吞并传统的主流媒体公司。

1.1.9　Internet成为第四媒体

第四媒体的称谓是相对于传统三大媒体而言的，人们按照传统媒体出现的时间先后顺序，把报纸称为第一媒体，广播移为第二媒体，电视称为第三媒体，Internet 出现最晚，所

以被称为第四媒体。之所以把 Internet 和传统的三大传播媒体相提并论，是由于 Internet 无论在传播的功能、传播的内容、传播的范围、传播的受众、传播方式的先进性等方面，都不逊色于传统媒体。

首先提出"第四媒体"概念的是联合国秘书长安南。在 1998 年 5 月举行的联合国新闻委员会年会上，安南指出："在加强传统的文字和声像传播手段的同时，应利用最先进的第四媒体 Internet，以加强新闻传播工作。"1994 年 4 月 14 日，在北京召开的第二届亚太地区报刊与科技和社会发展研讨会上，首次确定了第四媒体的概念。同时，专家们预计在 10～20 年的时间内，以 Internet 和信息高速公路为主体的"第四媒体"的影响力将有可能超过报刊、广播和电视三大传统媒体。

"第四媒体"的概念，从广义上讲就是 Internet。虽然和传统的三大媒体相比，Internet 除大众传播功能外，还有人际传播（电子邮件、聊天等）、电子商务、信息检索、网络游戏等功能。要和传统媒体相对应，我们可以狭义地定义"第四媒体"为 Internet 上传播新闻和信息的网站。按照这种狭义的定义，"第四媒体"是指 Internet 上的万维网。"第四媒体"在 1994 年开始兴起，一些传统的媒体抢先在 Internet 上建立自己的网站，通过自己的网站发布新闻和信息。1995 年，我国的第一份电子杂志《神州学人》通过 CERNET 进入 Internet，向广大在外留学人员及时提供新闻和信息。1997 年 1 月 1 日，人民日报主办的人民网进入 Internet，成为国内开通的第一家中央重点新闻宣传网站。到目前为止，省级以上的主要报纸、电台、电视台有相当大一部分都在 Internet 上建立了自己的网站，Internet 已经成了它们不可分割的一部分。

除了"第四媒体"这一称谓以外，还有从不同角度来称呼 Internet 的，如"网络媒体"、"新媒体"、"数字媒体"等。"新媒体"强调的是与"旧媒体"（传统媒体）的比较，以及 Internet 的新技术、新方法；"网络媒体"强调的是 Internet 本身就是一种计算机网络，也就是说这种媒体的信息传播是基于计算机网络的；"数字媒体"强调的是在这种媒体上，信息的存储、传输、显示是以数字方式进行的。也许还有其他的一些称谓，在此不一一列举。

1.2　网络的受众

对任何一种传播媒体，受众都是其存在的基础，没有受众也就没有信息传播的对象，即使这种传播媒体有着再好的信息传播技术，也必将消亡。网络广告也是一种信息传播活动，因此，研究网络受众的特点及他们对网络广告信息的接受和处理态度，是关系到网络广告效果的关键问题，也是网络广告价值高低的决定性因素。相对传统的三大传播媒体而言，网络媒体的受众研究更为客观和科学，这一方面是因为受众在上网之前必须提供自己的相关个人信息才能获得自己特有的用户名，另一方面是网络具有良好的互动性，使调查资料的反馈、处理都很方便，调查回收的样本数量远高于传统媒体的方式。以下是根据中国互联网络信息中心的历次调查结果对我国网络受众的特征分析。

1.2.1　受众数量高速增长

1997 年 11 月，中国互联网络信息中心（CNNIC）发布第一次《中国互联网络发展统计报告》，该报告中公布的上网用户人数为 62 万。在 2004 年 1 月发布的第 13 次《中国互

联网络发展统计报告》中，上网用户人数已经达到 7950 万。短短 7 年间，上网用户人数增长了约 130 倍，在全国人口的普及率已超过 6%，2003 年的上网用户人数增长率为 35%。表 1-1 给出了中国互联网络信息中心历次调查的上网用户人数结果。

表 1-1　中国上网人数增长情况

年　份	1997 年 11 月	1999 年 1 月	2000 年 1 月	2001 年 1 月	2002 年 1 月	2003 年 1 月	2004 年 1 月
上网用户人数（万）	62	210	890	2250	3370	5910	7950

　　网络媒体是有史以来成长最快的媒体产业，根据网络研究权威 Thestandard.com 的数据显示，为了渗透到 500 万个家庭中，广播花了 38 年，电视业花了 13 年，而网络媒体只花了短短 5 年时间在美国就渗透到 600 万个家庭中。由此可见，网络媒体的高成长性是其他媒体无法比拟的。

1.2.2　受众的年龄特征

　　我国的网络用户低龄化倾向明显，40 岁以上的用户人数所占比例仅在 10% 左右，70% 左右的用户年龄在 18～40 岁之间，而 18 岁以下的用户也占到了 20% 左右。表 1-2 是我国互联网络用户的年龄分布情况。

表 1-2　中国互联网用户年龄分布情况

年　份	年龄比例（%）							
	18 岁以下	18～24 岁	25～30 岁	31～35 岁	36～40 岁	41～50 岁	51～60 岁	60 岁以上
1997 年 11 月	5.60	36.30	29.00	13.20	4.30	6.80	4.80	0.00
2001 年 7 月	15.10	36.80	16.10	11.80	8.30	8.00	2.70	1.20
2004 年 7 月	18.80	34.10	17.20	12.10	7.60	6.40	3.00	0.80

　　上表的数据表明：中青年是网络最大的用户人群，这要求我们在网络广告的内容和形式上应以满足中青年为主，同时兼顾其他年龄的用户。显然，如果是中青年所需求的商品，在网络上做广告会收到更好的广告效果，也是近年来 IT 产品、手机、汽车、房地产等成为网络广告收入来源主要行业的直接原因。

1.2.3　受众的性别特征

　　我国互联网用户的性别比例在 2001 年以前严重失衡，男性用户远远多于女性用户。近几年，女性网络用户有了大幅度的增加，和男性用户的比例差距在逐渐缩小，中国互联网络信息中心 2004 年 1 月发布的最新数据表明，女性用户已达到 39.6%。从人口的普及率上看，女性为 5%，而男性为 7.3%，说明还有一定差距。表 1-3 给出了网络用户的性别比例情况。

表 1-3　中国互联网用户性别比例情况

年　份	性 别 比 例(%)	
	男	女
1997 年 10 月	87.70	12.30
1998 年 7 月	92.80	7.20
1999 年 7 月	85.00	15.00
2000 年 1 月	79.00	21.00
2001 年 1 月	69.60	30.40
2002 年 1 月	60.00	40.00
2003 年 1 月	59.30	40.70
2004 年 1 月	60.40	39.60

　　从表 2-3 可以看出：从 2002 年 1 月到 2004 年 1 月，男、女性网络用户的比例趋于稳定，男性占 60% 左右，女性占 40% 左右。从这个角度来说，男性需求的商品在网络中做广告收到的广告效果会比女性商品好一些。

1.2.4　受众的文化程度特征

　　我国的网络用户，主要集中在较高的学历层次人群，大专以上学历的用户占 70% 左右。中国互联网络信息中心的历次调查结果表明：网络用户的学历层次变化不大。表 1-4 给出了 2004 年 1 月的用户学历层次分布情况。

表 1-4　中国互联网用户学历层次分布情况

年　份	学历层次分布比例(%)					
	高中以下	高中（中专）	大专	本科	硕士	博士
2001年1月	8.7	28.80	26.70	33.60	1.80	0.40
2004年1月	13.50	29.30	27.40	27.10	2.20	0.50

　　网络用户的高学历层次在全球 Internet 用户中都是一个普遍现象，因为作为网络的一个用户，必须掌握计算机操作的一些基本知识，加之网络上的内容主要以文字为主，没有一定的文化知识就不能接受其信息内容。此外，低学历层次的人往往收入偏低，也没有能力承担上网的费用。

　　网络用户的高学历层次特征，给网络广告的设计提出了更高的要求，高学历层次的用户对网络广告的文化底蕴、艺术水平都有更高的要求。良好的创意、富有创新的设计以及精湛的制作技术是网络广告成功的关键因素。此外，我国高学历层次的人群主要集中在城市，所以那些适合城市高学历人群消费的产品更适合在网络上做广告，如：手机、汽车、计算机、图书等。相反，农村是低学历层次人群集中的地方，农民们消费的产品在网络上做广告不会收到很好的效果，如：农药、化肥、饲料等产品，目前不太适合在网络上做广告宣传。

1.2.5　网络受众的上网目的

　　中国互联网络信息中心近几次的调查结果表明：用户上网的主要目的是获取信息和休闲娱乐，其中获取信息的用户占 50% 左右，休闲娱乐的占 30% 左右，并有逐渐上升的趋

势。处于第三位的是学习，占 7.9%，有小幅上升。以交友为目的用户在逐年减少，从 2002 年 7 月的 14.9% 下降到 2004 年 1 月的 4.4%。图 1-1 表明了近几次网络用户上网目的调查结果。

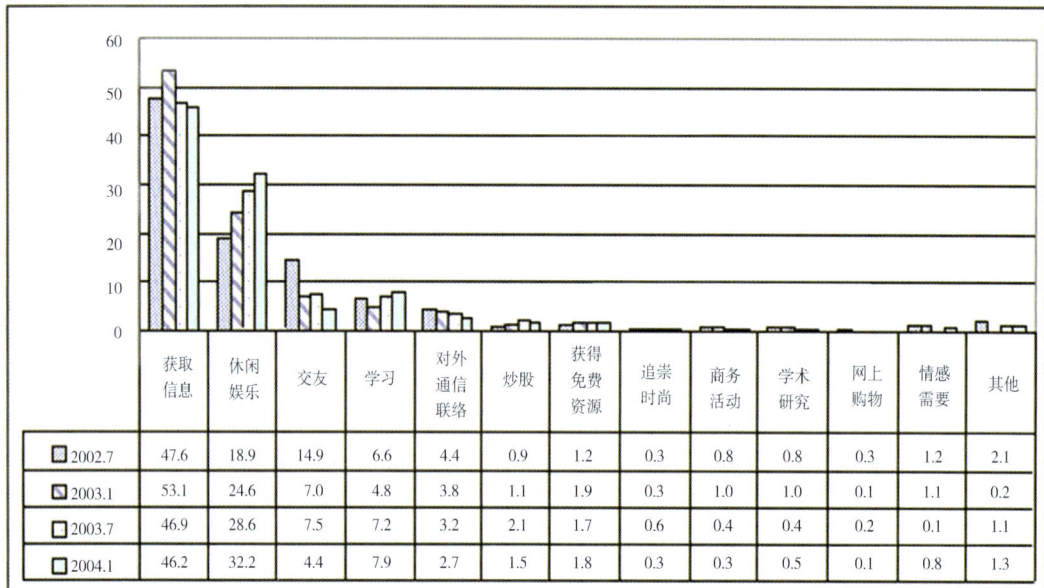

	获取信息	休闲娱乐	交友	学习	对外通信联络	炒股	获得免费资源	追崇时尚	商务活动	学术研究	网上购物	情感需要	其他
2002.7	47.6	18.9	14.9	6.6	4.4	0.9	1.2	0.3	0.8	0.8	0.3	1.2	2.1
2003.1	53.1	24.6	7.0	4.8	3.8	1.1	1.9	0.3	1.0	1.0	0.1	1.1	0.2
2003.7	46.9	28.6	7.5	7.2	3.2	2.1	1.7	0.6	0.4	0.4	0.2	0.1	1.1
2004.1	46.2	32.2	4.4	7.9	2.7	1.5	1.8	0.3	0.3	0.5	0.1	0.8	1.3

图 1-1　　上网目的分布直方图

　　用户上网目的调查结果表明：用户去得最多的是信息丰富的新闻类网站和娱乐性强的游戏网站、MP3 网站以及聊天网站等，将网络广告投到这些类型的网站，一般会收到较好的广告效果。

1.2.6　用户经常使用的网络服务

　　2003 年 7 月，中国互联网络信息中心对用户经常使用的网络服务类型设计了多选题进行问卷调查，其结果表明：经常使用电子邮箱的为 91.8%，搜索引擎为 70%，软件上传和下载为 43%，网上聊天为 45.4%，信息查询为 37.8%，BBS 论坛、社区、讨论组为 22.6%，新闻组为 20%，网上游戏为 18.2%。由此可以看出：在网站的电子邮箱服务页面、搜索引擎页面以及聊天页面上做广告，会有最广的受众面。

1.2.7　受众对网络广告的态度

　　中国互联网信息中心 2003 年 7 月的调查结果表明：经常浏览网络广告的用户占 19%，有时浏览的占 49%，很少浏览的占 27.7%，从不浏览的只占 4.3%。在是否愿意收到网络广告邮件的调查中，有 21.3% 的用户表示愿意，有 50.4% 的用户持无所谓态度，有 28.3% 的表示不愿意。在是否经常以网络广告作为选购物品和服务的参考调查中，回答经常的占 10.4%，偶尔的占 66.9%，不会的占 22.7%。在用户对目前网络广告最不满意原因的调查中，有 37.8% 回答的是广告的真实性无法把握，回答广告出现方式影响正常网上活动的占 31.7%，有 19.7% 认为广告数量太多，有 8.6% 的认为广告内容缺乏创意和特色。

以上数据表明：网络广告的规范管理迫在眉睫，如何提高用户对网络广告的信任度是网络广告健康发展的关键。在网络广告呈现方式上要更多地从网络用户的角度着想，应开发出更多、更新颖的网络广告呈现方式，使之既有好的广告效果，又不使网络用户产生强烈的反感。目前，用户最为反感的是插入式广告，这种广告在用户到达目标页面之前弹出一个广告窗口，挡住了用户对目标页面的浏览视线，用户必须自行点击关闭广告窗口。但这种带有强制观看的网络广告呈现方式很受广告主的欢迎，因为它能得到最多的受众，在性质上和电视剧的插播广告相似。

1.3　网络的覆盖范围

对于任何一种传统媒体，传播覆盖的地理范围都是一个重要的指标。对于一些地区性的报纸、杂志、广播、电视等媒体，它们的受众只局限于当地的人群，当我们产品的市场目标超越这些地区时，在这样的媒体上做广告就达不到我们的目标。即使全国性的媒体，如中央电视台、人民日报、中央人民广播电台等，它们的覆盖范围也几乎在中国的范围内，虽然也有对外广播、海外版等形式向其他国家的受众传播，但距离全球范围的传播目标还有很大差距。传统媒体的传播之所以难以实现全球化，一是它受着政治因素的制约，不同的国家有不同的政治制度，有不同的文化，都不希望其他国家的宣传来影响自己的政治和文化，都会采取一些手段来抵制外来政治和文化的传播；二是传统媒体的传播技术手段难以实现全球化传播，如报纸、杂志等纸质媒体的发行，是依赖于邮递系统，这种系统传递的时效性很差，成本也很高。广播、电视这类传统媒体，虽然可以通过卫星转播，但卫星转播的代价极高，且还需要有卫星地面接收站的配合，这实际上是难以实现的。目前只有全球性的体育比赛类实况节目在实施全球性的电视转播。

Internet 由于发展的历史原因，使得它成为一个无国界、高开放、全球化的信息传播系统，这是网络传播不同于传统媒体传播的一大特点。理论上讲，Internet 上的任何一个网站的传播覆盖范围都是全球化的，只要有 Internet 存在的地方，用户都可以访问你的网站。目前，Internet 覆盖了全球的绝大多数国家。

Internet 是高开放的，它允许任何国家、企业、个人的网络接入 Internet，而一旦接入 Internet 之后，你的信息传播就不会受到任何国家和机构的制约。之所以能够在 Internet 上自由地进行信息传播，是因为在 Internet 中采用的是分布式组网方式。在分布式网络中，没有任何一个节点是网络的控制中心，任何一个节点都不能阻止其他节点之间的信息传输，这自然就没有任何一个机构能控制 Internet 上的信息传播了。由于 Internet 分布组网的特点，使得我们实现全球范围内的信息传播所需的费用很低，我们不必为 Internet 上已有的任何系统和设备支付费用，我们只需交纳接入 Internet 的线路租金和自己入网设备的费用，几万元人民币就可以组建一个自己的网站，向全球发布信息。

虽然从纯粹地理范围上讲，Internet 几乎覆盖了全世界所有的国家，但 Internet 的用户在不同国家的分布确有极大的不均衡特点。据联合国 2003 年在纽约和日内瓦召开的贸易和发展会议上公布的《2003 年电子商务与发展报告》中说明，截止到 2002 年底，发展中国家占全球互联网用户的 32%，而北美和欧洲却占到全球互联网主机的 89%。非洲一般互联网用户的带宽容量要比欧洲一般用户低大约 20 倍，比北美用户低大约 8.4 倍。另据 2002 年 3 月 8 日新华网公布的美国著名 Internet 数据分析公司 Nilsen/Netratings 的数据显示：北美

地区是 Internet 普及最高的地区，该地区上网人数占全球网民总数的 40%；亚洲网民占全球总上网人数的 22%，其中新加坡的普及率最高，超过 60% 的家庭与 Internet 相连，其次是韩国和中国的香港地区，普及率分别达到 58% 和 56%。美国著名信息市场研究公司的国际数据公司预测：到 2006 年，美国和加拿大 Internet 的使用普及率都将达到 80%。由以上这些数据我们可以看出：Internet 的用户从地域上讲还主要集中在发达国家和地区，位于非洲的落后国家，Internet 的用户还很少。像我国这样的发展中国家，虽然 Internet 的用户总数已位居全球第二，达到 7950 万，但我国人口众多，占全球人口的 1/4，Internet 的普及率还很低，大约在 6% 左右，而且这 6% 还主要集中在城市人口中，占全国人口绝大多数的农村，Internet 的用户还十分少见。

造成 Internet 用户在地域上分布不均的原因不是政治问题和技术问题，主要是落后国家和地区的人口收入水平和文化水平低，他们在经济上温饱都难以维持，在文化上还存在相当大比例的文盲，所以，加强国民经济建设，提高全民的文化教育水平是 Internet 普及应用的前提。

1.4 网络广告的现状和发展

1.4.1 网络广告的概念

网络广告是广告的一种形式，它与电视广告、报纸广告、广播广告等的区别在于其传播媒体的不同。网络广告是基于网络媒体进行传播和呈现的一种电子广告形式。

网络广告具有其他广告形式的共同特征：①它是组织或个人的一种有特定目的的行为，它可能是宣传自己的产品，以获得经济利益，也可能是宣传自己的某种观念，以影响他人的思想和行为。②网络广告传播的是经过加工的信息，加工包含艺术加工和制作两个方面，其目的是提高广告的传播效率。③网络广告是一种付费的经济行为，无论是网络广告信息的加工或是网络广告信息的传播都需专业人员承担，都需要付费。④网络广告是一种公开的自我宣传方式，它依靠网络这种公众媒体传播，具有公开性特征。⑤网络广告主要是以自己的名义进行宣传，而不是以第三者的名义宣传，这也是新闻报道和广告的本质差别。

网络广告由于是在网络媒体上传播，使得它具有一些其他广告形式无法比拟的优势，主要表现在交互性、广泛性、针对性、形式多样性、易于统计性等方面。交互性是指消费者可以按自己的意愿点击需要的广告信息，避免了电视、广播广告强制视听的弱点。此外，消费者和广告主之间还可以进行及时的信息交流，甚至直接实施购买行为。广泛性是指网络广告信息传播的范围广，这是因为 Internet 这种传播媒体是全球性的，任何一条网络广告都可以在全球范围内传播。针对性是指网络广告能够针对广告信息感兴趣的消费者投放，比如我们在搜索引擎中输入"美容"关键词而获得的搜索结果页面上投放有关美容产品的网络广告，将会收到很好的广告效果。所谓形式多样性，一是指网络广告可由多种信息表现形式组成，在网络广告中可以使用文字、图形、声音、动画、视频等多种信息形式，使广告的传达效果达到最佳；二是指网络广告的呈现形式比较丰富，可以采用旗帜广告、按钮广告、插入式广告、漂浮广告、游戏广告等多种形式。易于统计性是指对浏览网络广告的人次可以通过技术手段进行精确地统计，从而对网络广告的效果进行客观地评估。

1.4.2 网络广告的现状

1. 网络广告的收入情况

自 1994 年 10 月在 Hotwired 杂志的网络版上第一次出现包含 AT&T 在内的 14 家企业的广告以来，网络广告这种新的广告形式走过了 9 年的历程。在这 9 年中，网络广告的发展速度是惊人的。据行业组织互动广告局（IAB）和对立审计公司普华永道 2004 年 2 月 12 日发布的数据显示：2003 年第四季度，美国在线广告销售收入达到了 22 亿美元，比 2002 年同期增长了 38%。2003 年全年的在线广告销售收入为 72 亿美元，比 2002 年增长了 20%。

据英国互联网广告局发布的调查报告显示：英国 2003 年网络广告收益达到了 3 亿英镑，比上年增长近 53%。该部门在报告中还指出：预计在 2007 年英国网络广告收入将比 2003 年的收入增加一倍，达到 6 亿英镑。网络广告业务仍将继续保持高速度的增长态势，并将在 3 年内超过广播广告收益，预计在 2007 年广播广告的收益在 5.08~5.27 亿英镑之间。

在我国，网络广告的起步稍晚，在 1997 年才出现第一个网络广告，但其发展速度并不亚于欧美发达国家。据艾瑞市场咨询 IRESEARCH 的统计显示：2003 年中国网络广告市场总值为 10.8 亿元人民币，而 2002 年为近 5 亿元人民币，一年内翻了一番有余。该公司还预测，未来三年内，中国的网络广告收入仍将保持高速增长，其增长速度将维持在 55% 左右，其网络广告年收入将分别达到 18 亿、27 亿和 40 亿元人民币，前景一片光明。

从整个网络广告收入的情况看：各国的网络广告都在高速增长，但与总的广告市场相比，所占的市场份额目前还相对较低，美国的网络广告在 2000 年曾达到市场份额的 3.3%，近年由于网络泡沫经济的影响有所下降，预计到 2006 年将会恢复到 2.8%。就我国而言，2002 年整个广告市场营业额为 903 亿元人民币，而网络广告总收入为 4.9 亿元人民币，所占市场份额还不足 1%。预计 2004 年整个广告市场将达到 1000 亿元人民币，网络广告收入达 18 亿元人民币，其市场份额仍不足 2%，与电视广告的市场份额相比还有很大的差距。在短期内，网络广告还将处在主流广告形式的补充行列。不过，网络广告的发展速度是其他任何形式的广告无法比拟的，在不远的将来，网络广告定会跨入主流广告形式的行列。

2. 网络广告的广告主

来自 IRESEARCH（艾瑞市场咨询）的统计数据，经过对全国 53 家媒体的监测统计表明，2003 年 5 月，全中国投放网络广告的广告主已达到 761 家，比 2002 年同期增加了 432 家，增幅达到 131%，图 1-2 是近三年的 5 月网络广告主数量的直方图。图中表明：中国的网络广告主数量在 2003 年开始出现腾飞。

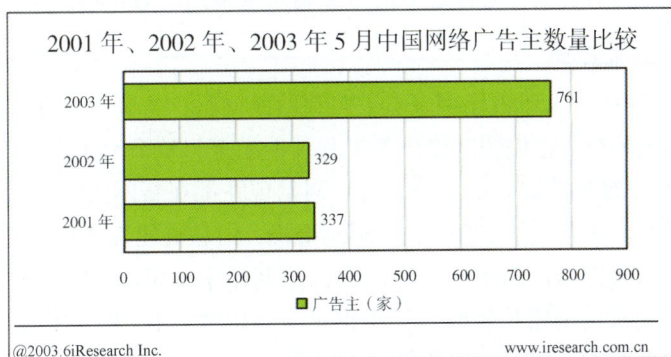

2001 年、2002 年、2003 年 5 月中国网络广告主数量比较

2003 年	761
2002 年	329
2001 年	337

■ 广告主（家）

@2003.6iResearch Inc.　　　　www.iresearch.com.cn

图 1-2　网络广告主数量直方图

据统计，2003 年中国网络广告市场中，网络广告主要集中在四大行业，分别是 IT 产品、手机、汽车和房地产，其中排在榜首的 IT 行业，其网络广告的投入为 2.7 亿元人民币，其次是手机，为 1.8 亿元人民币。汽车和房地产类网络广告是异军突起，其网络广告投入以 300% 的速度增长着，分别达到 1.2 亿元和 1 亿元人民币。这四大行业已经达到网络广告市场的 2/3 左右。此外，其他行业如化妆品、医药、家电、金融、保险等行业在网络广告上也有较大的投入。图 1-3 是 2003 年网络广告投入前 20 位的企业及其投入的网络广告费用。

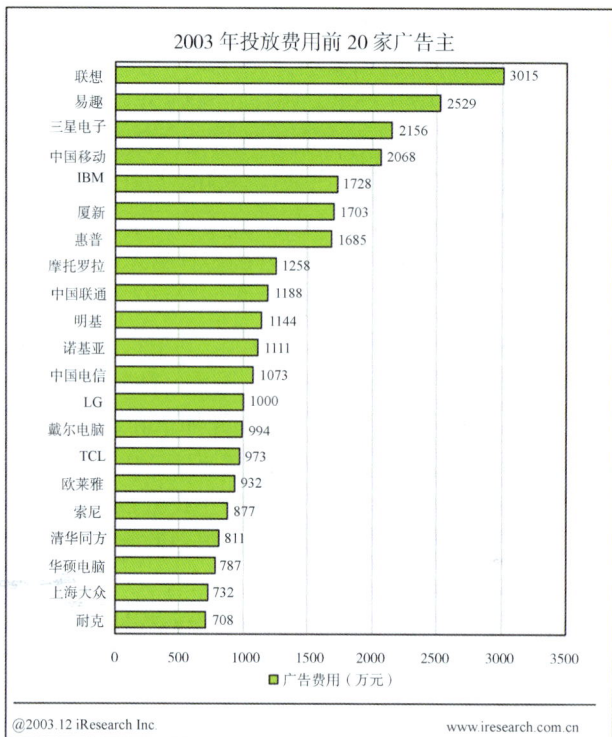

图 1-3　网络广告费投入前 20 家企业直方图

据互联网络实验室 2004 年第一季度的《网络媒体季度报告》中说明，2003 年被访企业广告投放仍然以传统的四大媒体为主，但值得注意的是，在 2003 年网络媒体在企业中的采用率已经达到 54%，已经超过杂志的采用率。相信随着中国网民的逐渐增加，网络广告视频技术的发展及网络媒体范围的普及，越来越多的行业将进入网络广告市场。

3．网络广告主流媒体

从 2003 年网络媒体收入所占比例来看，门户网站网络广告收入在众多网络媒体中仍然占据不可动摇的领先地位，它们的网络广告年收入占了全年整个网络广告收入的 69.8%，是排名第二的 IT 类网络媒体总收入的 5 倍。门户网站现在都在新闻内容上猛下工夫，以吸引众多的网民驻足观看，它们以其信息量大、信息准确、信息快捷等特色吸引了大批网民，同时也为自己获得了众多网络广告主的垂青。在门户网站中，仍以新浪、搜狐、网易三大门户网站为首，其中新浪的网络广告收入仍占据第一的位置，在 2003 年为 3 亿多元人民币，搜狐为 2 亿元人民币左右，网易接近 1 亿元人民币。

除门户网站外，各种专业网络媒体也正在迅速发展，其中天极、太平洋电脑网、硅谷动力等十几家 IT 专业网络媒体仍是各类专业网络媒体中的老大。房地产、网络游戏类专业网络媒体的发展也十分喜人，2003 年搜房网、焦点网等网站的网络广告收入都超过了1000 万元人民币。

4．网络广告效果

据艾瑞市场咨询的《第一届艾瑞网民网络习惯及消费行为调查》报告，最影响网民消费行为的广告中，网络广告成为继电视广告之后的主要影响广告媒体之一。图 1-4 给出了最影响网民消费行为的广告类别馅饼图。

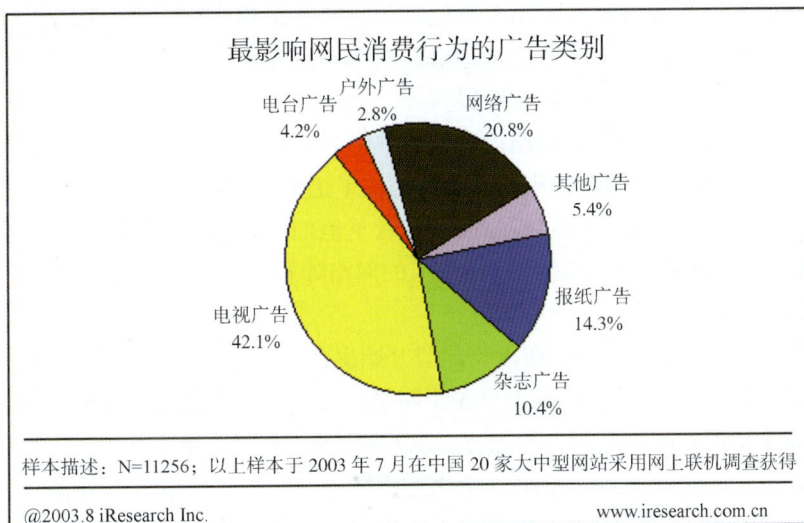

最影响网民消费行为的广告类别

电台广告 4.2%
户外广告 2.8%
网络广告 20.8%
其他广告 5.4%
报纸广告 14.3%
杂志广告 10.4%
电视广告 42.1%

样本描述：N=11256；以上样本于 2003 年 7 月在中国 20 家大中型网站采用网上联机调查获得

@2003.8 iResearch Inc.　　　　　　　　　　www.iresearch.com.cn

图 1-4　广告类别对消费行为影响馅饼图

网络广告对网民消费行为的影响程度的研究结果表明：只有 4.4% 的人认为网络广告对消费行为没有影响，说明网络广告对绝大多数的网民来说都有一定程度的影响。图 1-5 是网络广告对网民消费行为影响程度的馅饼图。

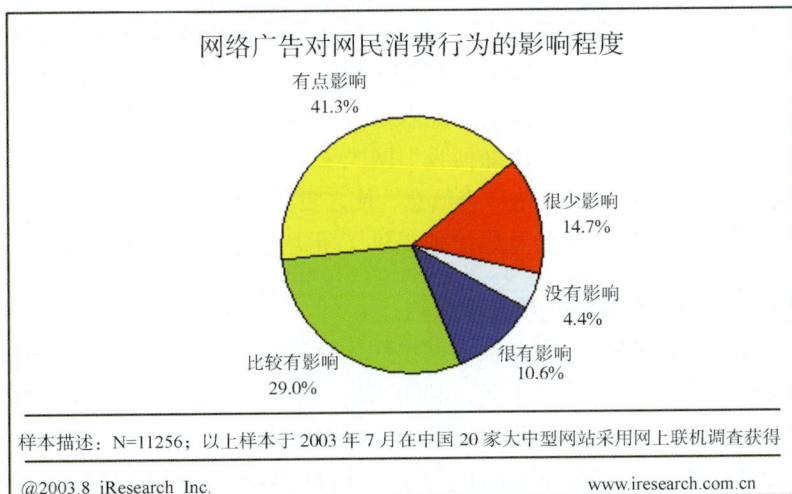

网络广告对网民消费行为的影响程度

有点影响 41.3%
很少影响 14.7%
没有影响 4.4%
很有影响 10.6%
比较有影响 29.0%

样本描述：N=11256；以上样本于 2003 年 7 月在中国 20 家大中型网站采用网上联机调查获得

@2003.8 iResearch Inc.　　　　　　　　　　www.iresearch.com.cn

图 1-5　网络广告对消费行为影响程度馅饼图

在一项针对广告从业人员的调查中显示：有59%的广告从业人员会向广告主推荐制作互联网广告，有21%的人犹豫不决，有20%的被调查者表示不会推荐。这说明超过半数的广告专业人士认为网络广告同样具有较好的广告效果。

1.4.3　网络广告存在的问题

1．网络广告尚缺乏统一的管理

目前国内尚无完善的网络管理法规，即使在发达国家，有关网络广告的法规概念也没有得到确定。由于网络本身是一种开放、自由的媒体，在网络上发布的各种信息不受任何机构的限制，这本身是网络媒体区别于其他媒体的特点，但这样一来，网络广告在网民心目中的信任度就大打折扣，一些企业也趁机在网络上做虚假广告，欺骗消费者权益的问题不断出现，这严重阻碍了网络广告的发展。

除了发布虚假网络广告外，网络广告的一些形式对网民正常网络行为的侵扰也较为严重，如插入式广告，不但强制网民观看，而且挡住了正常的浏览信息，使网民十分反感，既浪费了他们的时间，也影响了他们的心情，违背了他们的意志。网络邮件广告常会塞满网民邮箱，影响他们正常的信息交流，网民个人的网络邮箱地址被网站随意透露，甚至出卖，严重破坏了网民的隐私权。

可喜的是，我国部分地区的工商行政部门开始出台了一些网络广告管理的规章制度，如北京市工商局在2000年5月就发出了《关于网络广告经营资格进行规范的通知》和《关于对利用电子邮件发送商业信息的行为进行规范的通告》。在前一个文件中，对网络广告的经营企业资格作出了明确的规定；在后一个文件中明确规定：未经收件人同意，不得擅自向其发送商业信息的电子邮件，不得利用电子邮件进行虚假宣传，不得利用电子邮件诋毁他人商业信誉等。这些规章制度的出台，对当地的网络广告行为进行了一定程度的规范，对网络广告的发展起到了积极的作用。

2．网络广告创意和制作水平参差不齐

网络广告的发展历史还很短，设计界对网络广告的研究还处在起步阶段，网络广告的从业人员大都是传统广告行业转型而来，对网络媒体的认识和网民的研究还不够深入，所以目前互联网广告的创意、设计、制作水平出现参差不齐的现象，不少劣质广告大行其道。网络广告的创意要立足网络媒体本身的特点来进行，要尊重网络信息由网民主动获取的权利，网络广告的创意设计重点要解决如何吸引网民来主动点击，要解决如何在较小的版面空间中利用多种信息媒体元素来传达广告信息，使之更具趣味性、诱惑力。这样的广告，网民不但不会产生抵触情绪，相反会觉得给他提供了所需要的产品信息。

3．缺乏网络广告专业化队伍和人才

在国内众多的广告企业中，专业从事网络广告设计制作的公司极少。一方面目前网络广告的市场份额还很小，广告客户不多，利润不高，所以专业广告公司较少参与，主要由IT业界经营。另一方面，网络广告的设计制作需要多方面的知识积累，从业者不但要掌握广告设计的知识和技能，还需要掌握网页设计、计算机图形图像、计算机动画以及数字视频、声音等多方面的知识和技术，这样的复合型人才，目前还不多。国内的高等院校中，目

前培养的网络广告设计专门人才还很少。所以，在相当长的时间内，网络广告设计的专业人才都会出现供不应求的局面。

1.4.4 网络广告的发展趋势

1. 网络广告市场更大

随着我国信息基础设施建设的不断完善及网络技术、通信技术的发展，网络传输速度将会不断提高，高速的宽带网得到普及，使网络广告能够充分发挥其多媒体优势，拥有更高的互动性，更好的视觉、听觉效果以及更好的三维动画、视频表现能力，从而使网络广告对网民更具吸引力。国民经济的增长、教育的普及与提高、人们的经济收入不断增多以及上网费用越来越低，使上网人数进一步增加，达到甚至超过现有的电视受众，届时各行各业的产品宣传都会进入网络广告市场，网络广告的市场份额会更大，可能与电视广告平起平坐，甚至更胜一筹。

2. 网络广告形式更加丰富

网络广告形式多样是网络广告的一大优势，网络广告的形式从网络广告开始出现以来不断推陈出新，从早期的按钮广告、旗帜广告，发展到现今的邮件广告、插入式广告、漂浮广告、游戏广告、视频广告等丰富多彩的形式。网络广告形式的创新离不开技术的发展，早期的网络广告，由于动画技术的限制，多采用 GIF 动画的形式，其尺寸受网络带宽的限制不可能做得很大，因为 GIF 动画的数据量会随尺寸的加大而剧烈增加。Flash 技术的出现，为网络广告形式的创新带来了一次革命性的飞跃，目前各种大幅的旗帜广告、弹出窗口广告、游戏广告等大都由 Flash 制作，它们数据量小，且具有很好的画质，深受广告主和网民的欢迎。

宽带网络的应用为网络视频广告提供了可能，网络视频广告具有电视广告般的表现力和视觉冲击力，将更符合看惯了电视广告的网民们的口味。2003 年，互通网络公司推出的 ICAST 网络视频广告得到了很多广告主和媒体的认同，主流网络媒体新浪、网易、21CN 等都纷纷签约，播放这种类似于电视广告效果的带声音、播放比较流畅的网络视频广告。

可以预计，随着网络技术和软件技术的发展，以及网络广告设计的不断创新，更多的能让网民接受和喜爱的网络广告形式会不断涌现出来。

3. 网络广告专业化

网络广告已经表现出了极强的生命力和广阔的市场前景。网络生活、网络社区、网络社会在人们的生活、工作中已经占有重要地位，随着网络的不断发展，网络广告的市场份额将不断扩大，对网络广告专业化的要求不断提高，传统的广告企业将对网络广告产生极大的兴趣，纷纷投入到网络广告的专业化行业，新兴的网络广告专业化企业也会不断地成长和发展壮大。

在网络广告的专业人才培养方面，今后会广泛开展网络广告传播、设计、制作技术的学术研究，提高网络广告的整体水平。现在各相关高等院校已经纷纷开设网络广告的相关课程，今后有众多的院校会开设网络广告的相关专业，为网络广告培养更多的专业化人才。

4．网络广告走向法制化轨道

为了维护网民的共同利益和扼制企业间的不公平竞争，国家工商行政管理部门对网络广告管理将颁发一系列的网络广告管理法规。另外，经营网络广告的网站自身也会不断成熟，网站会维护自身形象的长期利益，拒绝对虚假广告的发布，也会对网络广告的管理逐步规范和完善。

随着网络管理法规的建设，网站人员素质的提高和网络广告管理经验的不断丰富，目前网络广告的混乱状态会得到极大改善，虚假广告以及侵犯他人隐私权、荣誉权、诋毁其他企业信誉的网络广告将会失去市场。

1.5　思考与练习题

1．填空题

(1) 计算机网络是通过通信设备和通信线路将多台地理位置上分散且独立工作的计算机进行互联，在相应软件的支持下，以达到　　　　　和　　　　　的目的。

(2) 第一则网络广告产生于　　　　　年，发布在　　　　　杂志的网络版上。

(3) 网络广告投入最多的四大行列是　　　　　、　　　　　、　　　　　和　　　　　。

(4) 截止到 2004 年 1 月，我国的上网用户已达　　　　　万。

2．单项选择题

(1) 按地理范围划分，Internet 属于（　　　）。

　　　A．广域网　　　　　B．城域网　　　　　C．局域网　　　　　D．小区网

(2) 在 Internet 上采用的通信协议是（　　　）。

　　　A．FTP　　　　　　B．TCP/IP　　　　　C．HTTP　　　　　D．X.25

(3) 目前我国网络广告收入最多的网站是（　　　）。

　　　A．网易　　　　　　B．中华网　　　　　C．搜狐　　　　　　D．新浪

(4) 我国上网人数最多的是（　　　）。

　　　A．少年儿童　　　　B．青年人　　　　　C．中年人　　　　　D．老年人

3．多项选择题

(1) Internet 在我国被称为（　　　）。

　　　A．因特网　　　　　B．互联网　　　　　C．万维网　　　　　D．国际网

(2) 我国上网用户的特征是（　　　）。

　　　A．高学历　　　　　B．低年龄　　　　　C．低收入　　　　　D．男性多

(3) 网民经常使用的网络服务是（　　　）。

　　　A．信息查询　　　　B．电子邮件　　　　C．搜索引擎　　　　D．聊天

4．思考题

(1) 网络广告具有覆盖范围广、传播速度快、制作和发布成本低等优点，为什么

目前网络广告收入占广告产业的份额还很低呢?

(2) 在互联网上,你会发现有众多的家用汽车广告,而很少发现家庭日常用品广告,试分析其原因。

5. 上网题

(1) 在国际国内的网站上认真点击一些网络广告,体验网络广告的特点和优势。

(2) 利用搜索引擎,以"网络广告"为关键词,搜索一些有关网络广告的文章进行阅读。

第2章　网络广告的一般原理

随着网络技术的不断发展以及网络在人们日常生活、工作中的广泛应用，使网络作为一种新兴媒体迅速崛起，也为广告提供了一个潜在的大市场和传播渠道。网络广告与传统广告相比，由于其传播的媒体不同，其广告的形式、广告的信息特征以及广告的信息传播方式都有着自己的特点，它将会成为今后广告研究的新焦点。

2.1　网络广告的形式

2.1.1　旗帜广告

我们在浏览网页时，经常发现在网页上散布着各式各样的广告图片和动画，它就像旗帜一样在页面中飘扬，所以我们称这种类型的网络广告为旗帜广告，也叫做 Banner 广告。图 2-1 红线圈中部分是中华广告网（www.a.com.cn）主页上做的旗帜广告。

图 2-1　旗帜广告

旗帜广告是网络广告的主流形式，从位置上看，位于页面顶部的最为醒目，称为页眉广告，一般为长方形。由于该位置是页面的视觉中心，所以页眉广告具有很好的广告效果，收费也比其他位置的旗帜广告要高。其他位置的旗帜广告可以是长方形，也可以为正方形。从形式上旗帜广告有横式和竖式之分。所谓横式，就是旗帜广告的长边在水平方向，长边在纵向的称为竖式旗帜广告。

>>>>>>>>>

旗帜广告的宽度一般在 400～600 像素之间，宽度在 80～100 像素之间。1997 年，美国 IAB 公司进行了大规模的网络广告调查，广泛向广告主、广告代理商征求了旗帜广告尺寸的意见，制定出了旗帜广告尺寸的常用规格，如表 2-1 所示。

表 2-1　旗帜广告尺寸规格

尺寸（像素）	类　　型
468 × 60	全尺寸 Banner
392 × 72	全尺寸带导航条 Banner
234 × 60	半尺寸 Banner
125 × 125	方形按钮
120 × 90	按钮 #1
120 × 69	按钮 #2
88 × 31	小按钮
120 × 240	垂直 Banner

旗帜广告有动态和静态两种，大多数旗帜广告为动态的，为 GIF 动画或 Flash 动画。GIF 动画在表现较为复杂的动态效果时，数据量较大，一般只用来制作只有简单闪动或滚动的旗帜广告；Flash 动画由于是采用矢量动画技术，其动画的数据量较小，且可以制作出精美的动画效果，是目前旗帜广告的主要动画形式。静态的旗帜广告图像格式一般为 GIF 和 JPG，GIF 格式用于色彩较少的情况，因为该格式只有 8 位色彩深度，在图像中的色彩数最多为 256 色；JPG 格式能表现出丰富的色彩，其色彩深度为 24 位，且具有较高的数据压缩率，其缺点是和原图像之间有失真。

旗帜广告由于自身尺寸受限，所能传达的广告信息和视觉冲击力也受到限制。通常在旗帜广告上都设有超级链接，点击旗帜广告会链接到专设的广告页面或广告站点，使受众了解更多、更详细的广告信息。

2.1.2　按钮广告

按钮广告和旗帜广告的主要差别是其尺寸较小，一般为小图片或小动画，其本身传达的广告信息非常有限，它的主要作用是吸引网页浏览者来点击它，从而链接到专门的广告页面或广告网站。当浏览者不去点击广告按钮时，其广告信息的传达就没有实现。相对按钮广告来说，旗帜广告的尺寸要大得多，即使浏览者不去点击旗帜广告，其本身传达的广告信息也较为丰富，广告信息的传达不完全依赖于浏览者的点击行为。从设计的角度上讲，按钮广告的按钮设计任务就是如何引起浏览者的点击行为，使他们产生点击的冲动，真正的广告信息是在专门的广告页面或站点中去传达。而旗帜广告的设计任务首先是传达广告信息，当浏览者对广告信息有进一步的渴求时，可以通过点击获得更为详细和全面的广告信息。

从表面上看，按钮广告和旗帜广告都是静止的图片或动画，点击之后都有链接的后台广告页面，所以也有人把按钮广告归为旗帜广告，认为按钮广告是旗帜广告的一种小形式。按钮广告的常用尺寸规格见表 2-1，其发布的位置通常在页面的两侧或底部。图 2-2 页面左侧为几个按钮广告示例。

图 2-2　按钮广告

2.1.3　漂移广告

　　此类广告为一在页面上游动的小图片或小动画，点击它可链接到广告页面或网站。这种广告由于在页面上不停地游动，可以引起浏览者的注意，但这种不停地游动也给浏览者浏览页面内容造成了很大的干扰，使浏览者产生抵触和反感情绪。这种广告受到广告主的欢迎，它带有强制浏览者观看的作用，前些年该类广告应用较多。近年来，由于网络用户对该类广告的强烈反感，许多网站已不再使用该类广告形式。图 2-3 中红线圈中部分是一网站发布的漂移式广告。

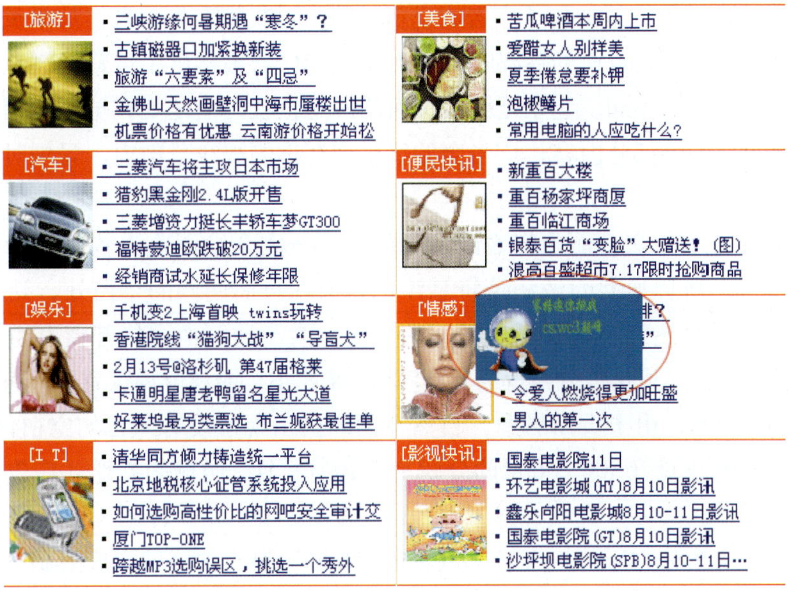

图 2-3　漂移广告

2.1.4 悬浮式广告

在物理学中，当一物体的密度与液体密度相等时，该物体就会在液体中呈现悬浮现象，物体悬浮的位置由初始状态确定，一旦把它置入某一特定位置，它就一直悬浮在那里而不受液面高度的影响。网络中的悬浮式广告与此类似，当把一广告图片或动画置入页面的一特定位置后，不论是否滑动浏览器右边的纵向滑条，广告始终保持在屏幕上的固定位置不变，该类广告一般发布在页面两边的空白处。图2-4中红线圈中部分是一悬浮广告示例。

图 2-4 悬浮广告

该类广告的最大优势是加长了广告的呈现时间。对旗帜广告而言，如果放置在页面顶端，当浏览者滑动浏览长页面的后部时，页面顶端的广告被移出了屏幕，浏览者自然就看不见它了。悬浮式广告不同，它不是处在页面的固定位置，而是处在屏幕的固定位置，所以不论你浏览页面的哪部分内容，广告会始终呈现在你的视线范围内，呈现时间更长，视觉印象也就更深。

如果将悬浮广告放在页面内容之内，悬浮广告一定会给浏览内容造成干扰，使页面浏览者产生反感。所以通常的做法是将悬浮广告放在页面两侧的空白处，这样既不影响页面内容的浏览，也达到了延长呈现时间的目的。大多数页面两侧都留有空白，这是因为通常的页面宽度都是以屏幕分辨率为 800×600 来考虑，而现今浏览者的计算机大多设为 1024×768 的分辨率，由于页面居中，自然在两侧就出现了没有内容的空白区域。当然，如果浏览者的计算机设在 800×600 的分辨率下浏览页面，两侧的悬浮式广告自然就不可能看见了。

悬浮式广告可为长方形、正方形，但其宽度受到两侧空白区域宽度限制。和旗帜广告一样，一般在广告上都设有链接，点击它可获得更多的广告信息。

2.1.5 弹出式广告

弹出式广告也有人把它称为画中画广告、跳出广告等，它是在网页开启时自动弹出一个广告窗口，与网页形成画中画的关系，但广告窗口覆盖了网页的部分内容，要浏览这部分内容时，浏览者可自行关闭窗口。图 2-5 是一弹出式广告的示例。

图 2-5　弹出式广告

弹出式广告是目前采用较多的网络广告形式，由于在网页开启时自动弹出，强迫浏览者观看，具有电视插播广告的特征，所以很受广告主的青睐。尤其是首页上的弹出式广告，广告主争相抢夺，所以价格也是最贵的。在网民这边，由于这种广告会干扰对网页的浏览，遭到了大家众多"口诛笔伐"的抗议，同时也成了广告拦截的首要对象之一。

弹出广告的弹出窗口可大可小，通常为屏幕的 1/4 左右，但可以扩大到全屏。

2.1.6 电子邮件广告

电子邮件广告类似以前的直邮广告，只是它通过网络将广告信息发送到目标用户的电子邮箱里，而不是通过邮递系统来传递广告信函。由于是通过网络传递广告信息，所以在费用上比直邮广告低得多，且非常及时，不像直邮广告那样需要数天才能送达目标用户。图 2-6 中圈中部分是一电子邮件广告示例。

图 2-6　电子邮件广告

电子邮件广告可以直接发送，也可以通过与其他信息一起搭载发送，例如通过用户订阅的电子刊物、新闻邮件、免费软件以及升级软件等其他资料一起附带发送。也有的网站使用注册会员制收集忠实读者群，将客户的广告连同提供的更新信息一起准确送到网站注册会员的电子邮箱中。

获取目标用户的邮箱地址是实施电子邮件广告的基础。对于提供电子邮件服务的网站，自然就获得了在本站开设电子邮箱的用户的邮箱地址。其他一些提供免费服务的网站，在用户申请服务时就要求提供邮箱地址及其用户的年龄、职业、性别等相关信息，这也能获取众多的用户邮箱地址。在发送电子邮件广告时，首先应根据产品的目标客户特征，依据申请免费邮箱或免费服务时用户提供的个人信息，制作出相应的电子邮件列表，然后按此列表发送电子邮件广告。由此可以看出，电子邮件广告具有较好的针对性。

目前，由于一些网站滥用电子邮件广告，使得用户的邮箱里堆满了大量的广告，影响了网络用户的正常通信，反垃圾邮件的呼声不断高涨，这将会影响邮件广告的正常运行。对大多数用户而言，如果确实能为他们提供真正需要的广告信息，对电子邮件广告还是持欢迎态度的。

2.1.7　网上分类广告

网上分类广告是受报纸分类广告的启发而产生的一种网络广告形式，在形式上和报纸的分类广告专栏没有本质差别，也是将同类信息集中在一个分栏内，便于用户查找。但在功能上比报纸的分类广告强得多，一是因为每一个分类广告都设有超级链接，可让用户获得更详细的广告信息，不像报纸那样受到版面空间的限制；二是因为在分类广告页面内设有信息搜索功能，可以搜索到没有呈现在分类广告页面上的广告信息。图2-7是一分类广告的示例。

图2-7　分类广告

分类广告这种形式受到网络用户的赞同，它不强迫浏览者观看，也不会干扰其对网页内容的正常浏览。它将分类广告信息放在一独立的页面内，当用户需要获取某方面的商业信息时，又能通过强大的搜索功能得到满足。但对于广告主来说，一旦用户没有主动进行广告信息的获取，那么它所发布的分类广告就如同没有发布该广告一样，一直没有起到广告的作用。

2.1.8　关键词广告

关键词广告近年来异军突起，它已成为了Google、Yahoo、AOL等搜索业务网站的最主要盈利方式。关键词广告是搜索引擎技术在网络广告发布中的应用，当搜索用户使用搜索工具键入关键词时，搜索结果的页面上就会显示广告客户们的相应广告。图2-8业面右侧是关键词广告示例。

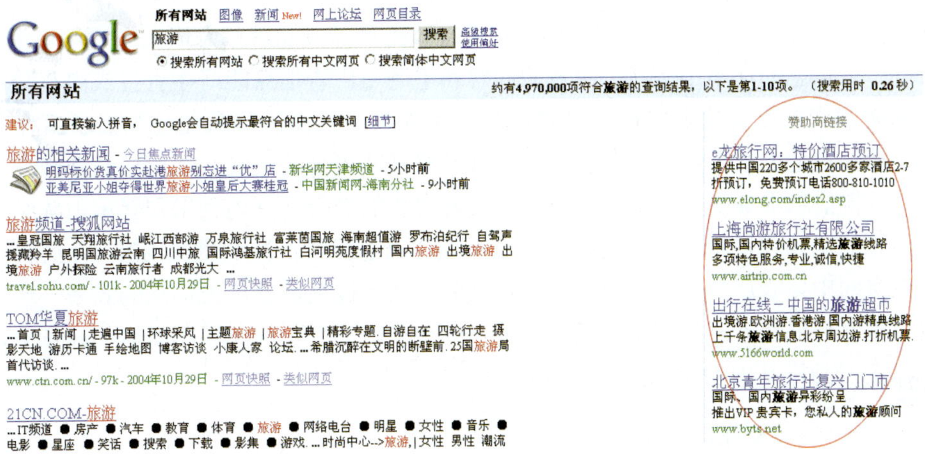

图 2-8　关键词广告

关键词广告的一大优势是可以具有很强的针对性，例如，在"旅游"这个关键词的结果页面上投放某旅游景点的广告，就会收到较好的广告效果，因为键入"旅游"这个关键词的搜索者，此时正关心与旅游相关的各种信息，所提供的广告信息正好与他的需求相吻合，无疑会达到很好的广告效果。此外，关键词广告为国内企业产品的海外快速推广找到了一条通道，因为像Google、Yahoo、AOL这样的大型搜索引擎网站，每时每刻都有来自世界各国的众多网络用户在使用，在它上面投放关键词广告必然会起到快速向世界范围内推广的作用。

2.1.9　游戏广告

游戏广告是利用网络游戏为载体并将广告信息传达给受众的一种广告形式。游戏广告利用了人们对游戏天生爱好的心理，从而以游戏为载体进行广告宣传，并借此来吸引消费者。广告游戏特有的互动性、娱乐性，使它成为名副其实的个性化媒介，很容易迎合新时代消费者的口味。相对一些"硬推"式的网络广告形式，游戏广告"魅力"十足的娱乐性能引起消费者自发的关注和参与，他们会主动去寻找游戏广告中的游戏来玩。而在这一过程中，消费者对游戏广告中传达的商业信息不会产生抵触和反感情绪，可达到很理想的广告传播效果。图2-9是一游戏广告的游戏中的画面。

图 2-9　游戏广告

　　游戏广告通常有三种形式：第一种形式是仅仅把产品或品牌信息嵌入游戏环境中，使游戏在含有广告信息的环境中进行，游戏的内容和主题与广告信息能产生直接或内在联系，这种形式的游戏广告能有效地引起消费者对产品的联想，从而潜移默化地加强了品牌宣传效果；第二种形式是把产品及相关信息作为进行游戏必不可少的工具、手段或角色来使用，在游戏中，广告信息本身就是游戏的内容，游戏者对它们进行反复地利用和展示，从而加强了产品和品牌的认知和记忆；第三种形式是在游戏中通过提供产品的真实内容，让消费者在游戏的虚拟空间中体验产品，通过与消费者互动的方式来提高传递广告信息的效果。这种形式的游戏广告有让消费者直接试用产品一般的广告效果，它完全控制着消费者的注意力，使消费者加深了产品或品牌的印象。

2.1.10　网站栏目广告

　　综合性网站和门户网站一般都设有很多栏目，提供新闻、论坛、娱乐、旅游等方面的信息和活动，在网上结合这些特定专栏发布的广告称为网站栏目广告，图 2-10 中的上部是网站栏目广告示例。

图 2-10　栏目广告

栏目广告一般为赞助式广告，就像电视中赞助某电视节目的播放一样，这对企业树立"在线"公众形象有很大的帮助，会受到众多广告主的青睐。赞助形式分为节目赞助、内容赞助、节日赞助等。赞助式广告形式多样，广告主可选择与自己企业相关的内容或栏目进行赞助，也可以对特定事件和节日开设的专题进行赞助，如"欧洲杯足球赛"、"三八妇女节专题"、"母亲节专题"等。栏目赞助支持的广告位置一般位于页面的顶部，是页面的视觉中心，是最易吸引眼球的地方。

2.1.11　其他广告形式

网络广告的形式不断推陈出新，并随着网络硬、软件技术的进步而不断发展。宽带网络的应用使网络视频广告问世，2003 年互联网络公司推出的 ICAST 网络视频广告得到了很多广告主和媒体的认同，主流媒体如新浪、网易、21CN 等都纷纷签约，播放这种类似于电视广告效果的带声音、播放比较流畅的网络视频广告。此外，还有类似于广播广告的网络声音广告，只要浏览者一打开网页，声音广告就会播放。鼠标广告也很新颖别致，广告文字随光标的移动而产生出各种形状和色彩的变化，或与鼠标事件有关，当鼠标放入广告文字或小图片时，就会出现一个大的广告图片或动画，鼠标移开时又自动还原。有奖广告在网络上也比较流行，它通过获奖诱惑来吸引用户点击，只要点击到一定的次数，你就可以获得一定的电子赠券或奖品。

在网络上，每年都有很多新的广告形式产生，今后必将涌现出更多能让广告主、浏览者和网站都认同和欢迎的广告形式。2003 年一些网站推出的弹出式广告就是一例，它在弹出式广告的基础上加以改进，只要广告播放结束就自动关闭弹出窗口，这样就减小了对页面浏览的干扰，网民就可接受它了，同时对广告效果也没有太大影响。

2.2　网络广告的信息元素

网络广告的目的是要将广告的信息传达给网络的使用者。要实现信息的传达，必定要通过一些信息元素来表现所要传达的信息，在人们的日常生活中是通过文字、图形图像、动画、声音这些元素来完成绝大多数的信息传达和交流的，这些信息元素的接收是依靠人的视觉和听觉来完成的。还有一少部分信息是依靠人的味觉、嗅觉、触觉等其他感觉器官来完成。在目前的网络环境中，信息的传达主要依靠人的视觉和听觉来完成，所以，网络广告中的信息元素包括了文字、图形图像、动画、声音这些视听元素。

2.2.1　网络广告中的文字

文字是人们使用最广泛的信息传达和交换形式。人们每天都阅读报纸、书籍、杂志等文字读物来接收新闻、科学文化知识，以及通过阅读小说中的文字来享受文学作品的艺术之美，所以文字是人们易于接收和习惯的一种信息元素。

在网络广告中的文字分为标题文字和说明性文字。标题文字要求能吸引网页浏览者的注意，在形式上可采用醒目的字体和亮丽的颜色，在内容上要以简短的句子来表达广告的主题。标题文字的另一要求是能引诱出点击行为，在文字撰写上可以设置悬念、采用提问式的语气以及承诺利益、采用祈使语句等。图 2-11 中，(a) 图采用了提问式的广告标题"今

>>>>>>>>>

年夏天去哪里",（b）图采用的是利益承诺式标题"QQ酷车见者有份"，这些标题都能很好地诱发网页浏览者的点击行为。

(a)

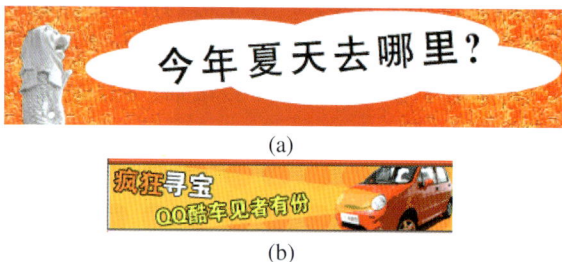

(b)

图2-11　广告中的标题文字

网络广告的说明性文字一般位于点击行为之后链接的新广告页面上，要求简洁、明了、清楚、完整，尤其要避免拖沓和杂乱，浏览者对这样的文字是没有耐心去看的。图2-12是一说明性文字的示例。

图2-12　广告的说明文字

2.2.2　网络广告中的图像

在网络广告中，文字传达的是抽象的信息，比如对某汽车外型可描述为"精致"，"精致"这个概念需要借助于人的知识经验来认识和理解，不同的人对同一概念的理解是有差异的。图像与文字不同，它传达的是具象的信息，展现了抽象概念的实际面貌，所以显得直观，也易于理解和接受。

网络广告中的图像不同于纯艺术的图像和新闻类的图像，它不是以反映图像创作者的个人情感和思想为主旨，也不是以反映真实为目的，而是以传播商业信息和广告意念为主

要动机，以迎合消费者情趣和进行必要的规劝和说服为基本手段，以追求商业的促销效果为根本目的。

在图像的创作手段上，网络广告图像可以用绘画方式来创作，借助于画笔、颜料、画板等工具来完成，将作品制作在画布或纸张上；也可借助于计算机及相关绘画软件创作，直接形成网络广告所需要的数码图像；通过摄影方式来创作广告图像也是常用的手段，对于那些要求表现实物的广告图像，摄影是最好、最便捷的创作方式。由于网络广告中只能使用数码格式的图像，对于非数码相机拍摄的作品，要借助于扫描仪将其转化为数码格式，扫描仪可以扫描底片，也可以扫描照片。对于绘画方式创作的图像，小型的可以直接用扫描仪扫描，大型的绘画图像要先通过摄影的方式将其拍摄下来，然后才能转化为数码格式的图像。

网络广告图像，根据广告的需要可以采用多种风格，有写实的、卡通的、漫画的、装饰绘画的等风格；在色彩上可以采用黑白图、灰度图、彩色图；在空间上可以用平面图像，也可以用三维图像。图 2-13 是网络广告图像的一些例子。

图 2-13　广告中的图像

2.2.3　网络广告中的动画

从消费心理学讲，只有先引起消费者对你产品的注意，才有可能进入到比较、联想、判断、购买行动的施行等一系列的消费心理过程。我们在网络上发布的广告，如何才能引起网页浏览者的注意，并进而让他们实施点击行为呢？这是网络广告设计者煞费苦心的问题。

在一项动画与静态图形吸引浏览者注意力的对比调查中，其结果显示：使用简单的 GIF 动画生成的广告图形，点击率会上升 10%～25%，而动画广告的面积平均比静态广告小 5%～25%。由此可见，动画广告能以较小的面积吸引更多的注意力，这大概就是网络广告大多采用动画形式的主要原因了。

动画不但有很强的视觉冲击力，能吸引浏览者的注意，而且由于它可以在时间维度上延展，使得它在一定时间内传达更多的广告信息量。图 2-14 所示的是福特汽车公司的英国网站对汽车的介绍，各种不同的汽车在一个横贯画面上缓缓移动，似乎让浏览者在传送带上任意挑选一样。当浏览者把鼠标光标放在某一款汽车上时，"传送带"立即停止，该款汽车变得更加清晰，并同时在下边显示出该款汽车的性能参数、价格等信息。如果采用静止画面，在这有限的版面空间内是无法展示汽车的所有款式的。

图 2-14　福特汽车广告动画

　　动画还能将网络广告所宣传的产品表现得更加生动，具有强烈的真实感。对于在网上冲浪的人来说，由于他们有更多的选择，他们没有耐心去阅读大量的文字，更希望看到一些表现生动、直观的信息，对于广告信息更是如此。网络广告动画就像电影、电视一样，能将产品表现得栩栩如生，仿佛在真实世界一样生动、活泼，使浏览者不像阅读文字那样感到枯燥、乏味。图 2-15 是上海大众汽车公司为 PASSAT 汽车做的网络动画广告，画面上汽车高速、平稳地向前奔驰，汽车背后的景物及路灯电杆在向后移动，仿佛你自己驾驶着这款汽车在公路上亲身体验，感受它的舒适、平稳给你带来的享受。动画还配有美妙动听的音乐，使你对这款汽车充满了无限的遐想和渴望，实现了很好的广告效果。

图 2-15　PASSAT 汽车广告动画

　　网络广告动画主要有 GIF 动画、Flash 动画、三维动画这三种类型。GIF 是在网络上出现最早的动画形式，这种动画属于帧动画类型，每一帧的内容不同，但前后帧之间相互联

系，后一帧是前一帧的继续，每一帧都是一幅图像，将各帧的图像按一定速度顺序播放就形成了动画。GIF 动画只能表现 256 种颜色，动画的数据量随着幅面的加大成指数增长，所以一般适宜于制作小型的网络动画。它的最大优点是制作简单，且大部分浏览器无需插件就可直接播放。

Flash 动画是目前网络上使用最广泛的动画形式，它是矢量动画，具有数据量小、放大不影响动画质量等优点，所以深受网络广告制作者的喜爱。Flash 动画和 GIF 动画不同，它不需要逐帧制作图像，只需要制作出关键帧画面，关键帧之间的画面由 Flash 自动生成，所以动画制作的工作量比 GIF 动画要小，适合制作大幅面、时间较长的网络动画。不过，要使浏览器能播放 Flash 动画，需要安装 Flash 的播放插件，否则将无法看到网页上的 Flash 动画。由于 Micromedia 公司的 Flash 动画制作软件内嵌有相应的 Flash 脚本语言，所以在 Flash 动画中可以实现很好的交互性，制作出各式各样互动动画效果，甚至可制作出 Flash 动画游戏。图 2-16 是一鼠标互动动画的例子，当鼠标放在(a)图中的盒子上时，则盒子就打开，并跳出一支可口可乐饮料，同时弹出"可口可乐游戏地带"的字样，如(b)图。

(a)

(b)

图 2-16　互动广告动画

>>>>>>>>>

三维动画所表现的是三维空间形象和运动，可用 3ds max、Softimage、Maya 等三维动画软件制作。动画表现的效果更接近我们生活的真实世界，所以表现得更加真实、生动，可以制作出非常具有震撼力的动画，具有很好的广告信息传达效果。不过由于三维动画的数据量极为庞大，在目前的网络带宽条件下，不但下载时间长，且播放也不流畅，只有宽带网用户还可以接受。所以，三维动画目前在网络广告中应用并不常见，一般只用来制作一些小型的标志、符号等。

2.2.4　网络广告中的声音

声音是信息传播的一种基本形式，它利用人们的听觉器官来接收。科学家们的研究表明：人们能记住听到信息的 20%，仅次于通过视觉获得信息的记忆率 30%，如果人的眼耳并用，能记住获取信息的 50%。由此可见，如果在网络广告中使用声音和视觉元素一起来传达广告信息，会收到更好的传达效果。

声音分为有声语言、音乐、音响，有声语言比无声语言（文字）要生动精彩得多，其蕴藏的内涵也丰富得多。英国作家萧伯纳说过，有 50 种说"是"的方法，有 500 种说不是的方法，而只有一种写这两个字的方法。之所以如此，是有声语言有更为丰富的表情，同一个词、同一句话，说话人的语调、音色、响度、语速等在不同组合会对听者的心理产生不同的影响。音乐是以在时间上流动的音响为物质手段，通过有组织的乐音构成听觉形象，以此抒发情感、反映生活的情感艺术。音响是除有声语言和音乐之外的其他声音，如汽车发动机的声音、风声、雨声等，这些声音是为了营造自然、现场的真实感觉，使人觉得身临其境。

在网络广告中，除声音广告外，其主要在点击之后的专门广告页面内使用，较多的是给广告动画配上背景音乐，有时也加上一些环境音响，使广告动画更加有声有色。在网站内容页面上的广告一般不加任何声音，一是声音会干扰浏览者对网页内容的浏览，使他们产生反感；二是众多广告的声音混杂在一起，也不能起到传达信息的作用；三是声音文件的数据量大，会大大加长网页的下载时间。所以，在网络广告中声音的使用不是很多，但在游戏广告中，因玩家只专注于游戏本身，常使用声音来加强游戏的娱乐性和真实感。

2.3　网络的传播特点

广告是一种信息，要实现广告的目的，就需要将广告信息传播到它的目标人群中。传统的广告都依靠传统的传播媒体进行传播，如报纸、杂志、广播、电视等；每一种传播媒体都有着自己的传播特点。网络广告是依靠网络这种新兴的传播媒体来实施广告信息的传播的，因此它表现出了自己独特的传播特征。

1. 多种传播方式共存

人类的传播活动可分为人际传播、群体传播、大众传播等类型。人际传播是个体与个体之间的信息交流活动，包括了面对面的直接传播和借助于媒介的间接传播，如人们日常生活中的面对面交谈、相互间的书信往来等。群体传播是指设有固定的社会组织形式的人群中所发生的信息传播，人群中的成员有着共同关心的事物或话题，并各自发表自己的观点和看法。茶余饭后，我们常会见到一些人群聚在一起，谈论国家的政治、经济、文化，或

者讨论着某一社会现象以及一些生活中的焦点问题等，这样的一些传播活动就属于群体传播。大众传播是专业化的媒介组织运用先进的传播技术和产业化手段，以社会上一般大众为对象而进行的大规模的信息生产和传播活动，大众传播是几百年以来对人类社会影响最大的传播形式，我们生活中所看到的报纸、广播、电视都属于大众传播媒体。

网络这种新兴的"第四媒体"与任何传统的媒体在传播方式上都有明显的差别，传统的媒体只能实施一种传播方式，而网络将多种传播方式融为一身。电子邮件、聊天室是网络中实现人际传播的典型例子，电子邮件在形式上和传统的信件相似，把信件投入到收信人的邮箱中，但与传统的信件相比，它传递的信息更加丰富，不但有文字、图像，而且还可以有动画、声音，甚至在邮件内容上设置超链接。聊天室有使人与人之间进行交谈的效果，借助于摄像头和耳机，聊天者之间虽身处千里之外，但能看到对方的形象，能听见对方的声音，就如同面对面交谈一般的感受。讨论组、BBS是群体传播的最好例证，人们可以在谈论组、BBS上阅读其他人的留言，也可以发表自己的意见，参与讨论和传统群体传播的差异是群体成员之间互不了解真实身份，成员在参加讨论时以一个代号出现，由于这种身份的隐秘特点，使得成员在发表意见和讨论时，常会出现一些人身攻击的过激语言，甚至会出现违反国家法律的色情、暴力、毒品等内容。各门户网站和大型综合性网站是大众传播的典型例子，它们面向大众提供各种新闻信息、商业资讯、娱乐产品等。相对传统大众媒体来说，它所包含的信息容量更大、更及时，所以现在越来越多的人每天通过网络来阅读新闻，以能及早获得最新消息为乐。

2. 网络中的"拉"式传播

传统的大众传播媒体都普遍采用"推"式传播，它们想方设法将自己制作的信息推销给受众，对受众来说只能是媒体给什么就接收什么，在信息的获取上，受众失去了主动选择的权利。这种大众传播"推"技术的使用，从根本上说是以"传媒为主体"，而忽略了受众主体的存在。

"拉"式传播技术是以受众为本位确立的，在这一传播格局中，受众不满足于被动的接受信息，而是要根据自己的目的和需要来选择信息。迄今为止，网络是"拉"式传播的最典型体现。2003年2月，中国互联网络信息中心对用户经常使用的网络服务调查中，有70%的被调查者回答为搜索引擎。这一结果充分表明网络使用者在网络中按自己的需求获取信息的普遍性，也充分体现了"拉"式传播技术的独特魅力。

网络之所以能较好地实现"拉"式传播，一是网络中的信息容量是任何传统媒体无法比拟的，这里能满足人们对信息的各种需求。2002年，全球已有30亿网页及2000万个网址，在我国也有37.1万个网址。二是网络中采用了先进的搜索引擎技术，使得人们得以实现按自己需求选择信息的可能，不但有Yahoo、Google、Goyoyo等专业的搜索网站，而且在众多的网站内也设有搜索功能，使上网者能非常方便地获取自己需求的信息。网络实名技术的推出，使人们选择信息更加方便，如今，你只需在浏览器的地址栏内输入你所需要信息的关键词，便会在3721网站内找到你要的相关网站地址和内容。三是网络的分布式技术及超链接技术使我们能共享存储在世界各地网站上的信息，如今我们只要通过搜索引擎找到所需信息的网址，不管该信息位于世界上的哪一个角落，只需鼠标轻轻一点，就可以将信息"拉"到自己的显示屏上，供自己阅读，甚至可以保存到自己的磁盘上或通过打印机打印出来。

3．网络传播的及时性

网络传播比传统任何一种媒体的传播都来得及时，一方面网络是一种电子媒体，信息以光速传递；另一方面网络媒体信息的加工、处理、发布都十分方便和快捷。在报纸媒体中，稿件完成之后，还需要经过编辑、制版、印刷才能得到信息成品，之后还要经过运输到各发行站，然后才分配到各报纸的销售者手中，经过这些销售者或邮递系统最终才能送达到信息的接收者手中，这一过程至少需要数小时的时间。广播、电视虽然也是电子传播媒体，但它们信息的加工处理过程十分复杂，需要较长的时间。以电视新闻为例，记者在现场拍摄完之后，还要经剪辑、配音等后期处理过程，加之电视节目的播放都是按照预定计划播出的，不可能随时插播最新获得的消息，所以它的传播及时性远不如网络。

4．网络中的互动传播

网络中的互动传播是区别于传统印刷传播、电讯传播的本质特征。在网络中，用户不但是信息的使用者，同时也是网络信息资源的生产者和提供者。我们可以在网络上获取新闻，也可以通过讨论组、BBS去参与新闻热点问题讨论并发表自己的看法；也可将自己身边所见所闻在BBS上发一张帖子，供其他人阅读；我们甚至还可以组建一个个人网站或申请一个免费的个人主页空间来发表个人所关注的信息，表达自己的观点和立场，搭建起个人与他人交流信息的平台。对于网络广告之类的商业信息，我们不但可以通过网络获取它所提供的产品信息，而且我们还可以方便地通过网络给商家提供自己对产品及服务的改进意见和建议，使产品的生产者、经营者、消费者之间建立起一条通畅的交流渠道，使消费者也参与到产品的设计、生产、经营中来，最终使企业能够生产出真正满足消费者需求的产品来，并真正提供使消费者满意的服务，这无疑会对生产和消费的繁荣起到积极的推动作用。

传统的大众传播媒体（报纸、广播、电视等）的信息传播均是单向的，信息由传播者生产和提供，信息的使用者只能被动地接受传播者提供的信息，没有信息提供者和使用者之间的沟通和交流渠道。之所以如此，一方面是因为这些媒体使用的传播技术难以实现双向的互动传播；另一方面是这些媒体发展的历史原因所致，它们已经习惯了以传播者为中心的信息传播方式，加之信息容量又受到版面、时间的限制。尽管传统媒体在双向互动传播方面有着很多局限和限制，但它们已经注意到双向互动传播给信息传播带来的积极作用，纷纷开展了一些互动双向传播的尝试。在报纸上，你会发现有"读者来信"、"回音壁"类的版块，所占版面虽然不大，但体现了双向传播的特征；在广播、电视上也开办了一些听众、观众参与的节目，听众、观众可以通过打电话、发短信等方式参与问题的讨论，发表自己的观点和看法。在传统的三大媒体中，相比之下广播的互动双向传播开展得更为丰富一些，在"交互信息"一类的节目中，人们可以将自己所见到的交通状况发到电台，由播音员立即播出，使用户成为信息的提供者；在"二手市场"、"求购"、"专家咨询"等节目中，人们可以通过电台进行信息的交流和沟通。总体来说，传统媒体的互动双向传播是十分有限的，与它的单向传播相比，还显得微不足道。

5．网络传播的广域性

目前，互联网络是惟一的全球性媒体，该媒体几乎覆盖了世界上所有的国家，这是传统媒体不可能实现的。互联网之所以能成为全球性的媒体，主要得益于它的开放性原则。所

谓开放性，是指网络作为一种信息交流平台，不同厂家、不同型号、不同系统的计算机能够共存于同一网络中，不同网络可以通过网络协议传输和交流信息。这种开放性的原则使得世界各国的网络能够连接在一起，把位于世界各地网站的内容共存于互联网络中，实现信息资源的共享。在网络上，不管你身处何地，只要需要，可以获得世界各地任一网站的信息；也不管你发布信息的网站在何处，世界各地的任一网络用户都可以浏览到你网站上的内容，所以我们说网络上的传播是全球性的。

6. 网络传播信息的广容性

网络中的信息是先进的数字化方式进行存储的，不论是文字、图像、声音、视频还是动画，都可以转化为数字方式进行高密度存储，加之网络上的信息还是分布存储在各网络节点中，所以，可以认为网络的信息容量是无限的。现在数字存储媒介技术发展十分迅速，一个普通的硬盘已有 80GB 的存储容量，如果以存储汉字来计算（每个汉字占用两个字节），一个 80GB 的硬盘可以存储大约 20 万册每本 40 万字的图书，已相当于一个中型图书馆的规模，足见网络信息容量之巨大。在网络服务器中，还可以将多个硬盘通过磁盘阵列技术组合在一起存储信息，使得信息存储容量更加巨大。

对于传统的纸介质传播媒体来说，信息的容量要受到版面的限制，不可能将报纸的版面做到无限多，即使像《纽约时报》这样的大报，其最多也只由几百个版面组成。广播、电视这类电讯媒体，由于它们的信息是以时间为基础的线性组织方式播出，最大播出的信息量受到每天只有 24 小时的限制。

7. 网络信息的非线性组织

网络媒体既具有广播、电视媒体的声音、动态图像信息形式，具有强烈的感染力和视觉冲击力，又不像广播、电视那样以时间为顺序的线性播出方式。广播、电视都有一个按时间顺序安排的节目表，在什么时间播出什么节目在预先已经确定。对于信息接受者来说，在特定的时间只能收到预先在该时段安排的信息，一旦节目播过就不可倒转，无论你自己是否看清楚、听清楚，信息都转瞬即逝，而且信息的保存、存储成本高，又不方便，需要借助于录音、录像设备，并要人守候操作。网络这种非线性的信息组织方式就避免了上述缺陷，信息存储在网络上，你任何时候去看、去听它都存在，如果你一次没有看清楚、听明白，还可以重复看、重复听，直到满意为止，完全没有"过了这个村，就没有那个店"的烦恼。信息的保存、存储也方便，而且便宜，也不需要其他专门的设备，一切都在一台计算机上完成，只需你点击几下鼠标，一切就 OK 了。

像广告这类商业信息，在广播、电视中如果不是在黄金时段播出，能听到、看到的人会很少。大多数有消费能力的人在白天都要忙于自己的事业和工作，不可能听广播、看电视，而当他们在晚上闲下来时，又不可能再看到、听到白天播出的广播、电视广告信息了。即使在黄金时段播出的广播、电视广告，因受到时间的限制，也不可能花很长的时间来详细宣传你的产品，最长的电视广告也不过 1 分钟左右，短的只有几秒。所以广播、电视广告只能给受众留下一个印象，不能使他们真正了解产品。网络上的广告不同，用户任何时候上网都能与之见面，当需要了解更多信息时，还可以点击广告上的链接，获取产品详细的介绍资料，如果还需要更加深入地了解，可直接发送电子邮件去咨询，并很快得到回复。

随着社会的发展，消费者逐渐走向理性和成熟，凭着对产品简单印象而产生的购买行为会逐渐减少，他们需要对产品进行更为全面地了解，然后再作出理性的消费行动。网络广告将会成为理性消费者最欢迎的一种广告形式。

8．网络传播对受众的要求

相对三大传媒来说，网络对受众的要求最高。广播、电视对受众的文化素质基本没有什么要求，只要眼、耳正常的人都可以从中获取信息。对报纸、杂志等以文字为主的传播媒体，要求受众必须能够识字才能看懂其上的信息，其对受众的文化素质要求比广播、电视高一些。而网络对受众的要求就更高，不但要求受众能够识字，还必须掌握计算机的基本操作方法，具备从网上获取信息的基本技能，如果具有较高的英语水平就更好，因为网上的信息以英文表达的占绝大多数。改革开放以来，我国在经济、文化、教育等方面发生了翻天覆地的变化，但由于底子薄、人口多，到目前为止，仍有为数不少的文盲，计算机盲就更多了，所以受众的数量受到文化素质的限制。

从经济的角度上看，网络对受众的经济能力要求也比传统媒体高一些。广播、电视只要求用户购买接收信息的收音机、电视机就可以了，由于信息是免费的，所以就几乎没有其他费用了，即使通过有线电视网收看卫星电视节目，每个月的费用也只有十元左右。网络就不同了，除了要求购置上网的计算机、调制解调器、安装上网线路外，上网获取信息时仍要缴纳网络服务费，如果按照小时计算，每小时的上网费用在二三元左右，对于上网较多的用户来说，少则几十元，多则数百元，这对于收入水平低的工薪阶层，尤其是广大的农村人口来说，这笔上网费用是难以承受的。近年来，各接入服务的网络公司纷纷推出了上网包月服务的方式，包月服务的收费水平在每月100元左右，使用户的上网费限制在这个最高水平之内，减小了网络用户的经济压力，在一定程度上促进了网络用户的增长。

2.4　网络广告与传统媒体广告的比较

2.4.1　网络广告的优势

1．网络广告的传播范围广

网络广告是在国际互联网上实施的一种信息传播活动，因此只要有网络用户的地方，广告就能够传达到。互联网是惟一的全球性传播媒体，几乎覆盖了全世界的每一个国家，联合国贸易和发展会议《2003年电子商务与发展报告》中的数据显示：到2002年底，全球的上网用户已经达到5.91亿。

2．网络广告信息容量大，不受时空限制

网络广告采用的是数字化信息存储技术，可以有很大的信息容量，虽然信息呈现的范围只能在一个显示屏幕的范围内，但它可以通过多重链接进行不断扩展，不像报纸、杂志那样受到版面的限制。网络广告也不像广播、电视广告那样按照预定的时间顺序播出，而是你想什么时候播它就什么时候播，选择权、控制权都在网络用户手中，所以打破了时间的限制。

由于网络广告在信息容量上摆脱了时空的限制与约束，它能够充分利用图像、文字、声音、动画等多种信息元素来展现产品的外观、性能以及价格、技术指标等多种对客户有用的信息，甚至可以通过游戏、虚拟现实等技术手段让客户对产品进行虚拟使用体验，并从中获得乐趣。

3. 网络广告即时互动，便于双向沟通

网络广告可以利用网络提供的多种信息互动交流手段实现广告主与客户间的即时互动，方便了客户与厂商间的双向沟通，使他们不觉得是被商家操纵，而是自己掌握着沟通的主动权，可以随时通过网络向商家咨询广告内容，提出自己的要求和建议，获取最新的产品信息等。对于商家来说，可以通过网络提供的互动沟通获取大量的市场信息，收集产品在使用中的效果，客户对产品性能的评价以及建议等。所以，网络广告是一种新型的客户与厂商间即时双向沟通的桥梁和纽带，在与客户建立亲切友好的关系，培养客户对企业的忠诚度及对产品的进一步改进等方面都有积极的作用。

从美国凯西奖最佳网络广告可以看到：网络广告的双向互动沟通功能已被日益重视，评委 Meredith Flynnripley 说："我认为此次参赛的作品的趋势在于：设计上少了几分花哨，更注意引发一定的反映，并与消费者建立对话。"Mary Low Floyd 说："网页广告更多把重点放在回馈上，比如市场信息。他们从用户那里得到的东西更多了，但同时在内容上，网页也向用户提供了更多的东西。"

4. 网络广告便于检索

网络具有"推"、"拉"兼并的信息传播方式，在网站的内容页面上发布的广告具有"推"的性质，也就是说在用户打开网页时，网页上的广告信息就"推"给你了，这和传统的广告有相同之处。网络广告也有"拉"式传播功能，当用户主动寻找需要的广告信息时，可以通过搜索引擎网站或各站点上设置的搜索功能找到自己有用的广告信息。像网络分类广告之类的广告信息，完全依赖于"拉"式传播，这种方式的广告完全从满足用户信息需求的角度出发，并为他们获取信息提供方便、快捷的技术手段，受到用户的极大欢迎。

对于传统广告来说，具有如下特点：毫无搜索功能可言，人们平常看报、听广播、看电视时，对广告信息并不在意，即使看到了、听到了，对广告的具体内容也不可能有完整而深刻的记忆，当人们真正需要时，又无从得知广告的具体信息，如销售地点、联系电话等与购买直接相关的重要信息，这使得广告的产品失去了很多消费者。比如，有人找一个英语学习班去学习英语，本来曾在报纸上看到过一些英语培训信息，但因报纸早已扔掉而无法获知联系电话，于是通过上网检索，很快找到了多个英语培训机构的网络广告。选定培训机构后，立即通过广告上提供的电话联系，完成了报名、选班、确定入学时间等事宜，由此可看出检索功能的便宜。

5. 网络广告针对性强

网络中的分众传播特征及特有的技术先进性，使得网络广告比传统广告更具有针对性，可以将广告信息有针对性地传达给目标消费人群。我们可以在综合网站的各专栏首页上发布与此相关的网络广告。由于浏览该专栏内容的浏览者就是专栏信息的需求者，只要广告内容与此相符合，就能引起他们的注意，达到较好的广告效果。例如，在新浪网站的汽车

栏目内发布汽车及其相关产品的网络广告，比在其他专栏甚至网站首页上发布更为有效，即使该专栏的点击率不如首页高也会如此，因为人们在自己需求的信息页面上停留的时间会更长，广告和他们见面的时间就更长，从而使他们产生更为深刻的记忆。将产品的网络广告投放到与此相关内容的网络信息所在之处来提高点击率的方法很多，比如在提供美容信息的网站上发布美容产品的网络广告，在体育论坛上发布体育用品、体育训练的网络广告等，都会收到较好的广告效果。

邮件广告也可以实现较强的针对性。根据申请邮件的信息表格内容，我们可以按照年龄、性别、职业、爱好、收入状况等进行分类，将网络广告投放到与产品目标消费群特征相符的用户邮箱中。此外，由搜索引擎技术而产生的关键词广告也有很好的针对性，在此不再一一列举。

6．网络广告费用低

网络广告的发布费用是报纸广告的1/5，电视广告的1/8，所以相对传统媒体来说，发布费用是很低的。在制作费用上，由于所要求的设备简单，只需用计算机便可完成；在人力上，只需要广告设计人员和技术人员配合，甚至只需一个综合素质较强的设计人员便可完成。这不像电视广告那样，要求使用昂贵的摄像、编辑设备，还要聘请导演、摄像师、化妆师、灯光师，甚至还要以昂贵的费用去请明星做模特，去外地拍摄外景等，其制作费用很高，很多电视广告都要数十万元的制作费用，甚至上百万元。

2.4.2　传统广告的优势

1．区域内覆盖的人群多、比例高

虽然任何一种传统媒体都不是全球性媒体，但它们在自己覆盖范围内的受众数量众多，占覆盖区域人口的比例也很高。据相关部门发表的统计数据显示，广播的人口覆盖比例在我国已达到88.2%；电视达到89%，电视受众超过了9亿与7950万的网络用户相比，超过了十倍有余。对于那些不面向全球销售的产品来说，选择在传统媒体上发布广告，在覆盖的人群数量和比例上都具有明显的优势。

2．获取广告信息简单、方便，无需费用

报纸、杂志类广告信息的获取是最为方便的。时间上是自由的，随你自己的安排而定；在空间上是随意的，只要你愿意，可以在汽车上、飞机上，也可以坐在柔软的沙发上、躺在温暖的被窝里或有光线的地方进行阅读，无需任何设备，只要带上眼睛就足够了。对于广播、电视类广告，在时间上可有严格的限制，过了广告时间就无法获取，但对于信息获取仍十分方便，我们只需打开电视机，选好自己的频道即可，之后不需任何劳作，并且不需承担任何附加费用。

3．视觉冲击力强，更具感染力

传统媒体的广告表现空间比计算机的屏幕大，加之可以采用真实的环境、真实的产品、真实的人物进行拍摄，比网络广告更具视觉冲击力和感染力。我们常会在报纸上见到大幅的半版或整版广告，那些拍摄精美的广告图片或是大大的几个标题文字，一下子就抓住了

我们的"眼球"。在电视广告中，我们常会见到熟悉的明星面孔，看到她们秀发飘逸的美丽表演，不但吸引住了我们的"眼球"，而且使我们的心灵受到感染，对广告的洗发水功效充满了无限的遐想。

4．受众信任度高

传统媒体都是由政府批准开办和管理的，由于人们对政府的高度信任，所以人们对传统媒体传播的信息都高度信任，包括它所发布的广告信息。事实上，传统媒体上发布广告都有较为严格的管理，广告主要提供一些相关的资料和证明，并经过一系列审批程序才能在媒体上发布广告。相关的广告管理主管部门也对传统广告颁布了较为完善的管理规章，已有了丰富的管理经验。

5．创意设计水平高

报纸广告始于1625年英国出版的《伦敦周报》，至今已有三百多年的历史，第一条广播广告于1922年在美国的第一家广播电台播出，1941年在美国的一家商业电视台播出了第一则电视广告。由此可知，传统媒体广告都至少经历了几十年的发展历史，涌现出了很多著名的广告设计大师，留下了不少传世佳作。在学术上，传统媒体的广告设计已形成了较为完善的学术体系，总结出了广告创意设计的一般规律和方法，不断地推动着广告设计水平的提高。

6．有专业化的设计队伍

传统媒体广告经过多年的发展，已经形成了一个产业，已有一大批优秀的广告设计企业，在这些企业里拥有众多的优秀广告设计专业人才，形成了传统媒体广告设计的专业化队伍。传统媒体广告设计的专业队伍还会得到源源不断地补充和加强，目前国内相关高校培养的广告设计人才大多仍是以传统媒体广告设计为目标，为传统媒体广告的发展提供了人才的保证。

2.4.3　网络广告的劣势

1．人口覆盖率低

网络广告虽然覆盖的地理范围广，但人口覆盖率还较低，从我国的情况看：现在网民7950万，其平均人口覆盖率约为6%，与电视的89%、广播的88.2%相比，还有数量级的差异。网络用户的增长受到多方面的制约，一是硬件条件带来的限制，因为上网首先需要有计算机和通信线路，目前我国能用得起计算机的家庭还是少数，尤其是广大的农村，拥有计算机的家庭更是少之又少，在很多落后的地方还没有通电话，缺乏上网的必要条件。二是上网对文化素质的较高要求制约了网络用户的增长，广播、电视能有如此广大的受众，是因为它们对受众的文化素质基本没有什么要求，甚至文盲也能听广播、看电视，能从中获取广告信息。网络则不一样，它对广告信息的获取者有较高的文化素质要求，不但要能识字，而且还要掌握计算机使用的基本知识和上网的基本技能，这使得很多具备上网硬件条件的人因文化素质不够而放弃上网获取广告信息。三是上网费用高，使低收入阶层不能上网。上网和广播、电视不一样，广播、电视只需要购置收音机、电视的费用，对任何节目

>>>>>>>>>

都不需付费，对受众来说就没有任何花费了。而上网获取信息时，虽然对其信息内容也不需支付任何费用，但要承担通信线路占用费和网络服务费，其总额每月至少要几十元，虽然看起来不多，但对于广大的农村人口以及家庭收入总和才几百元的城市低收入家庭来说，这也是一笔不小的开支，对他们来说还缺乏上网的经济能力。

2. 网络广告信任度有待提高

网络是一个开放式的传播媒体，不像传统媒体那样信息由传播者控制。在网上，信息的接受者也能成为信息的提供者，因此，一些见利忘义之徒，在网上发布虚假广告信息，欺骗网民，牟取暴利，导致了网民对网络广告的真实性产生了怀疑，使网络广告的发展受到了极大的影响。在网上，非法的广告信息充斥着网络广告市场，各种色情交易信息、考试答案购买信息、毒品交易信息等都在网络中广为散布，极大地损坏了网络广告的形象。因此，加强网络广告管理，打击虚假广告和非法广告，净化网络广告市场迫在眉睫，只有这样才能保证网络广告事业的健康发展。

3. 网络广告创意难

网络广告受到计算机屏幕空间的限制，其展示空间被限定在一个很小的矩形范围之内，对一般的旗帜广告来说，常用的尺寸是 468×60（或 80）像素，在 17 英寸的显示器上相当于 15cm×2cm 的矩形条，要在这么小的区域内设计出视觉冲击力强，形成能吸引消费者注目的广告创意，其难度之大是可想而知的，更不用说那些小到一个指头那么大的按钮广告了。弹出式广告虽然在尺寸上可以做得更大，甚至可以做出满屏广告，但这种形式严重干扰了网民对网页信息的浏览，遭到了网民的反对，所以这种广告形式的使用受到一定的限制，敢于使用全屏弹出广告的就更少了。毕竟网站要依靠网民的访问才有存在的价值，网络上的选择太多，只要他们对你产生了厌烦，他们就会离你而去，所以网民反感的广告形式是不可过多使用的。

网络带宽的限制也制约了网络广告的表现力，三维动画广告以及像电视广告那样的视频影像在目前的网络带宽下都难以使用，它们的数据量大，需要的下载时间太长。

4. 缺乏专业的广告策划、创意人才

自 1994 年 10 月美国《热线杂志》（Hotwired）在网站上发布第一条网络广告以来，至今也不过十年的历史，与传统媒体广告几十年甚至数百年的发展历史相比，它还显得十分幼稚，其广告的策划、创意水平与人们的要求还有相当大的差距，甚至关重要的因素是缺乏专业的网络广告策划、创意人才。目前，我国网络广告的市场总额为 10.8 亿元，与整个广告市场的 1000 亿元市值相比只有 1%，对于具有较强设计能力和较高创意水平的知名广告企业来说没有什么吸引力，它们几乎不承接网络广告的设计，对网络广告人才的培养也不够重视，使得网络广告人才的成长十分缓慢。在学术界，网络广告至今仍没有引起学者们的高度注意，很少见到关于网络广告的学术论文和学术活动，甚至有些学者仍认为网络广告就是平面广告的计算机显示，或者是一段小动画，没有将网络广告和网络这种先进的传播媒体结合在一起进行深入思考，总结它的创意设计规律和方法，所以在网络广告人才成长的理论支持上也显得不足。在高等院校内，由于师资的缺乏，加之学生就业的压力，目前仍是以培养传统媒体广告人才为目标，网络广告设计在多数美术院校内还没有纳入其教学内容，即使近年

毕业的大学生，对网络广告仍是一片空白，高校的人才培养没有跟上网络广告的发展形势。网络广告对其策划、创意人才的综合素质要求，也使得传统媒体广告人才的转型有一定困难，一个优秀的网络广告策划、创意人才，必须具备广告、网络传播、网络广告技术三个方面的综合素质，这比传统媒体广告的要求更高。

2.4.4　传统媒体广告的劣势

1. 广告信息容量受限

传统媒体广告受到时间和空间的限制，在广告中是以说服消费者为主要目的，使消费者能记住产品，并被广告内容所感染，进而认同产品，产生购买冲动，而不可能在广告中提供产品有关性能、规格、成分含量等具体的信息，这对越来越变得理性的消费者来说是不够的，他们需要更多、更具体的信息来进行同类产品的比较，然后才能作出最终的购买决策。

2. 双向沟通功能弱

受技术条件的限制，传统媒体广告在消费者与厂商间的双向沟通功能很弱，只能通过书信、咨询电话等形式进行一些少量的双向交流，这种交流方式要么时间周期长，要么费用很高，所以受到了很大的限制。双向沟通的缺乏，使得企业和消费者之间的关系淡漠，对培养产品的忠实消费者不利，而一旦由于缺乏沟通使消费者产生某些抱怨时，他们还会在周围进行反宣传，从而使产品失去更多的消费者。此外，随着社会的发展，个性化消费者会越来越多，双向沟通功能的缺乏，不可能满足个性化消费者的需求，将会失去大批的消费者。

3. 广告与销售分离

广告的最终目的是为了销售。传统媒体的广告与销售受技术手段的限制而处于相互分离的状况难以改变，消费者受广告的影响而产生了购买冲动时，他们并不能立即实施消费行为，必须要到产品的销售地点进行选择、下订单、交费等事宜才能完成产品的购买，这种购物方式已经不能满足数字化时代消费者的需求，他们不愿花费如此众多的时间在购物上，因为时间对他们来说已经是金钱、是财富。网络广告可直接与产品销售联系在一起，人们在网络广告的影响下产生了购买欲望时，可以立即通过网络选择自己喜欢的造型、颜色、规格等，并直接通过网络付费，足不出户就完成了购物的全过程，这是人们期待已久的购物方式，受到广大消费者的欢迎。有关资料表明：在网络发达的美国及北欧诸国中，已有38%的用户曾进行过在线购物，其中芬兰和卢森堡家庭所购商品已占互联网销售总量的30%，可见在线购物方式已受到个人消费者的普遍欢迎。随着网络电子商务的发展，会有更多的消费者加入到在线购物中来。

4. 广告费用高

传统媒体广告制作和发布的费用都很高，其中又以电视广告为最，拍一条有名星加入的广告少则几十万、多则数百万。电视广告的发布费用更高，中央电视台新闻联播前的广告时段（一年）曾经被竞拍到两亿多元人民币。这种高昂的广告费用无疑会极大地加大产

品的成本，使产品的价格大幅升高，而产品价格的大幅升高又对产品销售量的扩大起着阻碍作用。如果花去数额巨大的广告费用之后，又不使产品的价格有大幅上升，那么就必须使销售量扩大到理想的程度才能获得比不做广告更多的利润，否则广告就得不偿失，甚至使企业走向破产的境地。

5. 技术落后，发展受限

传统媒体广告虽然目前还占有广告市场的绝大部分市场份额，但受其传播媒体技术落后的影响，发展的速度与网络广告相比处于绝对劣势，传统媒体广告近年的市场增长率为 10% 左右，而网络广告却成倍增长。以我国为例，2002 年网络广告收入为 5 亿元左右，2003 年已达到 10.8 亿元。

受网络的影响，传统媒体的受众流失现象严重，AOL 创始人凯茨在几年前的一次"新闻业与互联网"的研讨会上就曾指出：每天从"美国在线"获得他们感兴趣新闻的人，比全美国 11 家顶尖报纸的读者加起来还多；在黄金时间，"美国在线"的读者和 CNN 或者 MTV 的观众一样多。美国 Paragon 研究会的一项调查结果显示，在 1998 年就有 13% 的美国家庭因为上网而退掉了订阅报纸。美国时代公司的一项调查也证实，由于人们忙于上网，18% 的人减少阅读杂志，18% 的人减少读书，11% 的人减少读报，78% 的人少看电视。受众的大量流失，无疑使传统媒体广告的发展受到了限制。

为了挽回流失的受众，报纸、电台、电视台纷纷在网上安家落户，当今有影响的传统媒体大多有自己的网站，希望借助于互联网的技术优势和自己特有的内容优势来维持住自己在传播媒体领域中的地位。传统媒体上网虽然在网上也争夺了部分受众，但从本质意义上讲，传统媒体的网站已经是网络媒体的一部分，它的受众已不再属于实质意义上的传统媒体，而属于网络媒体了。传统媒体上网，形成了传统媒体与网络媒体融合的趋势，随着高速互联网技术的进一步发展，以及人们收入水平的极大提高，传统媒体与网络媒体最终会融合在一起，实现"三网合一"的最终目标。

2.5 思考与练习题

1. 填空题

(1) 标准旗帜广告的尺寸是长为 _____ 像素，宽为 _____ 像素。

(2) 网络广告是一种多媒体广告，它包括的信息元素有 _____、_____、_____ 和 _____。

(3) 网络广告中的动画有两种格式，它们是 _____ 和 _____。

(4) 有些网络广告就是一张图片，它们的文件格式只能是 _____、_____ 和 _____。

2. 多项选择题

(1) 网络广告的形式有（   ）。

    A. 旗帜广告   B. 按钮广告   C. 推拉广告   D. 漂移广告

(2) 网络广告的优势有（　　）。

    A. 覆盖范围广　　　B. 信息容量大　　　　C. 费用低　　　　D. 历史悠久

(3) 传统媒体广告的劣势有（　　）。

    A. 技术落后　　　　B. 信息容量大　　　　C. 互动性差　　　D. 信息容量受限

3. 上网题

(1) 浏览国内外的主流门户网站，认识常见的网络广告形式。

(2) 分别阅读一则网上的汽车广告和一则报纸上的汽车广告，并对它们的传达效果进行分析和比较。

4. 思考题

(1) 网络广告的信任度不如传统媒体广告高，试分析其原因。应该如何解决这一问题，谈谈你的看法。

(2) 弹出式、漂移式、电子邮件等广告形式深受广告主的欢迎，但遭到网络用户的反感，为什么？你认为应该如何解决这一矛盾？

第3章 网络广告设计

网络广告设计既包含传统媒体广告设计的基本理论和知识，也有自己独特的表现手段和方法。在设计上，以传统媒体广告创意理论为指导，在表现上充分发挥网络的多媒体特点以及超链接、双向互动等网络特有的表现魅力，突出网络广告的个性和特点。本章将讨论网络广告创意设计、网络广告标题设计、网络广告动画设计、网络广告互动设计几个方面的问题。

3.1 网络广告创意设计

3.1.1 广告创意的含义

大卫·奥格威曾经指出："要吸引消费者的注意力，同时让他们来买你的产品，非要有很好的特点不行，除非你的广告有很好的点子，不然它就像很快被黑夜吞噬的船只。"奥格威所说的"点子"就是广告创意的意思。广告创意是广告人对广告创作对象进行想象、加工、组合和创造而产生的观念性的新颖文化构思以及创新的意念或系统，使商品潜在的特质升华为消费者能感受到的具象，并抓住消费者的注意力，使之产生兴趣，最后说服消费者采取购买行动。

广告创意是针对广告创作对象的创造性思维活动，解决广告设计中"怎么说"的问题。创意以产品的特质为基础，以产品的目标消费人群为诉求对象，帮助消费者发现需要，满足他们的心理需求和情感需求，使他们形成对广告产品的偏好印象，并进而说服他们购买产品。现代广告设计观念已经从过去的以产品为中心转移到了以消费者为中心，广告创意要从关心消费者、服务于消费者的角度出发，而不是直接去渲染产品本身性能如何好，价格如何低，企业资金如何雄厚等，应以满足消费者需求来表达创意。例如，某面巾纸生产企业发现很多消费者在公共场合使用质量低劣的面巾纸时，满脸留下了面巾纸屑，使消费者十分尴尬，很失体面，按我们平常的说法就是丢"面子"，于是在为自己生产的高质量面巾纸做广告时，通过"面纸"和"面子"的联想，形成了"拣面子"，从而产生购买面巾纸时更要注意"面子"的广告创意。这种关心消费者的广告创意，很容易被消费者接受，并形成对品牌的良好印象，从而使他们成为产品的忠实消费者。

3.1.2 广告创意在广告中的作用

广告是一种传播活动，那么传播的效果如何呢？其传达的信息是否被消费者接受，并打动了他们呢？这是广告设计所要关心的首要问题。在影响广告传播效果的诸多因素中，广

告的创意是广告的灵魂，是沟通广告信息与消费者的桥梁，是广告设计创作的核心。广告创意担当着"怎么说"才能打动消费者并让他们去购买的重任，这是广告的中心任务和目标。大卫·奥格威曾经指出："如果广告活动不是由伟大的创意构成，那它不过是二流品而已。"由此可见，没有好创意的广告，不可能成为优秀的广告，可以说没有广告创意就没有广告创作。

3.1.3　广告创意要策略为先

在广告活动中，广告策略是属于战略的范畴，是整个广告活动的总纲，而广告创意则属于战术的范畴，它必须服从于广告策略的要求。在广告策略阶段，首先要对市场进行调研，并结合自己的产品对市场资料进行认真分析，还要对竞争对手的产品状况、广告策略进行认真地研究，看看他们做了些什么，效果怎么样，下一步会采用什么样的策略。通过这样的分析，找到自己产品在市场中的机会点，再从机会点出发，确定自己的目标市场，包括目标市场的地理位置、行业、社会阶层、文化程度、年龄特征等。在确定了目标消费人群之后，解决了"对谁说"的问题。为了解决"说什么"的问题，还必须对目标消费人群作进一步的分析，了解他们关心什么、喜欢什么、容易接受什么，以及需要什么、注重什么等。

广告创意是在广告策略的基础上，根据其不同阶段的广告目的所确定的"对谁说"、"说什么"来解决"怎么说"的问题。有人说广告创意是带着枷锁的舞蹈，这是十分贴切的，它不是毫无目的的标新立异，而是要符合广告目的和任务的、能体现产品潜质的、充满情感的、能被消费者接受并喜爱的创新意念。例如，在李光斗创作的《小霸王学习机·望子成龙》电视广告片中，其广告的目的是建立起小霸王学习机的消费理由，广告的任务是让成龙与小霸王学习产品利益点自然融合起来。由于成龙是香港的著名武打明星，广告采用了"想当年我是用拳头来打天下，如今这电脑时代，我儿子要用小霸王打天下"的创意思路，形成望子成龙小霸王的广告创意。这一广告的推出，使很多家长明确了学习电脑对孩子今后的重要性，纷纷为孩子购买小霸王学习机，希望自己的孩子长大后能成才，使家长望子成龙的心情得到了满足。由于该广告被广大消费者接受，其市场表现如虎添翼，1995年的月销售额就达到了一亿元人民币。

3.1.4　好广告创意的特征

1. 简单

人们在接受广告信息时，往往处于不专注的状态，他们不可能像研读学术论文一样来认真体味你的广告创意，所以你的广告创意越复杂，就越难被消费者理解，而简单的广告创意易被消费者接受和记忆。例如，在一则麦当劳的广告中，当小孩见到麦当劳的标志时就笑，而看不见该标志时就哭，其创意十分简单，但使受众记忆深刻。

2. 创新

创新是广告创意的灵魂。只有具有独创性的广告创意，才能引起消费者的注意，才能在他们的头脑中留下独特的印象；只有具有独创性的广告创意，才能使你的广告在众多同

类产品的广告中突显出来，而不是被它们所淹没；只有具有独创性的广告创意，才能引发消费者的好奇心，增强产品对他们的吸引力。例如，在保健品市场中，脑白金的广告创意就独树一帜，它在广告中向消费者传达的不是保健品，而是以礼品的概念向消费者表达，既给消费者建立了购买的理由，又使自己的广告与众不同，极大地吸引了消费者的注意。如今，"今年爸妈不收礼，收礼就收脑白金"的广告创意已经深入千家万户，在消费者的头脑中深深扎根。

3. 有趣

生动有趣的广告创意能将消费者带到一个妙趣横生、难以忘怀的境界中去，观看广告之后都能心领神会，既给消费者带来了愉悦的心情，也使你的广告在他们头脑中产生了深深的印记。例如，LYCOS 亚洲公司曾在亚洲地区为 Canon 彩色打印全面推出设计了一个非常有趣的网络广告，当用户登录 LYCOS ASIA 在亚洲各地的网站首页时，首先看到的是一个失去真彩色的页面，当用户点击页面上闪动的惟一彩色部分——"点击 Canon，给你彩色世界"的旗帜广告后，整个页面自上而下逐渐变回原来的颜色，同时跳出一个新窗口，窗口中一行显眼的文字——欢迎进入 Canon 彩色世界。这样的广告能给消费者带来乐趣，并且非常准确地表达了产品的特质，使消费者产生丰富的联想。

4. 震撼

一个震撼力强的广告创意，能产生强烈的刺激和说服效果，引起消费者强烈的共鸣，从而感染他们，说服他们去购买你的产品。例如，在最近播出的一则"兰美抒"电视广告中，"兰美抒"瘦小的身躯与身材庞大的"脚气真菌"在播台上进行搏斗，没用几个回合，瘦小的"兰美抒"凭着自己高超的功夫，就一举将庞大的"脚气真菌"击倒，最后推出"兰美抒身材小威力大"的广告词。在这则广告中，"兰美抒"的英勇善战和好功夫及面对强敌而无畏的精神对消费者产生了强烈的震撼力，对"兰美抒"治疗脚气的功效坚定了信心，自然会引发消费者的购买行动。

5. 贴切

贴切是指广告创意与其所广告的产品在逻辑上有关联性，而不是离开产品的特质来进行创意。如果不以产品为出发点来进行广告创意，那么你的广告就会使消费者感到荒诞，认为它不可思议，甚至对产品形成不可信任的印象。这样，广告就适得其反了。

6. 时尚

国内著名广告策划人李光斗在他的《解密创意》一书中写道："广告要永远做时尚的弄潮儿，追赶时髦、引导潮流，甚至制造流行、创造时尚来进行传播，否则如何引导消费？"。他在这本书中把青春时尚元素作为一种吸引消费者的重要元素之一进行了详细地论述，他说："我们正处于一个娱乐经济的时代，在娱乐经济的概念中，企业的品牌战略之一就是要充分利用人类的模仿欲，大规模地制造流行、引领时尚、创造消费风气、引起跟风消费现象，这在商品生命周期渐趋缩短的今天显得尤为重要，每一种商品都要力争成为偶像商品。"由此可见，在广告创意中，时尚性是极为重要的。在当今社会中，追求时尚已经成为表现自己不落伍的标志，尤其是年轻一代的消费者，他们把追求时尚作为他们生活的重要内容

之一，当露脐装广为流行成为时尚标志时，你会看见满街的女孩都穿着它。也许从美的角度看，对许多女孩并不合适，但他们追求的是时尚，由此足见时尚对引导消费的魅力。

说起广告创意制造流行，很容易使人想起多年前的呼啦圈广告。当时，呼啦圈在国内还从来没有出现过，为了制造流行，生产厂家在中央电视台进行了多种形式的广告宣传，将呼啦圈随着腰部扭动而不断旋转产生的美感表现得淋漓尽致，在不到一个月的时间里，全国各地广为流行，几乎达到每个年轻人和小孩一人一个，为了同时玩多个圈，有的甚至一人就购买几个，各地的销售商纷纷告急，所有库存已被抢购一空。这个流行的广告，无疑给企业带来了巨额的利润。

3.1.5　广告创意常用方法

1. 头脑风暴法

头脑风暴法又称为"智力激荡法"，是奥斯本（Alex Osben）1938年任BBDO公司副经理时创造的方法。该方法借助于会议的形式，使与会人员充分发挥个人的想象力，并相互启迪，相互补充，相互激励而催生出广告创意。几十年来，这种方法被广告公司普遍采用，它的主要特点是充分发挥了集体的智慧。在头脑风暴法的会议上，作为会议的主持人，其重要的任务是调动每一个参会者的情绪，使他们的大脑处于一种自由奔放的状态，把他们的想象力激发到最活跃的水平，鼓励他们提出尽可能多的想法。为了能真正使每个人的想象力达到自由地发挥，让他们把每一个想法都说出来，除了制造活跃的会议气氛外，还应该做到如下几点：其一在会议上禁止提出批评和反对意见，一方面这是保证个人积极发言的有力措施，另一方面也不会因双方的争论而影响他人的思考；其二是对与会者提出的任何一种创意都要给予鼓励，这有利于他们把每一个想法都尽量快地讲出来，而不去顾忌自己的想法是否幼稚或不成熟；其三是欢迎在别人创意的基础上进行补充、改进，使创意更加完善和明晰，甚至引发出新的创意。

通过头脑风暴法可能得到了多种创意思路，最后必须根据广告策略制定的广告目的以及产品的特点、市场状况、目标消费群的特征等进行精心挑选，确定出最终采用的广告创意思路。

2. 逆向思维法

逆向思维法按照常规的思路进行反推，形成新的创意理念。例如，衣服脏了需要洗，那么不洗衣服又会怎样呢？——你的女朋友认为你不修边幅而与你分手，于是形成新的创意理念"干干净净锁住爱情"。在第五届金手指网络广告获奖作品中，罗氏力度申抗感冒泡腾片发布在http://www.timesawards.com的链接广告就采用了逆向思维的广告创意。广告投放时正值流行感冒暴发高峰期，全民对抗感冒药的关注度提升，广告针对工作压力较大的白领上班族，采用逆向思维的方法，提出了"当心感冒炒你鱿鱼"的创意，使广告获得了成功。很明显，正向思维是：服药可预防感冒。逆向思维是：不服用抗感冒药→被流感传染→影响工作→被炒鱿鱼。

3. 联想关联法

联想就是把看似不相关的两个事物，通过创意人员把它们串联、组合在一起而产生出

一个新的意义，使人们惊奇地发现它们之间的内在关系。例如，在一则"鲜鸡蛋"的广告中，画面上的稻草丛中有一堆鸡蛋，其中有一个鸡蛋的壳已破碎，蛋清蛋黄摊在地上，旁边有一对清晰的鸡爪印。破碎的鸡蛋和鸡爪印看似与鸡蛋的"鲜"毫无内在联系，但是在画面中将一堆鸡蛋、一个破碎鸡蛋以及一对鸡爪印组合在一起，使人们联想到一只母鸡刚生完蛋蹒跚而去时，因笨手笨脚而踩碎一个鸡蛋，致使流出的蛋液粘在了脚上，因而留下了清晰的鸡爪印，由此衬托出了鸡蛋之"鲜"。

4. 换位思考法

所谓换位思考法，就是广告创意人员站在消费者的角度来思考问题，从而形成广告创意。例如，在最近播放的一则脑白金广告中，采用了类似新闻采访的手法，对几位购买脑白金的消费者进行了购买原因的调查，第一位消费者说："中央电视台天天播放，脑白金名气大，送礼送它有面子"；第二位说："送烟酒已过时，现在流行送健康"；第三位说："别人买，我也买"；第四位说："女婿送的脑白金里有金砖"。这则广告站在消费者的角度对消费的理由以及利益诉求都进行了完美的传达，加之以消费者说话的形式使其具有更强的说服力。

5. 广告大师的创意方法

(1) 李奥·贝纳的固有刺激法

李奥·贝纳早年在芝加哥的欧文广告公司任职，1935 年离开欧文广告公司，创办了自己的李奥·贝纳广告公司，以其特有的广告哲学而闻名。李奥·贝纳认为，广告创意重要的任务是把产品本身固有的刺激发掘出来并加以利用。这种创意的关键之处是要找到企业生产这种产品的原因，以及消费者购买这种产品的原因。以产品的创意为出发点，在消费者心中寻找兴趣点，并以此刺激消费者的购买欲望。

(2) 罗瑟·瑞夫斯的独特销售主张

罗瑟·瑞夫斯曾经是弗吉尼亚银行的一个文员，1940 年加入贝茨公司从事广告工作，他强调研究产品的卖点，对家庭消费十分看重，曾帮助总督香烟、高露洁牙膏重塑了形象。1961 年，在他编写的《广告实效》一书中提出了"独特销售主张"的创意理念。在这个广告创意理念中包含三个部分的内容：一是通过文字和图像向消费者提出建议，即你购买产品将会获得明确的利益；二是所提供给消费者的建议，必须是独一无二的，是竞争对手没有提出或无法提出的；三是对消费者提供的建议必须有足够的吸引力，也就是说你的建议要有足够的力量来为产品招来更多的消费者。

(3) 威廉·伯恩巴克的实施重心法

威廉·伯恩巴克是广告创意领域最有影响力的人物之一，在《广告时代》世纪末的评选中，他被推荐为广告业最有影响力的人物的第一位。伯恩巴克认为，广告信息策略中的"如何说"这个可实施的部分可以独立成为一个过程，形成自己的内容，这就是所谓的实施重心法理论。按照这一观点，广告的实施风格在广告中起着决定性的作用，广告的秘诀不在于"说什么"，而在于"如何说"。伯恩巴克提出了广告实施的四个要点：一是要尊重消费者，不可用居高临下的口吻与广告受众交流，应以平等的态度进行交流；二是单纯简洁，将广告要告诉消费者的内容浓缩成单一目标、单一主题；三是必须与众不同，要具有自己独特的风格，最重要的是独特性和新奇性；四是不要忽视幽默的力量，因为幽默能吸引更

多人的注意力，并使受众感到身心愉快。

(4) 大卫·奥格威的品牌形象法

大卫·奥格威是一个富有传奇色彩的广告大师，以创作简洁、富有冲击力的广告而闻名于世。20世纪60年代中期，他提出了品牌形象的广告创意观念。他认为品牌形象不是产品固有的，而是消费者联系产品的质量、价格、历史等，在外界因素的诱导、辅助下形成的。每一个广告都是对构成整个品牌的长期投资，任何产品的品牌形象都可以通过广告建立起来。

按照品牌形象理论，消费者购买一个具有品牌形象的产品，所获得的不仅仅是产品本身，而且还获得了产品提供的物质利益和心理利益。穿着一件名牌的服装，让消费者感受到的并不是保暖、遮羞这一服装的基本功能，带给他们更多的是心理满足，因为名牌象征着他们的社会地位，代表了他们的生活质量，塑造了他们的个人形象。穿着名牌的服装，会使人感到骄傲和自信，这就是品牌的力量。所以，大卫·奥格威的"广告是为打造品牌的长期投资"的创意观念一经提出，就在广告界产生了巨大影响，引起了一场广告观念的重大变革。

(5) 艾尔·莱斯和杰克·特劳特的定位法

20世纪70年代初，艾尔·莱斯和杰克·特劳特在《产业营销》和《广告时代》上发表了一系列文章，介绍他们的"定位"观念。他们认为，通过广告为产品在消费者的心智中找到并确立一个位置，这就是"定位"的概念。创作广告的目的应当是替处于竞争中的产品树立一些便于记忆、新颖别致的东西，从而在消费者中站稳脚跟。一旦产品在消费者心智中的位置被建立起来，当消费者需要解决的那一问题发生时，他就会想到那一产品或品牌。

3.2　网络广告标题设计

网络广告的标题是网络广告文案中最重要的部分，它就像一个商店的店名一样，一个好的店名会引起更多消费者的注意，为商店带来更多的消费者。好的网络广告标题，不但能抓住网页浏览者的"眼球"，而且能引起他们更多的点击行为。在众多的按钮广告中，由于面积太小，图像的力量难以发挥，吸引注意力的重任就更是落在标题之上了。

3.2.1　网络广告标题的功能

1. 吸引注意

网络广告标题以优美的文字、亮丽的色彩、醒目的字体以及采用一些文字装饰、动态效果等多种方式来吸引浏览者的有意注意和无意注意。在一些按钮广告中，为了突出标题，其标题文字几乎占用了整个按钮的面积。

2. 诱使点击

在网络广告中，因受到屏幕空间的限制，在页面上的网络广告往往不能完全表达广告的内容，需要浏览者点击之后才能链接到真正的广告页面，才能了解到全面的广告信息，对于按钮广告和文字链接广告就更是如此。所以，网络广告标题的重要任务之一就是要吸引

用户去点击。例如，在天极网上的一则广告标题是："一毛钱的广告能带来多少商机？"，这种设问式的标题，能很好地引发浏览者的好奇心，从而诱使他们点击去看个究竟。

3．承诺利益

消费者要购买某件商品，总是希望从这种商品中获得某种利益，当广告承诺的利益符合他们的需求就可能引起购买动机的产生，如果广告承诺的利益比其他同类产品更高，那么他们购买你的产品的可能性就更大。所以，有许多网络广告的标题中直接向消费者承诺利益，例如，在一则LG显示器的旗帜广告中，其标题是："方管技术带来完美画质"，清楚地表明了该产品使用了最新的方管技术，会给使用者带来更高的画面质量。

4．提供产品新特性

当你的产品在经过技术革新后拥有了更优异的性能，或是采用新技术研制出了新产品，那么你在广告中就可以通过标题将产品的这些新特性告诉消费者。例如，在一种新型闹钟的一条文字链接广告中，链接文字为"让音乐叫醒你的耳朵，MP3型闹钟问世东瀛"，这个标题给用户陈述了两个新特性：一是闹钟的声音不是传统闹钟的"滴哒"声，而是音乐；二是闹钟采用了MP3技术，其音乐自然可以通过网上下载来更换。

5．传达概念、打造品牌形象

网络广告的标题可以向广告的受众传达一个概念，当这个概念被受众接受后，在他们的心中就树立起了产品的品牌形象。例如，在HP彩色打印机的一则网络广告中，其广告的标题是："让你的生活多姿多彩"。这个广告标题并没有直接向我们陈述产品的相关信息，而是表达了对我们生活质量提高的贡献。试想，多姿多彩的生活是如此美妙，多么令人向往，令人陶醉，在对未来生活的美丽憧憬中，自然就会形成对广告中产品的良好印象。

3.2.2　网络广告标题的几种类型

1．利益型标题

这种标题直接把产品给消费者带来的利益体现出来。例如："QQ酷车等你拿"（新浪手机网）、"均匀无瑕肤色、妆效持久一整天"（欧莱雅轻绒液体粉饼）。

2．悬念型标题

悬念型标题是在标题中设置悬念，引起受众的联想，使他们从不自觉的被动状态转化为自觉的主动状态。为了解开悬念，他们自然会采取点击行动，所以，悬念型标题对吸引点击有很好的作用。例如："您不必担心忘记服药时间"（康泰克）、"妈妈我要喝"（娃哈哈）。

3．提问型标题

这种类型的标题首先提出一个问题，而问题的答案在广告动画的后续部分给出，或需要点击广告之后才能看到。例如：不想眼睛被画"脏"？（润洁眼部护理液）

4．新闻型标题

这种类型的广告标题是利用有新闻价值的语句来作为广告标题，其目的是引起受众的

注意。例如："LG CDMA 手机隆重上市"、"厚礼献给最可爱的人"（东风雪铁龙汽车）。

5. 命令型标题

这类标题从号召、劝说、祈求、希望的语气来创作。例如："买幢别墅奖励自己"（别墅联运）、"欢迎进入 Canon 彩色世界"（Canon 彩色打印机）。

3.3 网络广告动画设计

3.3.1 网络广告动画的特点

1. 以表达广告创意为目的

网络广告动画和网络上的娱乐性动画不一样，网上的娱乐性动画是让人们观看之后产生笑声，使观者开心愉快；而承担有广告任务的网络广告动画其根本的目的是准确传达广告信息，动画是表达广告创意的一种手段。因此，网络广告动画的创作与设计必须紧紧围绕广告创意来进行，在动画的形式和内容上都要做到和广告创意高度统一，不要因为玩弄动画技巧而忘了动画的根本目的，也不要只为了搞笑而冲淡了广告的主题。图 3-1 是一耐克新品运动鞋广告的几个画面，动画之初只有鞋上的局部逐渐显露出来，乍一看不知所云，为观者留下了悬念。随着动画的进行，鞋的整体形象逐渐浮现出来，使观者突然明白：原来那几个最先露出的圆形物体是鞋上专门用来保护关节的几个护垫。该动画虽然只采用了很简单的动画技术，但从形式上深深地吸引了观者，在内容上充分体现了产品的新特性，非常准确地传达了广告的信息，实现了广告创意的完美表达。

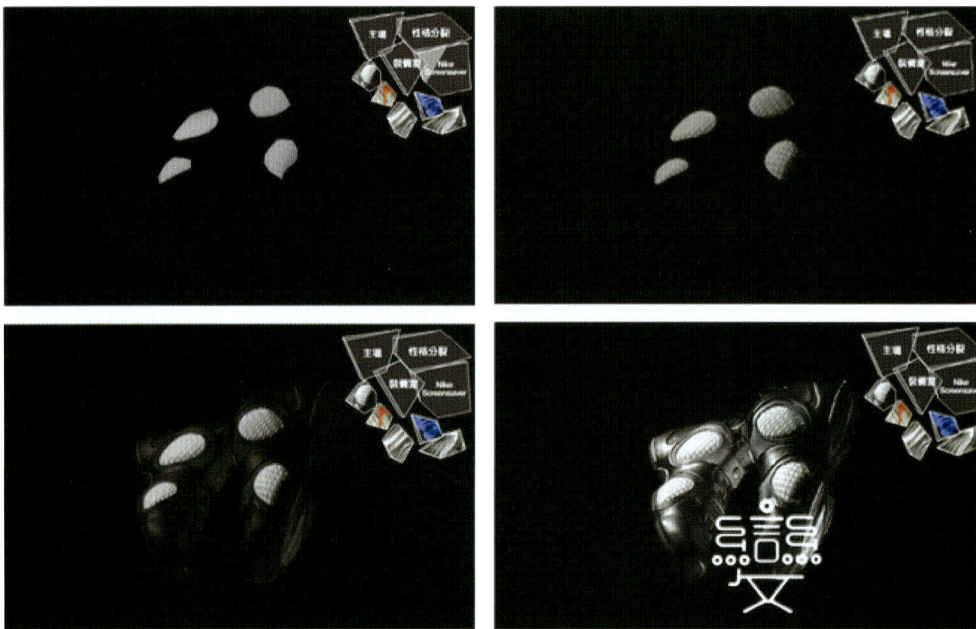

图 3-1 耐克运动鞋广告动画

2. 具有强烈的视觉冲击力

在网页上的广告动画首先要能引起浏览者的注意，只有当引起了他们的注意之后才能实现广告信息的传达。受视觉求新心理的影响，动态的东西比静态的东西更能引起人们的注意。从这个角度上讲，网页上的广告动画比网页上的静态内容本身就更能引起注意。但是，一个页面上的广告经常不止一个，而是有若干个网络广告动画在和你一起争夺浏览者的"眼球"，所以你必须使你的网络广告动画比其他的更具视觉冲击力，这样才能在争夺"眼球"的战争中获胜。在图 3-2 中 NOKIA 3100 的网络广告动画中，整个动画表现了一条繁华的 NOKIA 街道，街道上穿行的公交车、摩托车以及街道上的各式建筑物、广告牌、行人、霓虹灯等我们日常生活中特别熟悉的东西，一下子就抓住了我们的视线。动画通过街道上的照相馆来表现手机的照相功能，利用游戏厅来展示手机的游戏功能，借助唱片来说明手机的和弦铃声，电影院喻示手机的动画屏保。总之，通过这条 NOKIA 街道，既表现出了强烈的视觉冲击力，也充分传达了该款手机的各项功能。

图 3-2　NOKIA 3100 的广告动画

3. 短小精悍

大多数浏览者对网络广告的注意都是属于无意注意，因此网络广告动画太长是没有人愿意坚持把它看下去的。网络上的广告动画一般都只有几秒钟，有些短的广告动画只有几帧。图 3-3 就是一个只有 4 帧的 GIF 广告动画。

网络广告在页面上展示的空间较小，因为它只是作为网页内容页面的一个附加物而存在，如果广告动画占用的空间太大，则势必减少页面的信息内容，这将会引起浏览者的强烈反感。一般地，网络广告动画占用的面积通常在数十平方厘米之内，小的只有几个平方厘米。当然，如果你的广告动画获得了浏览者的点击，那么你自然可

图 3-3　GIF 广告动画

以利用更大的空间来展示你的广告动画，甚至可以采用全屏来表现，因为此时你的广告动

>>>>>>>>

画已成为浏览者主动索取的信息内容，自然不会造成他们的反感了。

4. 数据量小

受网络带宽的限制，网络广告动画必须保持较小的数据量才不至于过分加长网页的下载时间。有关数据表明：浏览者从选择网页开始，经 Internet 下载，到下载完成后浏览器看到为止，可以容忍的时间长度为 30 秒。由此可以推知，当网络广告动画的数据过大时，网页的下载时间就会大大超过浏览者的忍耐值，他们就可能因此放弃对该页面的访问，这对广告主和网站本身无疑都是得不偿失的。

美国几个主要网络媒体曾对发布在 Web 站点上的标准标题广告的数据量作过严格的要求，其具体内容如下：

- CNN/FN ONLINE：468 × 60 像素，文件大小不超过 8KB。
- WSJINTERACTIVE：要求 GIF 格式，468 × 60 像素或 125 × 125 像素，前者大小不超过 5KB，后者不超过 10KB。
- BUSINESS WEEK ONLINE：234 × 60 像素，GIF、JPG 或者 HTML 格式，文件大小不超过 10KB。
- C/NET ONLINE：468 × 60 像素，文件大小不超过 12KB，用不少于 2 秒钟的刷新时间进行循环的 GIF 格式。
- ENTREPRENEUR：468 × 60 像素，文件大小可达到 8KB，GIF 格式，循环必须在 4 秒后停止。

以上这些对网络广告动画数据量的规定是在特定网络带宽环境下制定的，并不是在任何历史时期都合适。当今的网络带宽得到了很大的改善，在城市里，很多地方都能够使用上宽带网，对网络广告动画数据量的限制也不如以前那么严格。但是，现在的网络用户对网页下载速度的要求也比以前更高，加之考虑到广大窄带用户的利益，要求网络广告动画保持较小的数据量仍然是十分必要的，也是极其重要的。动画文件数据量的大小仍然是判别网络广告动画优劣的一个重要标准。

5. 形式多样

网络广告动画的形式很多，从组成动画的素材上看：有纯文字的动画，有纯图片组成的幻灯片式动画，有只有转场效果的转场动画以及由矢量形状组成的 Flash 动画等。图 3-4 是一纯文字动画的例子，整个动画中只有文字出现，由文字的移动、旋转、放缩等形成动画，也可有文字发光、闪烁、跳动、色彩变化等动画特效。动画中的文字是能传达广告信息的关键句子，每句的字数不多，便于记忆。纯文字动画的优点是能准确地表达广告信息，且动画的文件小。其不足之处是直观性差，难以产生诱人的动画效果，视觉冲击力偏弱。

2005春季远程教育正在热招中

国际贸易　　商务英语　　法学　　工商管理
　　金融学　　　　　会计学　　　行政管理

图 3-4　文字动画

<<<<<<<<<

图 3-5 是由几张图片组成的幻灯片式动画，这种动画的播放效果就像播放幻灯片一样，在同一位置上几张图片循环播放，每张图片停留的时间长短可以控制。这种动画的好处是可以只占用一个广告位置来表现多个产品或一个产品的多个侧面，并且动画文件小；其缺点是动画效果差，每张图片出现时都有跳动感。

图 3-5　幻灯片动画

图 3-6 是一转场动画的例子。该种动画形式是对幻灯片式动画的一种改进，它在相邻的两张图片间加入了一段过渡动画（转场动画），这样在两张图片间进行切换时就不会产生跳动的感觉，而是形成了一种自然、流畅的过渡。由于转场的形式十分丰富，所以动画效果也丰富多彩，并且制作技术也容易掌握，但动画文件的数据量与幻灯片动画相比有较大幅度的增加。

图 3-6　转场动画

图 3-7 是矢量形状形成的 Flash 动画。这种动画形式目前在网络上使用最为广泛，它具有数据量小、放大后不影响动画质量、支持流式技术、具有良好交互能力等优点。

图 3-7　Flash 动画

3.3.2　网络广告动画设计的艺术规律

网络广告动画是一种动态的广告艺术，它用动态的画面来传达情感和信息，因此它遵从影视艺术的表现规律。但是它的画面又不像影视画面那样能独占屏幕空间，而是和网页本身的内容共存一屏幕空间内，所以它又只是静态画面中的一个动态元素，要使它在画面中凸显出来抓住网页浏览者的眼球，必须利用平面广告设计的一些规律。

1. 广告动画与页面的关系

(1) 局部服从整体

网络广告动画是网页的一个局部，在色彩、风格、布局等方面必须满足整体网页的设计要求，不能脱离整体而成为完全独立的个体游离于页面整体风格之外，必须和整体形成协调一致的关系，局部的设计要有利于整体的表现。图3-8的可口可乐广告动画上部的瓶形由大大小小的气泡组成，外形曲线圆润，与下面的曲线造型呼应，气泡色彩为红色，与页面主色调一致，瓶内的气泡间或扩大后又渐渐消失，给人以节奏和韵律的美感。

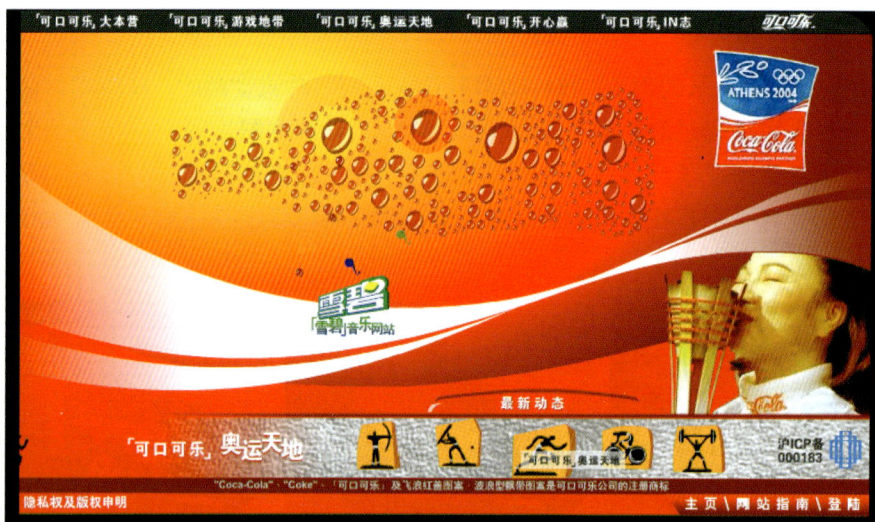

图3-8　局部服从整体示例

(2) 对比与调和

在把握整体风格的基础上，通过对比可以使网络广告动画凸显出来，提高网络广告动画的视觉冲击力。对比的形式可以采用色彩的明暗、深浅、冷暖，也可以采用形状的变化、疏密的变化等形式。在对比中要注意调和，形成均衡、对称、渐变、重复等造型，打破因强烈对比带来的不协调。图3-9中顶部的广告动画采用了与页面背景对比强烈的黄色背景，形成了强烈的色彩对比效果。

2. 广告动画中的景别

景别代表了人们观察主体视距的远近。按照人的视觉规律，视距越短，主体的形象越大；视距越长，主体的形象就越小。和电影、电视一样，网络广告动画表现的空间也受到限制，甚至更甚。在一定的空间内，广告主体的画面大小就体现了不同的景别。

(1) 远景

这种景别代表人们在很远的地方观察主体，主体形象在画面中占的面积很小，画面的主要内容是主体周围的环境。该景别的主要用途是说明主体的环境空间，为后续的动画内容作好铺垫，似乎在告诉观者，后面的故事将会在这里发生。

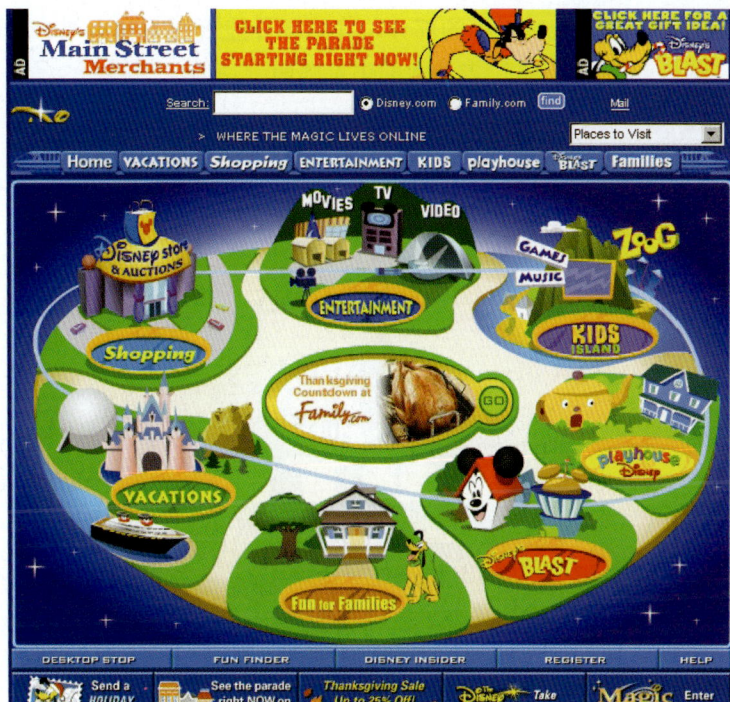

图 3-9　对比与调和示例

(2) 全景

在全景画面中，能表现主体的全貌，并保留有部分主体周围的环境空间。与远景相比，全景中主体的形象在画面中占的面积要大得多，其画面表现的内容中心已变成主体，环境只是次要的表现内容。对于主体而言，画面中表现的是整体形象，是为了传达主体的整体信息，而非主体中的一个局部，让观者对主体形象有一个完整的了解。图 3-10 是一个汽车网络广告动画中的全景画面，在画面中完整地表现了广告的主体对象——奥迪汽车。

图 3-10　全景画面

(3) 中景

在中景画面中，主体对象所占的面积进一步加大，画面内已经不能表现主体的整体形象，主体的次要部分已退到画框外，主体环境在画面中已显得不重要。画面表现的中心内容集中在所关注的主体部分，重点表现该部分的动作、表情、色彩、纹理等。当表现的主

体是人时，中景画面一般表现膝以上的部分，在这部分能表现手和头部的动作，也能表现人的面部表情。图 3-11 是一网络广告动画的中景画面。

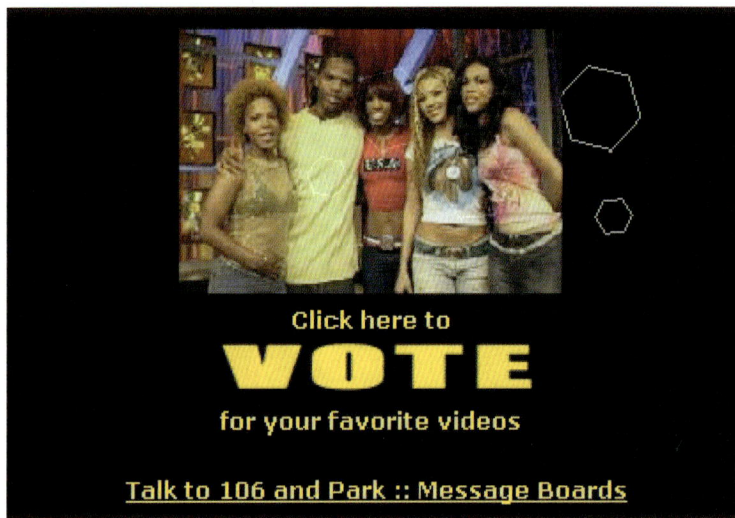

图 3-11　中景画面

(4) 近景

近景画面表现的空间范围比中景更小，主体画面所占的画面面积更大，环境和背景在画面中的作用进一步降低。对于表现的主体，只有所关注的少部分形象在画面内，主体的大部分形象在画面之外。以人物为例，近景画面表现胸以上的部分，这时画面表现的中心内容集中在人头部的动作和面部表情，由于画面大，所以能细致地刻画头部动作和面部表情的细节，具有很强的表现力。图 3-12 中的几个按钮广告动画采用了近景画面。

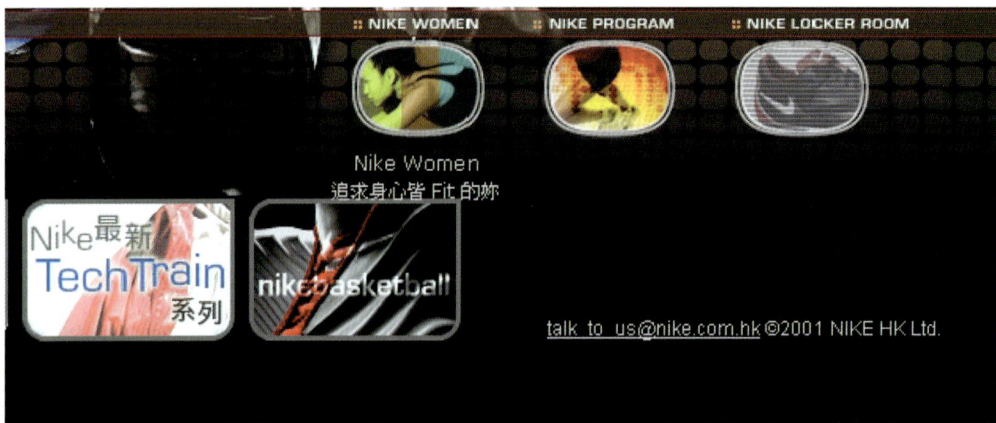

图 3-12　近景画面

(5) 特写

画面集中表现主体的一个细部，在画面内一般已没有环境和背景。特写表现的是主体有价值的局部，局部的形象充满了整个表现空间，就像我们拿着放大镜观看物体的某个细部一样。通过特写画面，能排除一切干扰因素，使观者的视线集中在主体有价值的细部。特

<<<<<<<<<<

写画面对细部造型、色彩、质感、光泽的准确表现，不但能够提高画面的视觉冲击力，而且充分表现出了产品细部的精良设计和品质，从而使观者对整个产品形成良好的印象。所谓以小见大，就是这个道理。图3-13右上角的特写画面虽然表现的是一汽车前部的标志雕塑，但通过对这个汽车细节的表现，展示了该汽车的高贵和品位，体现出了生产厂家高超的设计和工艺水平。试想，厂家对这样一个毫不影响汽车性能的标志雕塑都有如此精良的设计和加工，难道整车还会差吗？

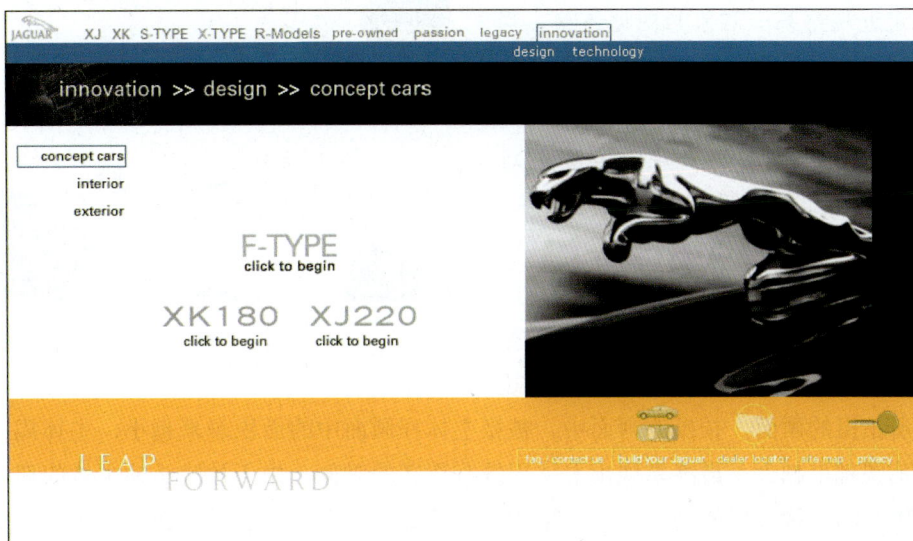

图 3-13　特写画面

3. 镜头运动

电影、电视通过摄影机的镜头运动来体现人们观察世界时的视线移动，所以通过摄影机拍摄的画面符合人们的视觉习惯，能够被人们接受并观赏。动画的画面运动不是靠摄影机拍摄，而是用计算机来实现，但是它的画面运动仍要符合人的视觉规律，所以动画中的画面运动也要遵从摄影机镜头运动的规律。

(1) 固定镜头

固定镜头就是保持摄像机的位置及镜头轴线、焦距不变对客观对象拍摄的画面。固定镜头能表现主体的运动和动作，主体与镜头越近，在画面中的图像就越大，但背景的大小、范围、方向不变。这种拍摄方式是对人站在某一固定位置，注目观察对象的视觉表现。在网络广告动画中，这种类型的动态画面十分常见，因为保持背景不变可以使动画的数据量大幅度减小，从而缩短动画的下载时间。图3-14是固定镜头画面的示例。

图 3-14　固定镜头画面

(2) 推镜头

推镜头是摄像机向被摄主体推进，或者使镜头的焦距逐渐加长所拍摄的画面。在镜头推进的过程中，被摄主体的画面越来越大，主体的形象逐渐变得清晰，充分调动了人们探索事物本质的好奇心理，使被摄主体在观者心中形成深刻的印象。推镜头表现了人们走近观察某一对象的视觉体验，当距离观察对象较远时，只能隐约看到对象的大致轮廓，为了清楚地看到对象，人们便会走近对象去观察，在走近对象的过程中，观察对象的形象逐渐便清晰起来。图 3-15 是推镜头的示例。

(3) 拉镜头

拉镜头和推镜头相反，是摄像机和被摄主体逐渐拉开距离，或者镜头的焦距逐渐缩短所拍摄的画面。拍摄的画面中，被摄主体在画面中的面积越来越小，主体周围的环境空间范围越来越大，最终表现出主体周围有意义的对象。由于拉镜头使主体的环境是逐渐显示出来的，镜头每拉开一点，环境的范围就增加一点，好像在不断揭开一个未知世界的秘密，充分调动了观者的猜测和想象心理。所以，拉镜头能够很好地设置悬念，最终的结果常常使人觉得意外。图 3-16 是一个拉镜头的示例，在该例中，开始出现的是一个大大的 CCTV 同一首歌的圆形图标，最先以为是中央电视台同一首歌栏目的广告，随着该图标逐渐拉远，尼桑汽车的图标呈现出来，最终人们才明白原来是一则尼桑汽车的广告。

图 3-15　推镜头画面

图 3-16　拉镜头画面

(4) 移镜头

移镜头是将摄像机固定在一活动物体上拍摄的画面。移镜头是以人们生活中的视觉体验为基础的，现实生活中，人们并不总是固定在某一位置观看事物，有时边走边看，坐在汽车上、火车上、飞机上也会向窗外眺望，这些都说明人的视线随着某物体的运动而运动。由于摄像机架在活动物体上，所以以移镜头可以将静止不动的主体及背景表现出运动的特征，在镜框内，主体及环境在不断地后退。移镜头的主要功能是通过有限的镜框来展现一个宏大的场面，开阔了人的视觉空间，同时也具有强烈的真实感和现场感。图 3-17 是一个采用了移镜头的互动网络广告动画，从图中可以看出，女孩在街道上边走边看，画面中的街景在不断变化，使观者倍感真实和亲切。

图 3-17　移镜头画面

4. 画面转场

　　一个网络广告动画中，总是包含多组画面，每组画面表达一个特定的信息内容，画面转场就是从一组画面到另一组画面的转换。通过画面转场，既使两组画面间造成视觉上的连贯，又形成了两组画面信息内容的分割。画面的转场方法分为有技巧转场和无技巧转场两大类，无技巧转场就是两组画面间的转换直接呈现，中间不加过渡画面，这在GIF 广告动画中较为常见，其动画效果就像幻灯片的快速播放；有技巧转场在两组画面的转换过程中加入一些过渡画面，使画面的转换形成视觉的连贯。下面介绍一些常见的转场技巧。

　　(1) 淡入淡出

　　在画面的转换过程中，前一组画面的亮度逐渐降低到零，接着后一组画面的亮度由零升到正常，从而实现了画面的转换。画面转换过程的时间一般不超过 2 秒，过长的转换时间不但使动画节奏减慢，显得拖沓，而且增加了过渡画面的帧数，使动画的数据量变大。图 3-18 是本转场方式的示例。

>>>>>>>>>

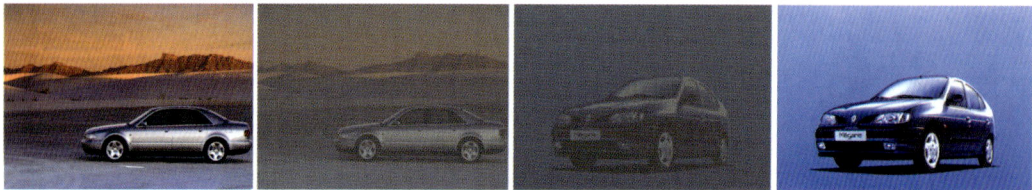

图 3-18　淡入淡出转场

(2) 叠化

在转场过程中，前一组画面的透明度逐渐加大，最后变得完全透明而隐去，同时后一组画面的透明度逐渐减小，从完全透明恢复到正常而显现出来，这样就完成了画面的转换，如图 3-19 所示。

图 3-19　叠化转场

(3) 划像

在转场过程中，前一画面从一个方向退出动画边框，后一画面随之进入，好像后一画面将前一画面推出似的。根据画面退出的方向，可分为横划、竖划、对角线划等。图 3-20 是横划转场的示例。

图 3-20　划像转场

(4) 圈式转场

这种转场方式分为圈入和圈出两种：圈入是利用一个圆形、方形或各种多边形外圈的逐渐放大，使后一组画面逐渐完整地展现出来，后一组画面的显示范围受到外圈的限制，只有当外圈完全覆盖了动画的方框时，后一组画面才能显示完整；圈出是随着外圈的逐步缩小，使前一组画面的显示范围逐渐变小，逐步露出后一组画面，最终前一组画面完全消失，就完整地露出了后一组画面。图 3-21、图 3-22 分别是圈入和圈出转场的示例。

图 3-21　矩形圈入转场

图 3-22　圆形圈出转场

(5) 推拉转场

　　这种转场方式是用推摄和拉摄的原理实现画面的转换。推式转场好比对后续画面实施推摄,使画面越来越大,直到充满整个画框,从而完成画面的转换;拉式转场正好相反,是对前一组画面产生拉摄的效果,画面越来越小,同时后续画面逐渐露出,最终前一组画面消失,后续画面完整显露出来,完成画面转场。图 3-23、图 3-24 分别是推转场和拉转场的示例。

图 3-23　推转场

图 3-24　拉转场

(6) 百叶窗转场

　　百叶窗是我们在家中或办公室内使用的一种窗帘形式,整个窗帘由多个叶片组成,叶片的两面绘制有不同的图案,所有叶片正面的图案组成一幅完整的图画,反面的图案组成另一幅图画,通过转动窗帘的控制杆,可以将所有叶片由正面转到反面,也可由反面转到正面,这样就实现了两幅窗帘图画的转换,百叶窗转场的效果与此完全相同。由于窗帘的叶片有横置和竖置之分,因此百叶窗转场也有水平方式和垂直方式。图 3-25 是垂直百叶窗转场的示例。

图 3-25   百叶窗转场

(7) 翻页式转场

翻页式转场就像我们平常翻阅画册一样，前一页翻过去之后，后一页上的图画就显示在我们的面前。在翻页的过程中，前一页上的图画在我们视线内的范围逐渐减少，并且画面随翻页幅度的加大而出现更大的扭曲变形，后一页上的图画逐渐显露出来，直到翻页完成后，才显示出完整图画。翻页转场的效果与此相同，且可产生不同方向的翻页动画，可顺翻，也可反翻。图 3-26 显示的是左上方向的顺翻转场效果。

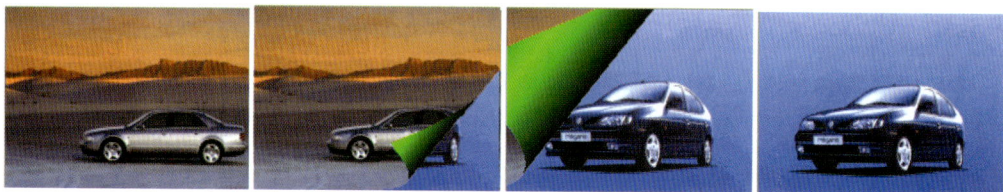

图 3-26   翻页式转场

以上介绍的只是几种常用的转场方式。现在画面的转场动画都由计算机完成，计算机硬件和软件技术的发展，使画面转场的效果越来越丰富，现在已开发出的转场效果至少也有数百种，今后还会进一步增加，我们可根据设计要求合理选择。

5. 动画节奏

有运动就有节奏，节奏源于运动。在网络广告动画中，节奏主要在于运动的时间控制上，运动速度的快慢、色彩变化的频率、形状变化的舒缓以及单位时间内画面转换次数的多少等都是影响动画节奏的主要因素。在广告动画中，节奏对广告的表现力和感染力有着十分重要的影响，动画节奏太慢，给人以死气沉沉的感觉，不能调动观者的激情；节奏太快，又会使人过度紧张和兴奋，给人眼花缭乱、无所适从的感觉；一个没有节奏变化的广告动画，让人觉得平淡、乏味，不可能给人留下深刻的印象。

(1) 运动与节奏

动画中的运动方式主要有移动和旋转，从运动速度的变化来看，可分为匀速运动、加速运动和减速运动。匀速运动没有速度的变化，其运动过程本身也没有节奏的变化，但不同运动速度的画面组接后仍可产生出节奏的变化。例如，我们制作一条有两句广告词的广告口号文字动画广告，首先以中速推出第一句"杀菌治脚气"，然后以快速推出"当然达克宁"，这样虽然每句广告词的运动都是匀速的，但不同运动速度的组接后就产生了速度变化的节奏。加速运动和减速运动的运动过程本身就包含了节奏的变化，加速运动使节奏逐渐加快，能将叙述的内容推向高潮，充分调动人的心理情绪，让人注目观看；减速运动则是将运动的节奏逐渐减慢，让人逐渐从兴奋中平静下来，仔细观看运动主体。值得一提的是，

在网络广告动画中，尤其在文字动画的广告中，文字运动结束之后几乎都有一个停顿的过程，一是这个停顿可以形成节奏的变化，但更重要的是给人仔细观看运动主体和阅读广告词的时间。

由以上内容可以看出：不但运动过程本身可以表现动画的节奏，而且不同运动过程画面的组接也可表现出动画的节奏。多个运动过程画面的组接不但可以表现出运动速度变化的节奏，而且可以体现主体位置变化的节奏和韵律。图 3-27 是一水平抛下后自由弹跳的小球轨迹，有多个加速与减速过程的组接，每次弹跳的高度逐渐降低，跨越的宽度也逐步缩短，虽然有加速过程与减速过程的交替，但总体运动速度呈现了逐步减慢的趋势，最终小球停止下来，整个过程在速度和位置的变化上都表现出了很好的节奏感和韵律。

图 3-27　小球弹跳轨迹

(2) 色彩与节奏

色彩的组成要素可分为色调、亮度、饱和度，改变这三个要素，可形成多种色彩变化动画，其中闪烁、色彩循环、发光是最常见的色彩动画形式。

闪烁动画是利用亮度的明暗变化来制作的，闪烁的频率体现了动画的节奏。高的闪烁频率对人的视觉有强烈的刺激作用，能引起人的注意，但长时间的高频率闪烁使人产生视觉疲劳，让人烦躁不安，并且不能看清闪烁的内容，所以在动画中要控制高频率的闪烁时间，一旦引起了人的视觉注意后，就应立刻减慢闪烁速度，或者停止闪烁，让人仔细观看其内容。

色彩循环动画是利用色彩的有序替换形成的，在视觉上产生了色彩的循环流动，色彩替换频率的高低直接反映在色彩流动的快慢上，形成了不同的动画节奏。当色彩的替换频率较高时，色彩的流动显得平滑、有序，给人以舒心、愉悦的感受；反之，色彩的流动会显示出有节奏的跳动，给人以较强的视觉冲击。

发光分为内发光和外发光，内发光动画是发光物体由本身的颜色变化到发光色的颜色变化过程，色彩变化的快慢体现出动画的节奏；外发光动画是在发光物体的周围产生出发光颜色的光晕，光晕的大小、强弱表现出有节奏的变化。

(3) 形变与节奏

动画中的形变有大小变化、扭曲、伸缩、形状改变以及分离、拼合等多种形式，每种形式的动画都有自身表现节奏的特点。例如，大小变化动画的节奏表现和影视中的推拉镜头类似，放大的速度缓慢而均匀时，能够表现出安宁、平和的气氛；放大速度快而短促时，动画节奏快，画面具有极强的视觉冲击力，有震惊和醒目的效果，具有揭示本质的力量，在广告动画中使用广泛。再如，在形状拼合的广告动画中，常采用由慢到快，最后停顿的节奏来传达广告信息：先是一个完整画面的各个局部向同一中心慢慢会聚，这时观者急于想知道会聚在一起后的结果，所以在该过程中很好地设置了悬念，吸引了观者对结果的主动注意；当快要拼合成最终的完整形状时，突然加快会聚速度，快速拼合成完整图案，给观者一个震惊和意外；最后停顿下来让观者仔细观看。这样的节奏有张有弛，既给人以美的享受，又有很好的信息传达效果。

3.3.3 广告动画的基本形式

1. 运动动画

(1) 直线运动

直线运动是指运动轨迹是一条直线或多条直线组成的折线，按照直线的方向又可分为水平运动、垂直运动和倾斜运动。直线运动可形成许多复杂的运动现象，例如，短距离的循环往复直线运动形成我们常见的跳动、抖动等运动现象；多个物体的直线运动组合可产生出聚合、分离、交错等复杂的运动。在图3-28中，中间的三个字都是在作直线运动，"雅典奥运会"这个整体是在作上下曲线波动。

图 3-28　直线运动

(2) 曲线运动

曲线运动是指运动的轨迹是曲线，是一种普遍的运动形式，树叶的飘落、汽车在蜿蜒的公路上行驶、人在路上行走等都是在作曲线运动。由于曲线本身的复杂性，所以曲线运动的形式不计其数，比较典型的有圆周运动、S型运动和螺旋曲线运动，如图 3-29 所示。

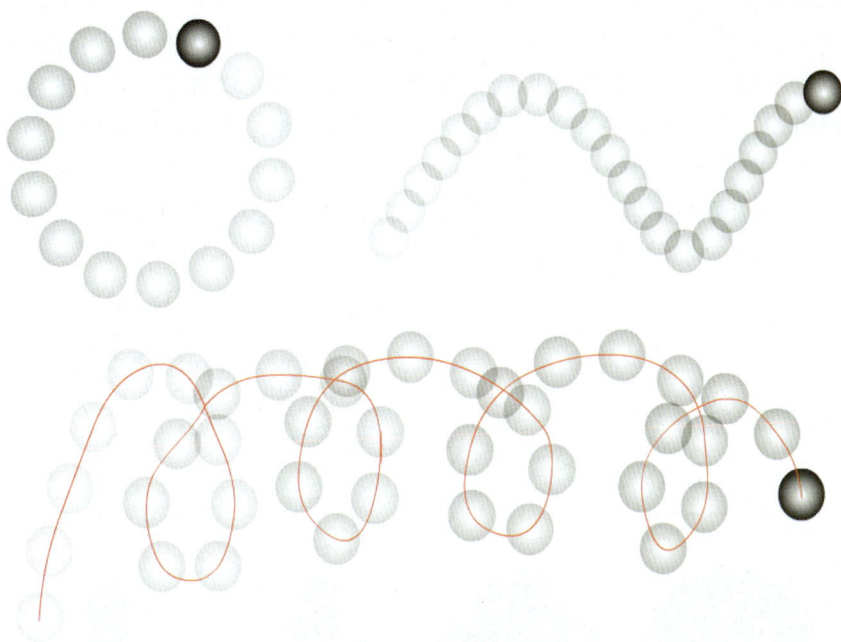

图 3-29 曲线运动

(3) 旋转运动

旋转运动是十分常见的，行驶中的汽车轮胎、钟表的指针以及我们生存的地球都在不停地作旋转运动。旋转运动的特征是运动物体始终绕着一个固定点转动，这个固定点可以在运动物体内，也可在外，转动的角度可大可小。当固定点在运动物体外时，所作的运动就是圆周运动；当旋转的角度较小，且往复转动时，我们称这种运动为摆动。根据不同的旋转方向，旋转运动分为顺时针旋转和反时针旋转两种，如果从三维空间来考虑，除旋转的固定点外，还要确定旋转轴的空间方向才能确立旋转运动。图 3-30 所示的是一个以球体中心为固定点，绕垂直轴旋转的示例。

图 3-30 旋转运动

2. 形变动画

(1) 形状改变动画

这种动画方式为动画元素的形状发生改变，可以是一对一的形状变化，也可以是从一

>>>>>>>>

个形状变化成多个形状，或是从多个形状变成一个形状。形状可以是封闭的，也可以是由线组成的开放式形状。当起始形状和结束形状确定后，中间的过渡画面可逐帧绘制，也可由计算机自动生成。当起始和结束形状差异太大或者形状太复杂时，计算机自动生成的过渡画面质量较差，会出现一些难以预料的交叉、扭曲画面，由这些画面组成的变形过程就显得杂乱无章，不是自然流畅的过渡，因此，这时就需要人工绘制一些过渡过程中的关键控制画面或整个过渡过程逐帧绘制。图 3-31 中的上图是由线组成的开放式形状变形动画示例，下图则是一对一的封闭形状变形示例。

图 3-31　形状变化动画

(2) 弯曲与歪斜动画

弯曲与歪斜是日常生活中常见的现象。人们锻炼身体时会弯弯腰，挑夫的扁担在两端重物的作用下会发生弯曲；同样，也有许多歪斜的现象，例如，年久的相框从矩形变成了平行四边形。弯曲变形动画的基本特征是动画的结束形状由起始形状弯曲而得，歪斜变形动画的结束形状则是由起始形状歪斜而得。图 3-32 是弯曲变形动画和歪斜变形动画的示例。

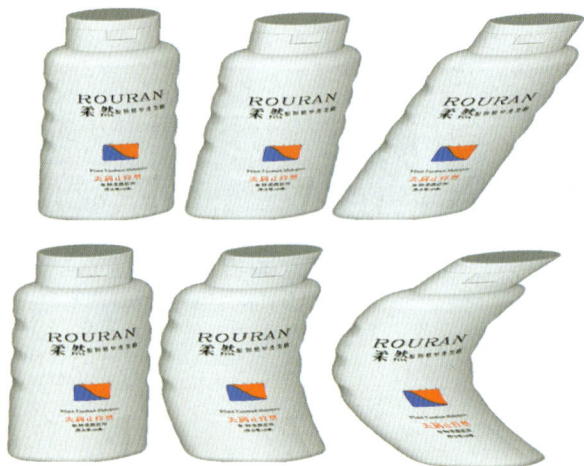

图 3-32　弯曲与歪斜动画

（3）放缩动画

这种动画方式是保持动画主体的形状不变，但在各个方向作相同比例的放大或缩小。该动画形式可模拟摄像机拍摄时的镜头推拉效果，也可作为画面转场的过渡动画，在前面相关部分已作过介绍。

（4）伸缩动画

该动画方式与放缩动画的差异在于：在放大或缩小的过程中，各个轴向的比例不相同。从形状上看，是对起始形状进行了拉伸或压缩。对于那些体积不能改变的物体，如充气的气球，在一个方向上进行了拉伸，在另外的方向则必须压缩，否则体积就发生了改变，与实际情况不符，这样动画就显得不真实。图 3-33 是一拉伸动画的示例。

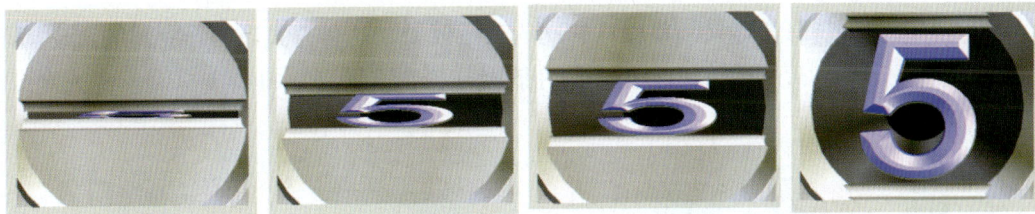

图 3-33　伸缩动画

3. 色彩动画

（1）亮度变化

亮度是构成颜色的一个要素，改变该要素的值可改变颜色的亮度，亮度值越大，色彩越亮，最高时变为白色；反之，亮度值越小，色彩越暗，最低时变为黑色。亮度值的急促且大幅度变化可形成闪烁效果，局部亮度值在空间上的有序变化则有光源移动照射形成的光影流动效果。图 3-34 是亮度值由大变小的示例。

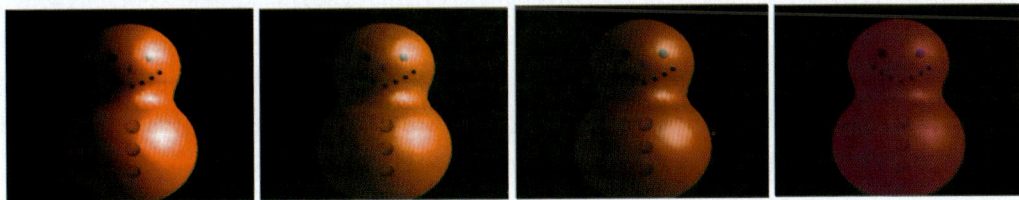

图 3-34　亮度变化动画

（2）颜色变化

颜色变化是指动画主体的颜色从一种色彩变化到另一种色彩，其变化的过程就形成了颜色变化动画。图 3-35 是表现树叶由绿色变化到黄色的过程。

图 3-35　颜色变化动画

(3) 色彩循环

色彩循环动画有多种形式，可以是同一主体上多种不同的色彩依次替换，也可以是不同主体的颜色交替循环或者在同一主体上循环显示多种色彩。图3-36的色彩循环表现了色彩从下到上的循环流动。

图 3-36　色彩循环流动动画

我们可以利用色彩循环来制作物体转动的动画效果，这种方式比制作物体的转动动画来得更加方便。图3-37是利用色彩循环制作的圆柱体水平转动动画。

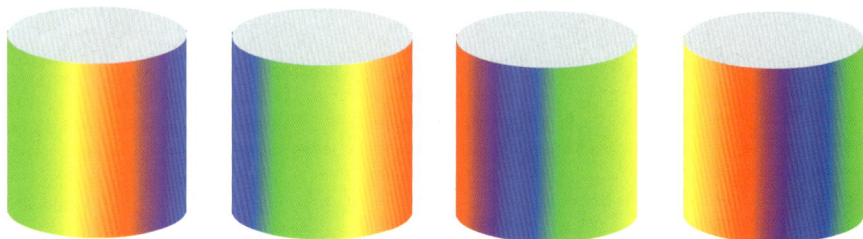

图 3-37　色彩循环转动动画

4. 转场动画

转场是影视艺术中的一个概念，是为了使不同场景或不同情节的镜头画面实现平滑连接。在网络广告动画中，除了连接不同分镜头动画画面的功能外，还常常以独立的动画形式存在，整个广告动画完全由转场动画构成。转场动画的特点和类型在前面已经讲述，请参阅3.3.3小节的内容。转场动画多为 GIF 动画，利用 Ulead 公司的 GIF Animator 软件可以制作出多种转场动画，图3-38是利用该软件制作的一个转场动画示例。在 Flash 软件中，只能制作出少量的几种转场效果，且制作技术也比 GIF Animator 复杂许多。

图 3-38　转场动画

3.3.4　常见动画效果

1. 残影

残影是运动物体在已经经过的位置上留下的残留影像，它体现的是一种视觉现象。运动物体经过我们的眼前时，即使物体已经离开，在短时间内我们的视觉还保留有它的影像，这就是人的视觉残留。影视和动画正是利用了人的视觉残留现象才能表现出连续的运动，按照人的视觉残留时间，对运动物体每秒至少拍摄 24 帧画面才能使画面播放时没有跳动的感觉。在动画中，常将视觉残留现象夸大，制作出残影动画效果。制作残影动画时要注意残留影像的变化规律，运动物体离开的时间越长，残留影像就越淡，在实际制作时是将图像的透明度加大，直到完全透明时使残留影像消失。图 3-39 是残影动画效果的示例。

图 3-39　残影效果

2. 淡入淡出

淡入淡出在影视片中是一种转场效果，在网络广告动画中，它不但可作为转场特效，而且常用来作为动画元素的动画效果。在图 3-40 中，文字"2005 年广告代理招商"采用了淡入的动画效果。

图 3-40　淡入淡出效果

3. 抖动

抖动是网络广告动画中十分常见的动画效果，因为抖动可以很好地吸引人们的视觉注意。抖动的幅度有大有小，大幅度的抖动一般伴随着短暂的静止来让浏览者看清动态元素的信息，小幅度的抖动由于对看清信息影响不大，常常一直抖动不停。在图 3-41 中，"孙

>>>>>>>>>

燕姿新"和"专辑"两组文字在不停地作小幅抖动，既吸引了观者的视线，也强调了广告语的中心词。

图 3-41　抖动效果

4. 闪烁

　　闪烁在网络广告动画中也是很常见的动画效果，因为这种效果能产生强烈的视觉刺激，从而吸引人们的视线，视觉冲击力强。但是，长时间的闪烁不利于视觉健康，也使人产生视觉疲劳，所以闪烁效果一般持续时间短暂。在图 3-42 中，"精彩"和"音乐"两个词具有多种颜色交替的闪烁动画效果。

图 3-42　闪烁效果

5. 爆炸

爆炸是动画元素由一中心点向四周快速飞行的动画效果，与人们常见的鞭炮爆炸效果类似，能很好地与人们已有的心理模型相匹配，使人兴奋和愉快，从而使广告信息在浏览者心理留下深刻印象。图 3-43 的两则网络广告动画中使用了爆炸动画效果。

图 3-43　爆炸效果

6. 拼合

拼合在运动的方向上与爆炸相反，一个整体的各个局部从四面八方向一固定位置聚合，最终形成整体，这个整体可能是一段文字，也可能是一个完整的图画或符号。拼合效果能很好地勾起人们的好奇心，在动画的过程中，拼合的结果逐渐明晰，使人们处于对结果的不断期待和探索中，吸引了人们的兴趣和注意。在图 3-44 的网络广告动画中，一个个单独的文字从各个方向飞行聚合，最终拼合成"你的邮件来自 2035 年"这句完整的广告词，这句广告词本身又设置了悬念。所以，在吸引点击上，这则网络广告无疑是十分优秀的。

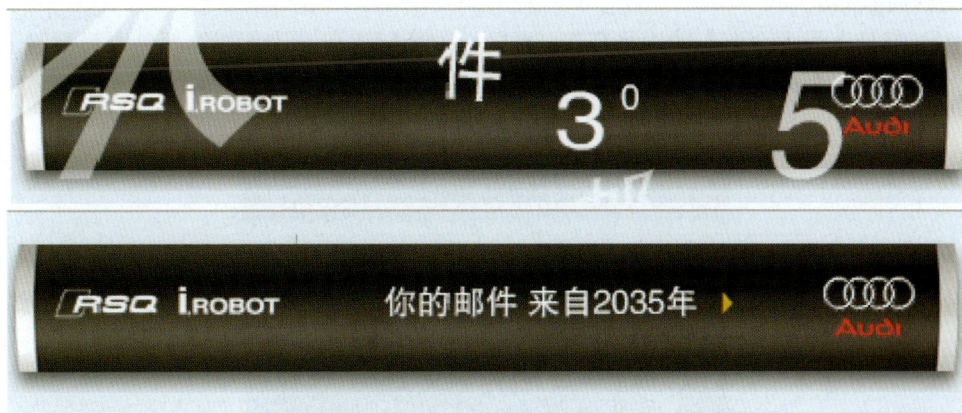

图 3-44　拼合效果

7. 缩放

缩放是动画元素放大或缩小形成的动画效果，通常有小→大→静止、大→小→静止、小→大→小等表现形式。该动画效果能较好地引起人们的视觉注意，静止期间能让人们仔细阅读和观看信息，图 3-45 是缩放效果的应用示例。

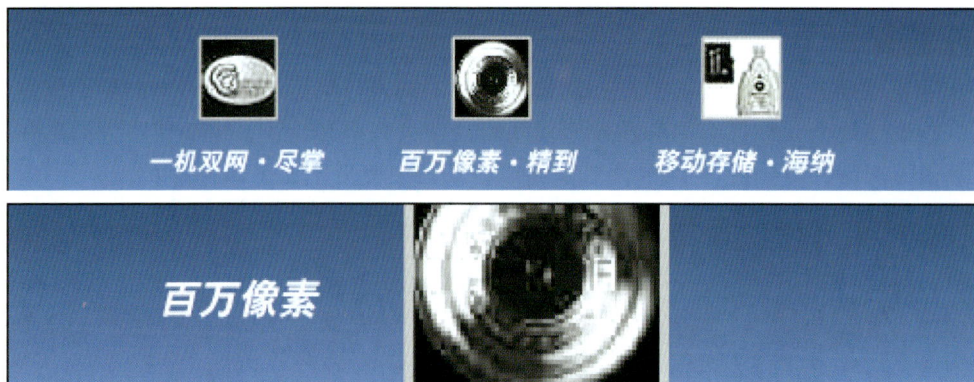

图 3-45　缩放效果

3.4　网络广告互动设计

网络广告中引入的与观者的互动是区别于其他媒体广告的特点和优势，互动提高了观者的参与意识，激发了他们对广告的兴趣，对提高广告的点击率有很好的作用。网络广告中的互动分为鼠标感应、行为互动、虚拟现实等几种形式。

3.4.1　鼠标感应

鼠标感应是当鼠标的光标放在按钮或画面的特定区域时就出现一段动画或画面发生变化。

图 3-46 是奥迪汽车的一则网络广告，在上部的广告动画开始之时，鼠标滑入画面的左部后，下部的广告画面就会慢慢滑下，最终呈现广告的完整画面，点击画面上的关闭按钮，滑出的画面收起。

图 3-47 是上海大众汽车的网络广告，当鼠标的光标放在右边不同的颜色方形按钮上时，左边的汽车立即变成与按钮颜色相同的色彩。

图 3-46　奥迪汽车鼠标感应动画

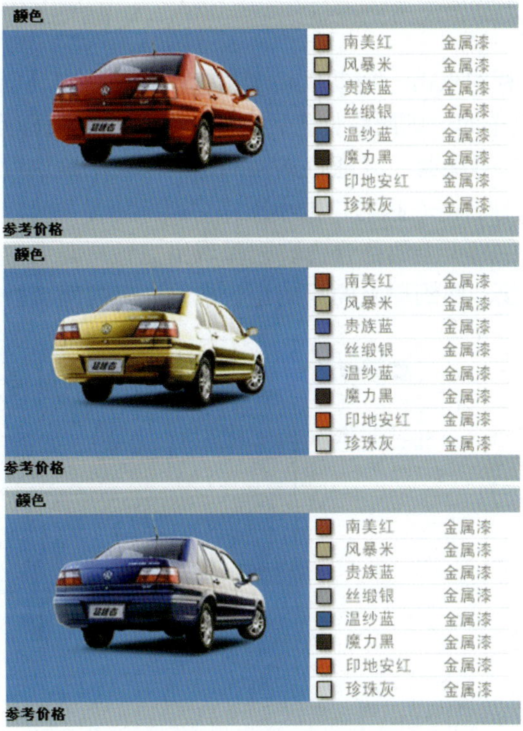

图 3-47　上海大众汽车的鼠标感应动画

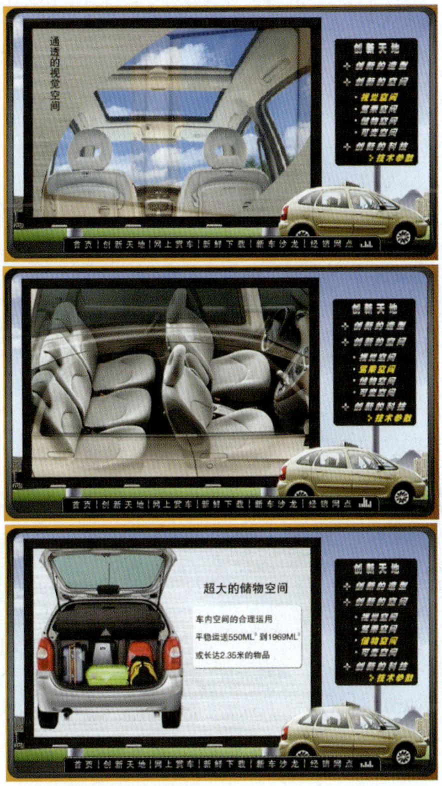

图 3-48　雪铁龙汽车互动动画

3.4.2　行为互动

行为互动是通过鼠标的点击、拖动或按下键盘按键与广告画面产生互动。

图 3-48 是雪铁龙汽车的一则网络广告，在该广告中，用鼠标点击右边的文字按钮时，左边会播放相应内容的广告动画，并通过动画的形式来展示该款汽车的各种空间。

在图 3-49 中，当鼠标点击左边的广告小图片"微笑海淀"时，右边的大广告图片就像翻书一样慢慢展开，挡住网页上的部分内容，呈现出完整画面后再停止；当点击画面上的关闭按钮后，该画面卷起，回到原来的小图片状态，原来的网页内容又正常显示。

图 3-49　海淀房地产互动动画

在图 3-50 的 NOKIA 3100 网络广告中，用鼠标向右拖动下面的滑块，街景后移，人物表现出行走的动作，好似人在街上边走边看。一旦停止拖动鼠标，背景画面也停止向后移。

图 3-50　NOKIA 3100 互动动画

3.4.3 虚拟现实

虚拟现实是对现实的仿真，这种技术能让人们产生真实的体验和感受，它以人们现实生活中的三维空间为基础，通过图像在三维空间的变化来模拟真实的物体。

图 3-51 是 KIA 汽车外型的虚拟现实情况。当鼠标左右拖动时，汽车的外形随之发生在三维空间的旋转，甚至包括汽车在地面的阴影也发生相应的变化，具有我们在现实生活中从不同角度观察汽车时获得的同样的体验和感受。

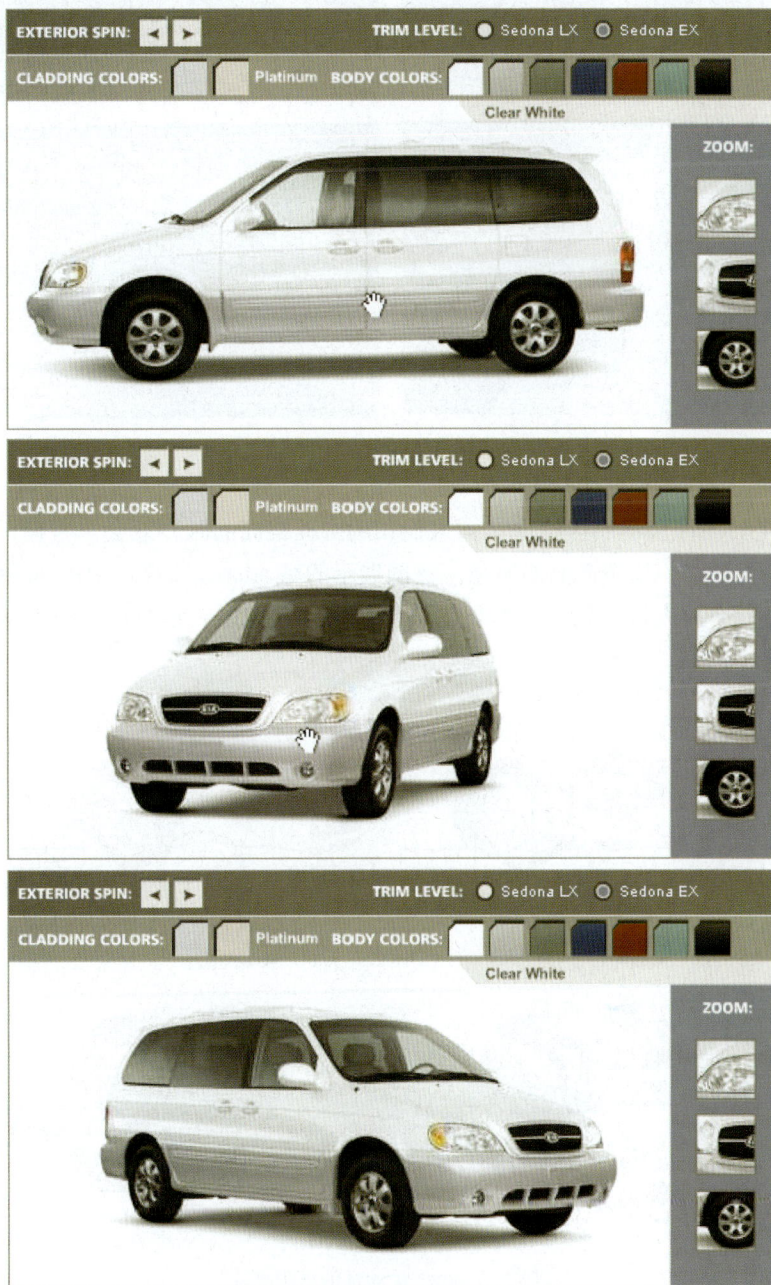

图 3-51　KIA 汽车外观的虚拟现实

图 3-52 是 KIA 汽车内部空间的虚拟现实展示，鼠标拖动展示出不同角度观看到的内部空间情况，就好比我们站在汽车内部观察一样，有非常强烈的真实感。

图 3-52　KIA 汽车内部的虚拟现实

图 3-53 是另一种情况的虚拟现实。人们在购买鞋类商品时，总会拿着鞋仔细观看各个局部的做工是否精细，检查产品的质量。该图展示的是 adias 运动鞋，当鼠标移动鞋的任意局部时，就有一个放大镜出现，并呈现出该局部的放大图像，很好地虚拟了我们拿着鞋仔细近看的情况。

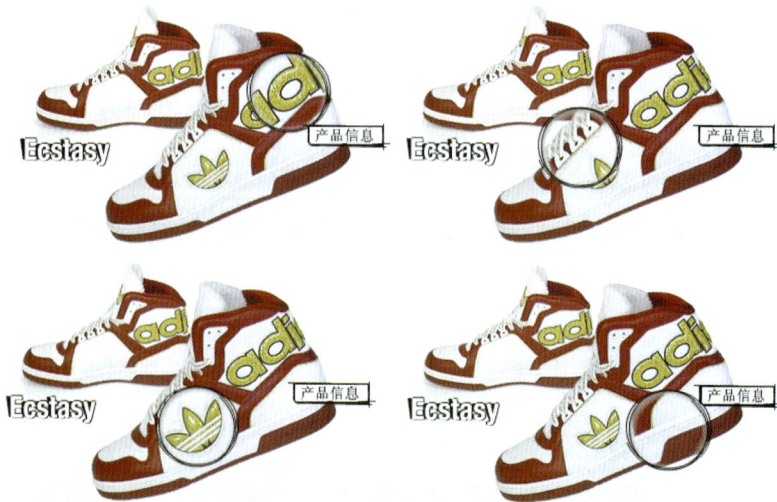

图 3-53　adias 运动鞋的虚拟现实

3.5　思考与练习题

1. 填空题

(1) 大卫·奥格威是一个富有传奇色彩的广告大师，以创作简洁、富有冲击力的广告而闻名于世，他创立的广告创意方法是 ＿＿＿＿＿。

(2) 广告设计的三大核心问题是对谁说、说什么、怎么说，广告创意解决的是其中的 ＿＿＿＿＿ 的问题。

(3) 在网络广告动画中，画面的景别有 ＿＿＿＿＿、＿＿＿＿＿、＿＿＿＿＿、＿＿＿＿＿ 和 ＿＿＿＿＿。

(4) 放缩动画模拟的是摄像机的 ＿＿＿＿＿ 镜头运动拍摄的效果。

2. 单项选择题

(1) 头脑风暴法的创立者是 (　　　)。

　　A. 罗瑟·瑞夫斯　　B. 威廉·伯恩巴克　　C. 奥斯本　　D. 李奥·贝纳

(2) 在网络广告中，使用最多的动画形式是 (　　　)。

　　A. Flash 动画　　　B. Gif 动画　　　C. 色彩动画　　D. 转场动画

(3) 在画面上只表现了主体人物形象的一只眼睛，画面的景别是 (　　　)。

　　A. 中景　　　　　B. 全景　　　　　C. 近景　　　　　D. 特写

(4) "冷热酸甜，想吃就吃"这句广告词属于哪种类型的广告标题 (　　　)。

　　A. 悬念型　　　　B. 利益型　　　　C. 命令型　　　D. 新闻型

3. 上网题

(1) 上网感受各种网络广告动画的类型、形式、效果及互动方式。

(2) 上网查看几则优秀的网络广告，并分析其创意思想和方法。

4. 思考题

(1) 为什么说广告创意是广告设计的灵魂?

(2) 为什么大多数网络广告采用了动画?

第4章 网络广告动画制作

网络广告动画分为 GIF 动画和 Flash 动画两大类型，这两种动画形式在网络广告中都有着广泛的应用。GIF 技术只能制作动画，没有互动能力；而 Flash 技术不但有很强的动画制作能力，还嵌有丰富的脚本命令，具有较强的互动制作能力。本章介绍 GIF 动画制作和 Flash 动画制作的方法。

4.1 ImageReady 制作 GIF 动画

4.1.1 ImageReady 的特点

ImageReady 是 Photoshop 的一个附加软件，它是一个独立的程序，可以单独启动，也可由 Photoshop 工具面板下端的按钮启动，如图 4-1 所示。它的最大特点是可以借助于 Photoshop 强大的绘图功能、图像编辑功能以及特效滤镜、动作面板来制作动画，集单帧画面制作和动画制作于一身，与其他 GIF 动画制作软件相比，其动画的制作更加灵活、多变，动画手段十分丰富。对于已掌握 Photoshop 软件的人来说，ImageReady 的学习非常简单。

图 4-1　从 Photoshop 中启动 ImageReady

4.1.2　ImageReady 的界面

　　ImageReady 的界面与 Photoshop 的界面差异不大，如图 4-2 所示。主要增加了用于动画优化的优化面板（图右上角）和制作动画的动画面板（图下中部），在工具面板上的工具比 Photoshop 的要少，没有绘制路径的钢笔工具及编辑工具，也没有渐变填充的填充工具，要完成这些工作时，可以点击工具面板最下端的按钮转入 Photoshop 中完成，完成之后再单击图 4-1 所示的按钮，从 Photoshop 中回到 ImageReady。

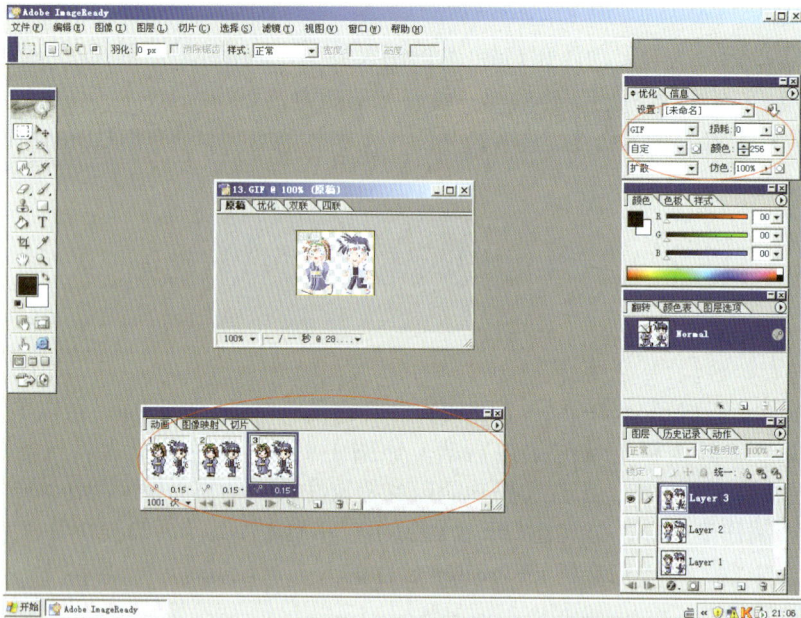

图 4-2　ImageReady 界面

4.1.3　动画的制作步骤

1. 制作动画的各帧画面

　　当动画画面具有相同的前景和背景时，帧画面制作应将画面的前景、背景、动画角色分别以不同的图层制作，不必在各个帧画面上都绘制前景和背景，在动画制作时可以很方便地将背景和前景合成到各个帧画面上。动画角色动作的各个画面也应分别依次绘制在不同的图层上，这样便于动画制作时依次合成各个动画帧，避免发生帧错位。图 4-3 是一动画画面制作的图层分布情况。从图中看到：动画的背景图层位于最底部，其上的动画角色画面和前景画面都会遮挡它，情景图位于其他图层的上部，它的画面内容不能被其他任何图层的画面遮挡，动画角色的动作画面图层依次从低到高排列。

2. 动画制作

　　如果动画制作面板没有打开，请选择窗口菜单，将动画项选中则会打开动画制作面板，动画面板自动生成动画的第一个帧格，这时在图层面板上打开背景、前景及"动作1"图层，同时关闭其他动作图层，这样就制作好了动画的第一帧，如图 4-4(a)所示。

　　单击动画面板上的新建帧按钮，在动画面板上会出现一个新的帧格，这时保持背景和

前景图层打开，再打开"动作2"图层，关闭其余各个图层，这样就制作好了动画的第二帧画面。重复上述操作，制作完成动画的所有帧，结果如图4-4 (b)所示。

图 4-3　动画的图层

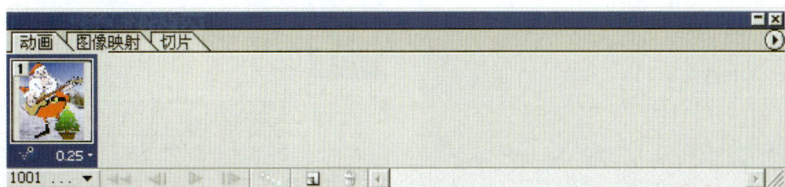

(a)

(b)

图 4-4　动画帧的制作

3．动画设置

　　动画设置包括优化设置、速度设置、循环设置三个方面，优化设置通过优化面板进行，速度设置和循环设置通过动画制作面板进行。优化面板通过勾选窗口菜单的"优化"项打开，如图4-5所示，在该面板的上方可选择优化类型。选定优化类型后，单击图像工作区上方的"优化"按钮可查看优化后的图像效果，如图4-6所示，在下方可看到在选定上网设备传输速度下的网络下载时间。上网设备的选定需要单击下载时间右边的三角形按钮，弹出的选择菜单如图4-7所示。

　　动画的速度设置是通过每帧延迟时间的长短来设定的，动画面板的每个帧格右下角都有一个小的三角形按钮，单击该按钮就会弹出时间选择菜单，如图4-8所示。单击动画面板下部工具栏右侧的三角形按钮，弹出动画的循环设置菜单，如图4-9所示，选择其中的"一次"选项，动画播放一次便停在最后一帧；选择"一直有效"选项，动画会不停地循环播放；选择"其他"选项，则可设定需要的循环次数。

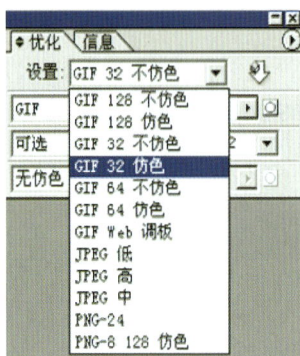

图 4-5　优化面板　　　　　图 4-6　优化结果预览　　　　图 4-7　下载速度设置面板

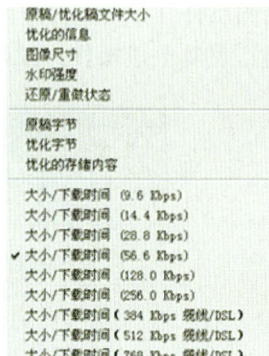

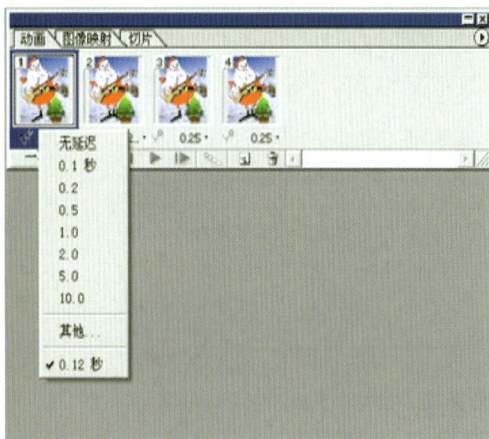

图 4-8　帧持续时间设置　　　　　　　　图 4-9　循环播放设置

4. 动画的保存

动画的保存通过文件菜单进行，该菜单下有多个文件保存选项，其中存储和存储为是保存动画原文件，其文件格式是 Photoshop 的文件格式 .psd，保留有图层和动画帧的各种信息，可以编辑和修改动画，但它本身并不是动画文件。要输出动画文件，要使用"存储优化结果"或"将优化结果存储为"选项。

4.1.4　动画面板的使用

1. 帧的创建与复制

单击图 4-10 所示动画面板的"新建/复制"按钮便可创建一个新的帧格，拖动一个已有的帧格到该按钮上可复制该帧格。

2. 帧的选择

用鼠标单击帧格可选择该帧，单击动画面板上的双三角按钮可选择动画的第一帧，单击选择前一帧或选择后一帧按钮可选择当前帧的前一帧或后一帧。如果要选择动画的连续多帧，则可用鼠标单击选择范围的第一帧，然后按下 Shift 键并单击选择范围的最后一帧。如果要挑选多帧，在选择第一帧之后，按下 Ctrl 键并单击其他要挑选的帧。如果要选择动画的

所有帧，则要单击动画面板右上角的三角形按钮，在弹出的菜单中选择"选择全部帧"选项即可。

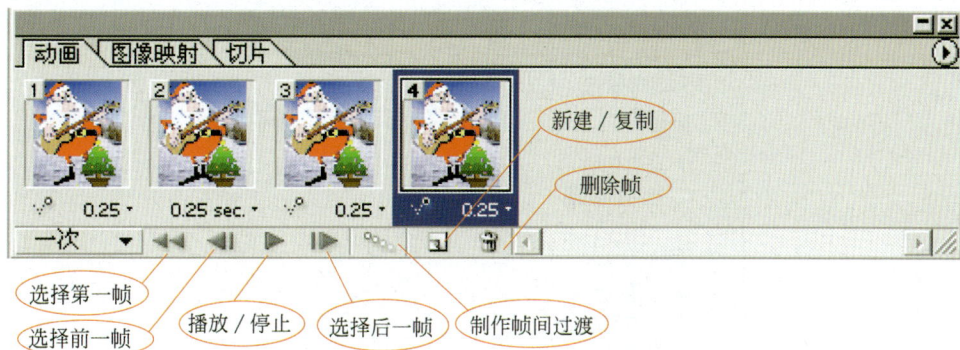

图4-10　动画面板

3. 帧的移动与删除

帧的移动十分方便，将需要移动的帧拖动到目标位置后，松开鼠标按键即可。帧的删除则需要首先选择好要删除的所有帧，然后将其拖到删除帧按钮上即可。如果选择帧之后直接单击删除帧按钮，这时会出现一个删除帧的确认面板，选择"是"即可删除帧。

4. 制作帧间过渡

帧间过渡按钮可在动画面板上的相邻两帧间自动添加一些过渡画面，过渡过程是前一帧画面逐渐隐去，后一帧画面逐渐显现。具体做法是先选择过渡的首帧或末帧，在图4-11(a)中我们选择了过渡的末帧，然后单击制作帧间过渡按钮，弹出参数设置面板，如图4-12所示，在"过渡"面板上，选择与之过渡的帧，本例中选择"上一帧"，在"要添加的帧"文本框内填入中间的过渡帧数，最后按"好"按钮，自动生成的过渡帧如图4-11(b)所示。

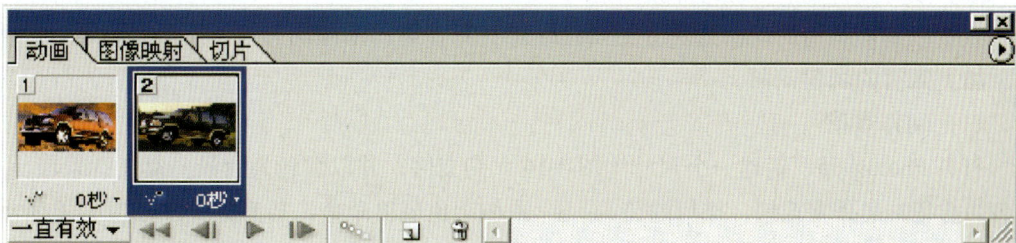

(a)

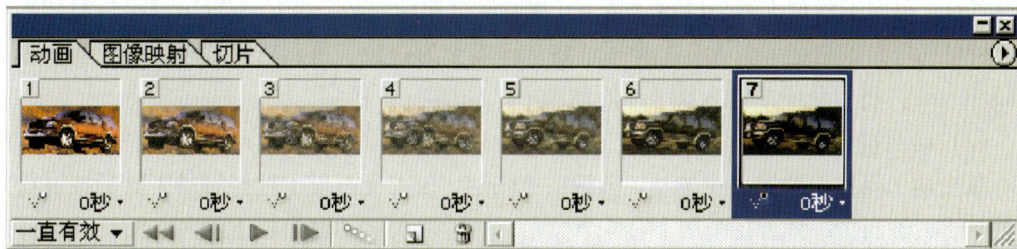

(b)

图4-11　帧间过渡动画

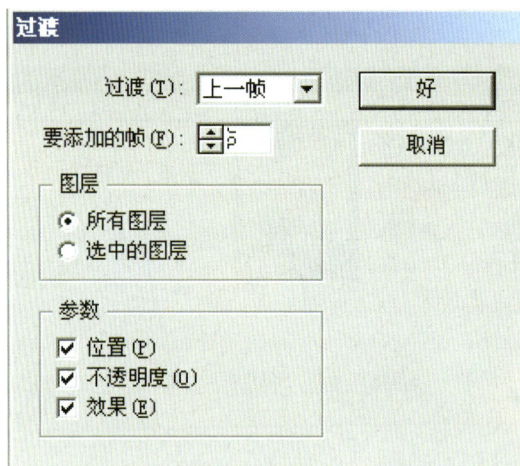

图 4-12　过渡设置面板

5．动画的速度与循环设定

动画的速度和循环设定也通过动画面板完成，在前面动画制作过程中已经讲述。

6．动画的播放与停止

动画的播放与停止在同一个按钮上完成，当播放/停止按钮为三角形时，单击它开始动画的播放，同时该按钮变为方形，再单击该按钮便停止播放动画，按钮又变回三角形标记。

4.1.5　常用动画制作手法

1．利用移动工具制作运动动画

我们以制作飘雪的动画为例介绍用移动工具制作运动动画的方法，在此我们为图4-4的动画加上飘雪的场景动画。

（1）制作雪花

打开 Photoshop，新建一个尺寸比图 4-14 大的文件，并以黑色为背景。复制背景层，并改名为雪花，选择雪花层，执行滤镜/杂色/添加杂色菜单命令，其参数设置如图 4-13 所示。再执行滤镜/其他/放大暗区菜单命令，将半径设为一个像素，此时在黑色的背景上出现白色的斑点。用魔术棒单击黑色区域，按下"删除"键删除黑色，按 Ctrl+Shift+I 组合键转换选区，利用选择菜单将选区扩大 3 个像素，将选区填充为白色，得到雪花效果如图 4-14。转入 ImageReady，将雪花图层拖入图 4-4 的动画中，如图 4-15 所示。

（2）动画制作

单击动画面板上的第一个帧格，激活雪花图层，在工具面板上选择移动工具后按键盘上的向下箭头键四次，将雪花图层下移 4 个像素，然后依次对动画面板上的各个帧格作同样处理，便完成了雪花飘落的动画制作。

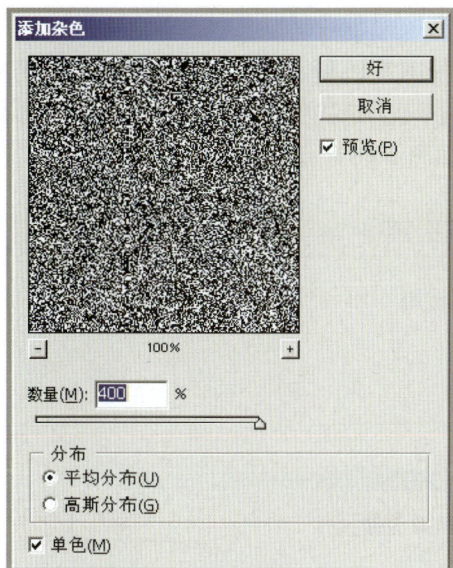

图 4-13　杂色滤镜参数设置

图 4-14　雪花效果

图 4-15　添加雪花图层

2．利用文字变形工具制作文字变形动画

（1）文字制作

将前景色设置为红色，字体为楷体，尺寸为 18 个像素，在图 4-15 的动画中利用文字工具输入"欢乐圣诞夜"几个字，在图层面板上可以看见一个文字图层。

>>>>>>>>>

（2）动画制作

选择动画面板的第一帧格，激活文字图层，选择图4-16所示的文字变形按钮，弹出文字变形面板，在该面板上选择变形类型，如图4-17所示。选择变形类型后，面板上的参数调节滑竿变为有效，将弯曲参数调到 −70%，设置如图4-18所示。

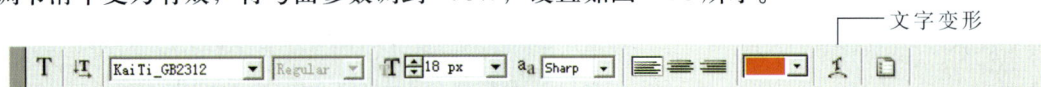

文字变形

图4-16　文字变形按钮

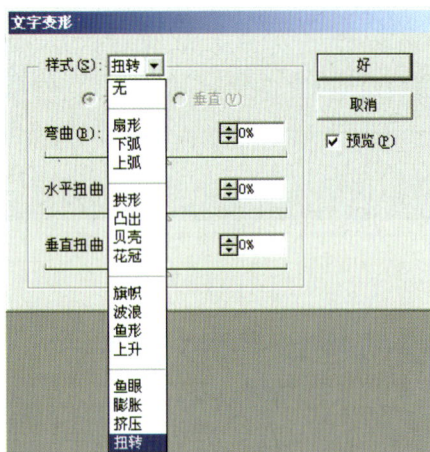

图4-17　文字变形方式选择　　　　　　　图4-18　文字变形参数设置

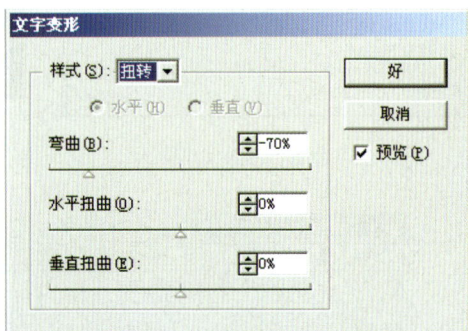

分别选择动画面板的2、3、4帧格，将弯曲参数设置为 −25%、25%、70%，完成文字变形动画的制作，如图4-19所示。播放动画可看到文字在左右扭动，表现了圣诞之夜的欢乐气氛。

图4-19　文字变形动画

3．利用液化工具制作变形动画

（1）画面制作

将准备好的图片打开，把图层名改为"原图"。复制该层并命名为"变形1"，执行"滤镜"/"液化"命令，弹出液化面板，利用面板上的凸出工具◇将中间的山峰作适当凸出，如图4-20所示。继续复制"变形1"图层并命名为"变形2"，把"变形2"图层右边的山峰作凸出处理，完成两个变形画面的制作。

利用文字工具输入"桂林山水甲天下"几个字，选择"桂林"两字并将其尺寸加大，颜

色设置为红色，其他字颜色设置为绿色，完成文字图层制作。

图 4-20 液化面板

(2) 动画制作

单击"窗口"/"动画"命令打开动画面板，在该面板选中第一个帧格，然后在图层面板上显示"原图"和"文字"图层，单击◉关闭其他图层，完成动画第一帧制作。单击动画面板新建帧按钮�新建第二帧，单击◉只关闭"变形 2"图层，显示其他图层，完成动画第二帧制作。继续新建第三帧，单击◉显示所有图层，完成动画第三帧制作。完成后的动画及图层面板显示如图 4-21 所示。

图 4-21 最终完成的动画

4．利用调整菜单制作变色动画

（1）画面制作

以绿色为背景新建一个文件，打开准备好的柑橘图片，用移动工具将其拖入新建文件内。复制"柑橘"图层两次，分别将图层命名为"柑橘1"、"柑橘2"。激活"柑橘1"图层，执行图像/调整/色调/饱和度命令，弹出色调/饱和度调整面板，将色调参数调至 -30，此时柑橘变黄，如图 4-22 所示。按照同样的方法，将"柑橘2"图层的图像色调参数调到 -50，这时的柑橘黄里透红。最后利用文字工具输入"巴川柑橘熟了"，并将熟字加大。

图 4-22　色调/饱和度调整面板

（2）动画制作

选择动画面板上的第一帧格，打开背景、"柑橘"以及文字图层，关闭其他图层。单击新建帧按钮，新建两个动画帧格。选择第二帧格，关闭"柑橘"、"柑橘2"图层，打开其余图层，制作好动画第二帧。选择第三帧格，关闭"柑橘"、"柑橘1"图层，打开其余图层，完成动画的制作，如图 4-23 所示。

图 4-23　变色动画

5．利用滤镜制作特效动画

（1）画面制作

在本例中我们利用滤镜制作一个变焦转场特技动画。新建一个文件，将两张图片分别放在图层"A小"和图层"B小"上，将"A小"、"B小"图层复制两次，并将复制的图层改名为"A中"、"A大"和"B中"、"B大"，如图 4-24 所示。

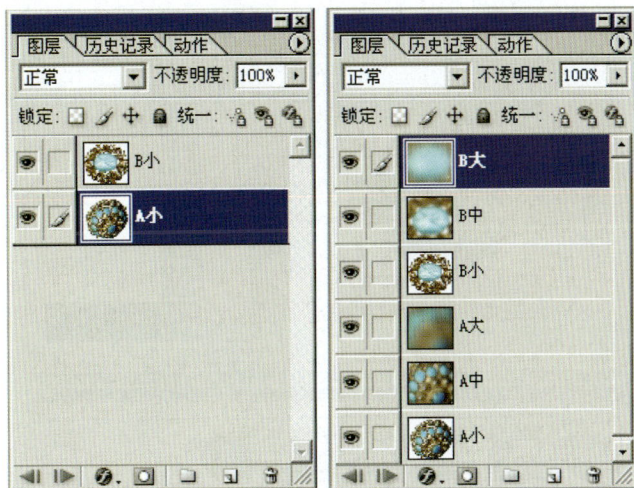

图 4-24　图层的复制

单击图层"A中"，按 Ctrl+T 组合键进行自由变换，将该图层上的图片放大 50%，并将放大后的图片与中心对齐，再单击图层"A大"，将图片放大 100% 并与中心对齐。用同样的方法处理图层"B中"和"B大"。

接下来对图片作模糊处理，单击图层"A中"，执行滤镜/模糊/高斯模糊，将模糊半径调到 10。用同样的方法将图层"A大"进行模糊处理，将模糊半径调到 60，如图 4-25 所示。

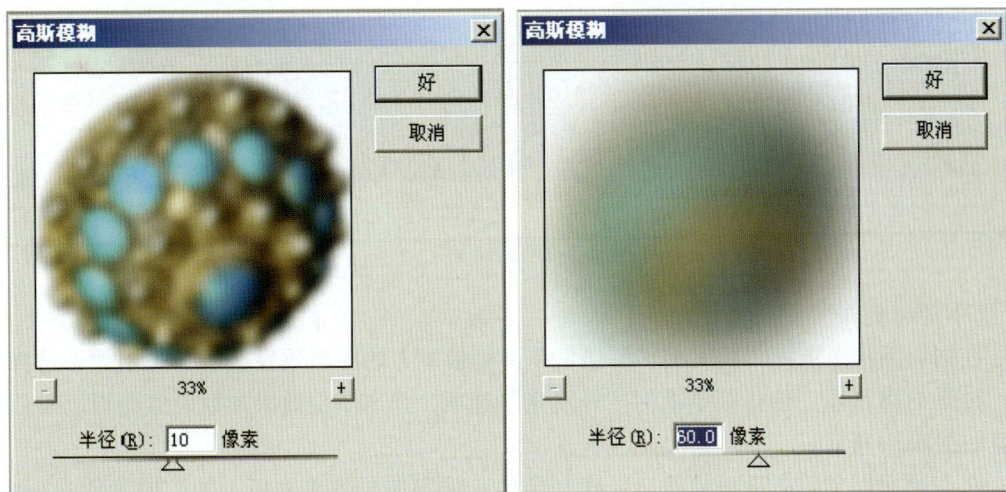

图 4-25　模糊处理

对图层"B中"和"B大"的处理与此完全相同。

(2) 动画制作

在动画面板上单击新建帧按钮5次,新建5个帧格,分别在1～6帧格内只打开"A小"、"A中"、"A大"、"B大"、"B中"、"B小"图层,关闭其他图层,完成的动画如图4-26所示。

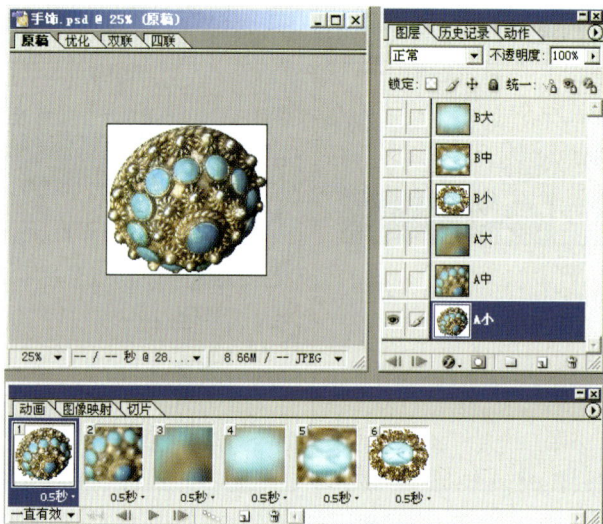

图4-26　模糊动画

6．利用图层效果制作发光动画

(1) 文字制作

新建一个文件,设置背景色为蓝色,利用文字工具分别输入"猜金牌"和"获大奖",并设置好文字的字体、颜色及大小,在图层面板上增加了两个文字图层,如图4-27所示。

图4-27　文字制作

(2) 动画制作

在图层面板上选择"获大奖"图层,单击面板下方的图层效果按钮,弹出效果选择菜单,如图4-28所示,选择菜单上的"外发光"选项,弹出图层效果参数设置面板,参数的设置如图4-29所示。

在动画面板上单击新建帧按钮新建一个帧,调整图层效果面板上的扩展参数为10%。重复以上操作,只是将3、4帧格的扩展参数分别设为20%和30%。完成后的4帧画面如图4-30所示。

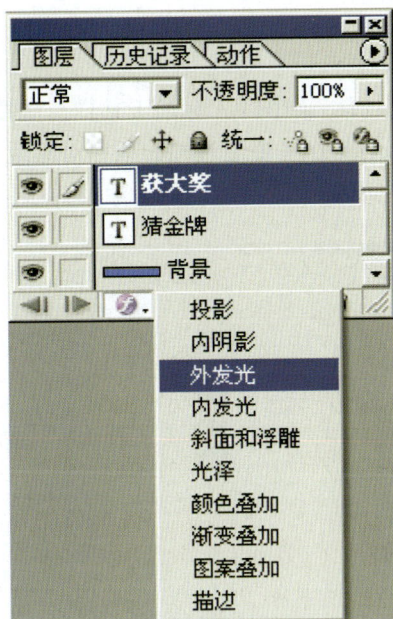

图 4-28 设置图层效果

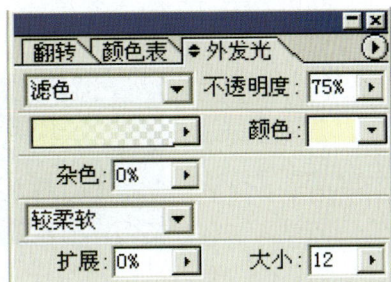

图 4-29 调整效果参数

图 4-30 发光文字动画

　　以上列举了几种在 ImageReady 中制作动画的常见技巧和方法，由于软件本身具有很强的灵活性，动画制作的技巧和方法远非仅仅是所列举的几种。只要你对 Photoshop 的功能十分熟悉，综合这些功能可以创造出很多动画制作技巧和方法。

4.2　GIF Animator 动画制作

　　GIF Animator 是 Ulead 公司推出的一个 GIF 动画制作软件，目前较新的版本是 5.0 版。该软件主要擅长制作转场动画和将视频影像转化为 GIF 动画。与 Adobe 公司的 ImageReady 相比，动画的画面制作能力较弱，动画制作的灵活性较差，但使用更简单、方便，更容易学习和掌握。

4.2.1 界面介绍

该软件的界面由帧面板、对象面板、工具面板、菜单区、标准工具栏、属性工具栏以及中间的动画显示区组成，如图4-31所示。动画的制作主要通过帧面板和对象面板来完成，帧面板主要完成动画帧的编辑，对象面板主要完成组成动画画面的对象及其属性编辑。

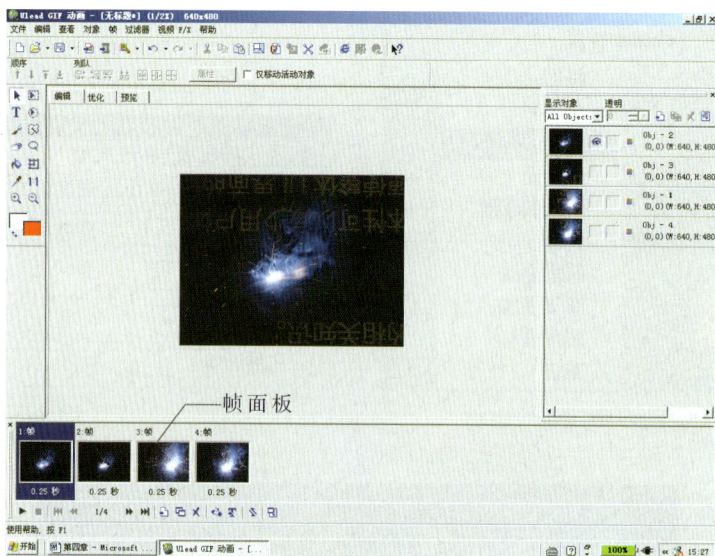

图4-31　GIF Animator 界面

4.2.2 利用动画向导制作动画

（1）打开文件菜单，单击菜单上的动画向导选项，弹出如图4-32所示的画布尺寸设置面板，在该面板尺寸栏内可选择预置的标准尺寸，也可在长、宽栏内输入自定的画布尺寸，确定好画布尺寸后，单击"下一步"按钮，进入图4-33所示的选择文件面板。

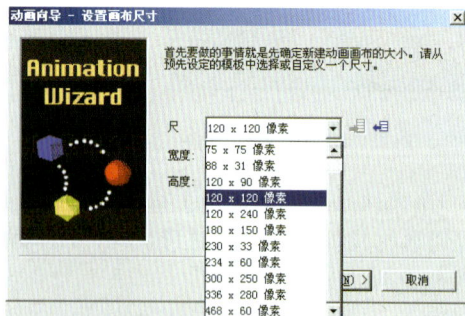

图4-32　画布尺寸设置

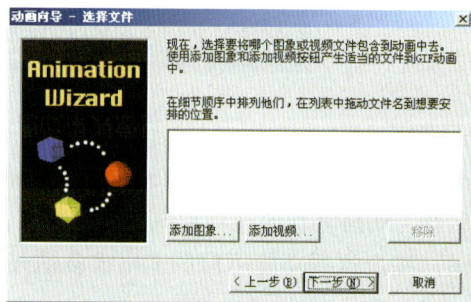

图4-33　选择文件

（2）在文件选择面板上选择制作动画的素材类型，有添加图像和添加视频两个按钮，单击添加图像按钮，则引用已有的图像文件来制作动画；而单击添加视频按钮，则引用已有的视频文件来制作动画。在本例中，我们单击添加图像按钮，弹出打开文件面板，如图4-34所示。

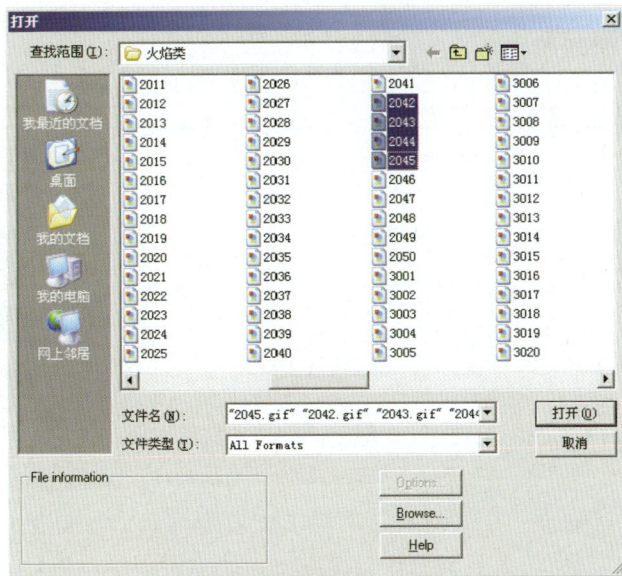

图 4-34 打开文件

（3）在打开文件面板上，使用鼠标单击文件 2042.gif，然后按下 Shift 键再单击文件 2045.gif，完成连续多个文件的选择，单击"打开"按钮，又回到选择文件面板，再单击选择文件面板上的"下一步"按钮，弹出如图 4-35 所示的画面帧持续时间设置面板，面板上可通过帧持续时间或帧播放速度（帧/秒）来设置动画速度。设置完后单击"下一步"按钮，弹出图 4-36 所示的向导完成面板，单击该面板上的"完成"按钮，结束动画向导过程，回到动画制作界面，完成的动画如图 4-37 所示。

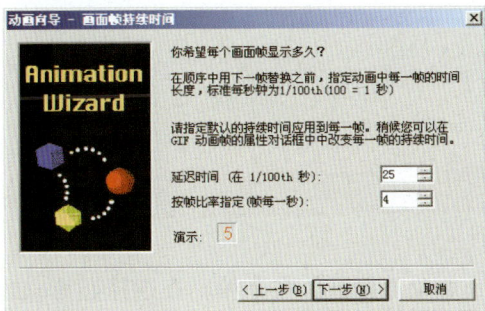

图 4-35 设置动画速度

图 4-36 动画制作完成

（4）保存动画。单击文件菜单，选择保存为选项下的 GIF 格式，在弹出的文件保存面板上选择好保存的驱动器和文件夹，在文件名框内输入文件名后，单击保存按钮即可。值得注意的是：如果使用文件菜单的保存选项，则将文件保存为该软件本身的 UGA 格式，并非 GIF 动画格式。

4.2.3 帧面板的使用

帧面板如图 4-38 所示，帧的编辑主要通过其上的功能按钮来完成，下面分别加以介绍。

>>>>>>>>>

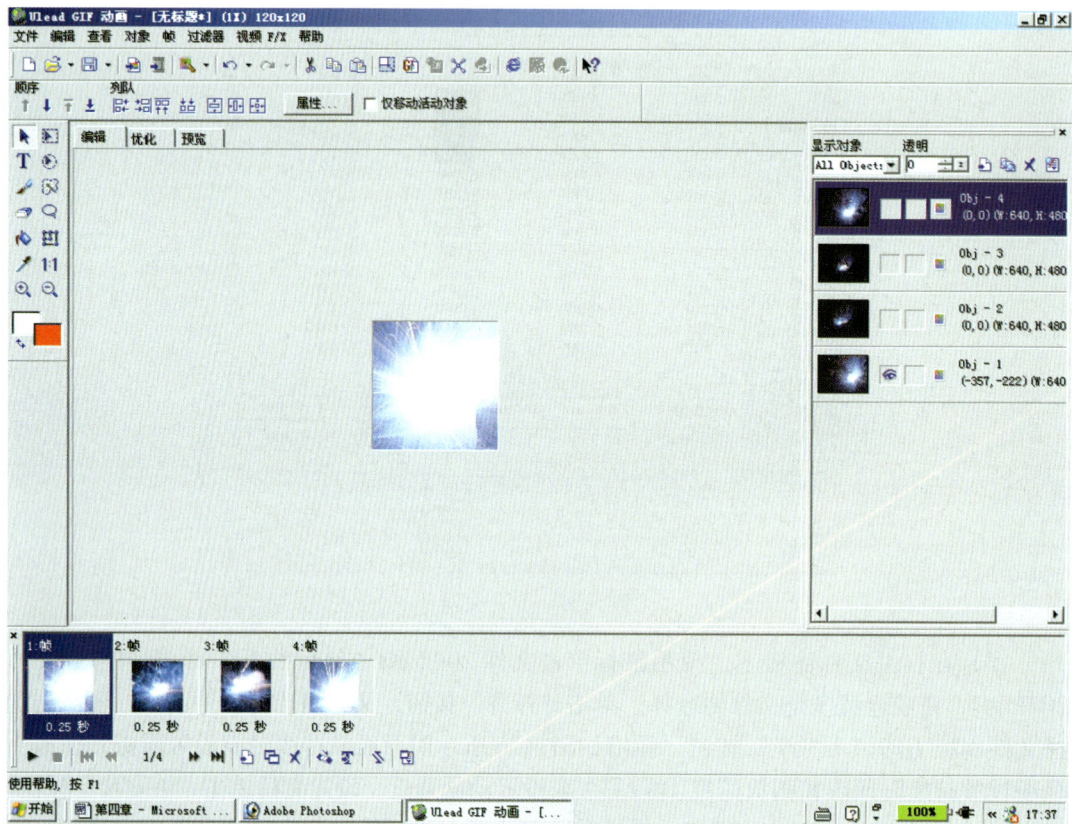

图 4-37   向导完成的动画

图 4-38   帧面板

1. 帧的选择

选择一个帧时，用鼠标单击指定帧格即可；如果选择连续多个帧，在选择好第一帧格后，按下 Shift 键再单击后一帧格，这样就选中两个帧格之间的所有帧；如果要选择非连续的多个帧，在选择了第一帧后，再按下 Ctrl 键后再单击其余的帧。

2. 新建帧

单击帧面板上的新建帧按钮 ，在帧面板上新建一个空白帧，该空白帧位于当前选择帧之后。

3. 复制帧

先选择好要复制的帧，然后单击帧面板上的复制帧按钮 ，则复制出的帧位于选择帧之后；如果是复制多个帧，则复制出的帧在最后一个选择帧之后。

4. 帧的删除

先选好要删除的帧，然后单击帧面板上的删除按钮 ✕ 即可。

5. 帧的移动

选择好要移动的帧，用鼠标将其拖动到目标位置即可。

6. 帧反序

帧反序可分为整个动画反序和选择帧反序两种情况。如果要使整个动画反序，直接单击帧面板上的反序按钮 ⟋ 后，在弹出的反序面板上单击确定按钮即可。如果要反序选择帧，则首先选择好要反序的帧，然后单击帧反序按钮即可。

7. 制作帧间过渡动画

单击帧面板上的过渡动画制作按钮 ✦，弹出过渡动画设置面板，如图 4-39 所示。左图是"画面帧"选项卡，可设置过渡的开始帧、结束帧以及过渡帧的产生方式、帧持续时间；如果用插入帧的方式来实现过渡，则在开始帧和结束帧之间会新增一些过渡帧。右图是"对象"选项卡，可选择过渡的对象及过渡属性。

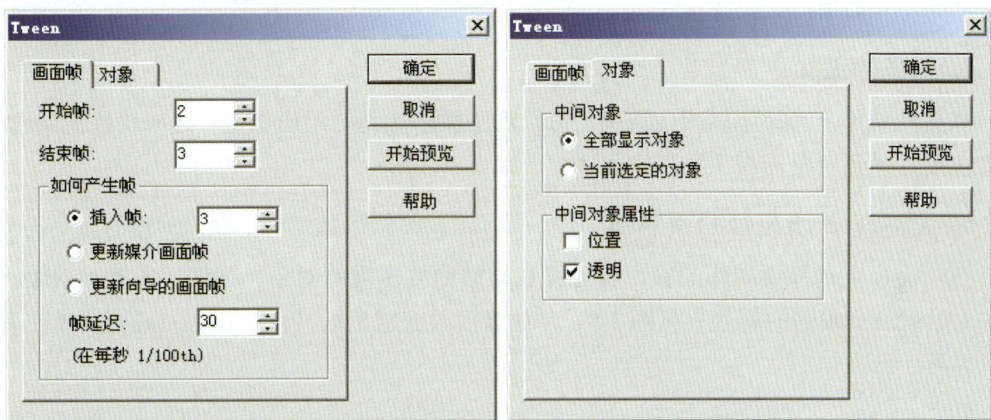

图 4-39　过渡动画设置面板

8. 动画速度设定

动画速度的设定是通过设定帧的持续时间来实现。先选好要改变持续时间的帧，然后单击帧面板上的帧属性按钮 🖼，在弹出的快捷菜单上选择帧属性选项，出现如图 4-40 所示的画面帧属性设置面板，在延迟栏内输入每帧的延迟时间，其单位为 1/100 秒。

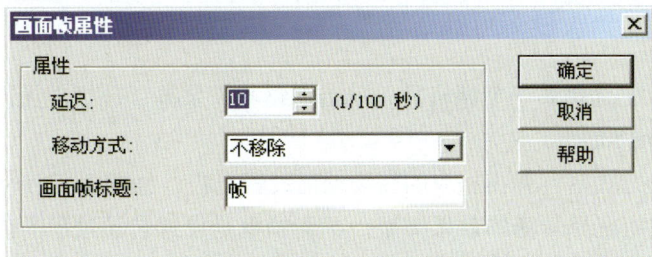

图 4-40　帧属性设置面板

>>>>>>>>>

4.2.4 对象面板的使用

1．对象面板的基本使用方法

对象的选择、新建、复制、删除、顺序的移动等基本操作与帧面板上对帧的操作相同，在此不再重述。

2．对象透明度的改变

在对象面板上选择要改变透明度的对象，在透明栏内输入数据或采用旁边的滑竿调节数值，数值越大，对象的透明度越高，如图4-41所示。

3．对象的锁定

单击对象的锁定方框，在方框内会出现一个锁的符号（见图4-41）。锁定后的对象不能进行编辑。再次单击该方框，可以解除对象的锁定状态，同时锁的符号消失。

图4-41　对象面板

4．对象的添加

在文件菜单上选择添加图像选项，可以将图像添加到对象面板上；选择软件视频选项，可将视频添加到对象面板上。

5．对象的开闭与帧画面制作

在帧面板上选择要制作的帧，将打开在该帧内要出现的对象，关闭不需要的对象。打开的对象有一个眼睛的符号（见图4-41）。如果要改变对象的开闭状态，只需再次单击开闭方框即可。

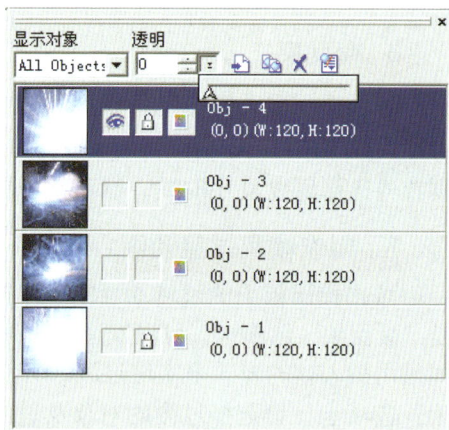

4.2.5 转场动画制作

（1）利用动画向导引入两个或多个场景画面，如图4-42所示。

图4-42　转场的三个画面

（2）在帧面板上选择第一个帧格后，单击视频F/X菜单，选择转场方式。在本例中选择Stretch/Cross Zoom-Stretch。

（3）选择转场方式后，弹出相应的转场动画设置面板，如图4-43所示。在面板上的效果类型框内可以重新选择转场的效果类型，画面帧框是设置转场过程的画面帧数，延迟时间框是设置每帧的持续时间，单位是1/100秒。X、Y是放缩的中心坐标，以百分比计算。参数设置完后，单击确定按钮完成第一场景画面到第二场景画面的转场动画制作。

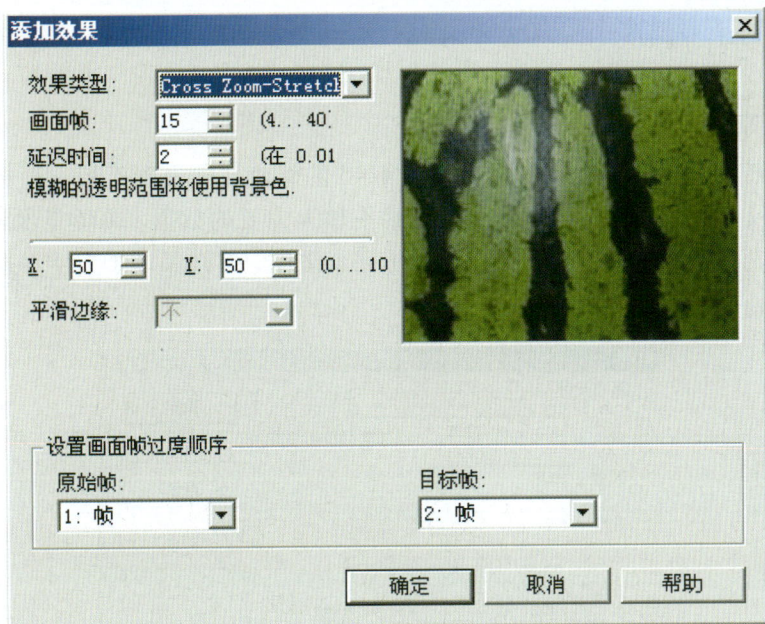

图 4-43　转场效果设置面板

(4) 在帧面板上选择第二场景画面的帧，选择 Turn Page-Film 转场效果，完成第二场景画面到第三场景画面的转场动画。

(5) 如果循环播放上述动画，你会发现第三场景画面和第一场景画面会连续出现，动画有跳跃的现象，因为第三场景画面和第一场景画面没有转场过渡画面。为了实现循环转场，我们将第一场景画面帧进行复制，并将复制帧移动到第三场景画面帧之后，然后单击第三场景画面帧，按照上述方法制作第三场景帧到复制帧帧间的转场动画。动画制作好后删除复制帧，以免在动画循环播放中第一场景画面连续播放两次。完成后的多场景循环转场动画如图 4-44 所示。

图 4-44　完成后的转场动画

4.2.6 文字动画制作

1. 新建文件

在文件菜单上选择新建项，弹出如图4-45的新建文件设置面板。画布尺寸可选择预置的标准尺寸，也可直接在宽度和高度栏内输入需要的数据，单位是像素；画布外观实际上是设置画布的背景，这里我们选择了完全透明，这样保证了文字动画的背景是透明的。

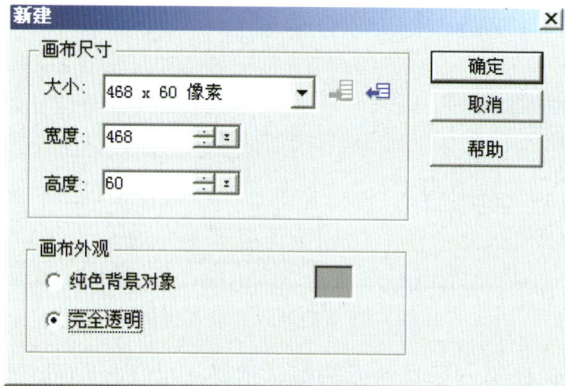

图4-45　新建文件面板

2. 导入背景图

如果需要在文字动画中放入背景图片，可单击文件菜单中的添加图像选项来导入。在本例中为了保持背景透明，没有导入背景图。

3. 输入文本

在帧菜单上选择添加条幅文本选项，或在帧面板上单击添加条幅文本按钮后，弹出添加条幅文本面板，如图4-46所示。在面板上选择好字体、颜色、大小以及文字的修饰后，输入动画文字，并在上部的文字显示框内通过移动调整好文字在画面中的位置。

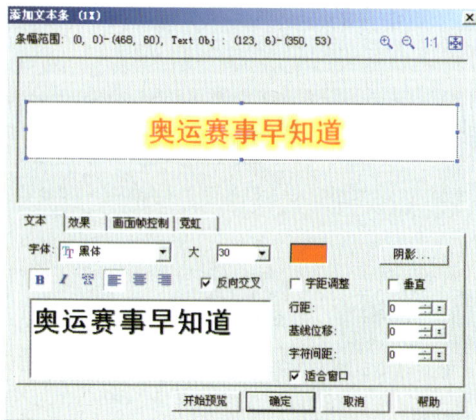

图4-46　添加文本条面板

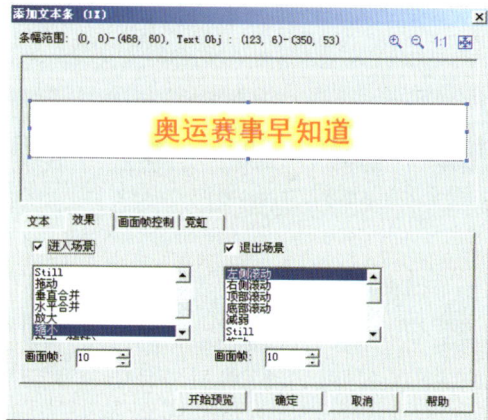

图4-47　文字效果设置

4. 效果设置

单击添加条幅文本面板上的效果按钮，得到条幅文本的效果设置界面，如图4-47所示。面板的左边是文字进入画面的动画方式选择和动画帧数设置，右边是文字退出画面的动画方式选择和动画帧数设置。

5. 画面帧控制

单击面板上的画面帧控制按钮，得到画面帧控制设置界面，如图4-48所示。面板上的关键帧是指进场动画和出场动画的连接帧，它是进场动画的结束帧，也是出场动画的开始帧，在该帧内显示动画文字输入时的大小和位置，它的延迟时间通常比其他动画帧长，以引起观者的注意，同时也表现出动画的节奏。注意帧的延迟时间是以1/100秒为单位设置的。

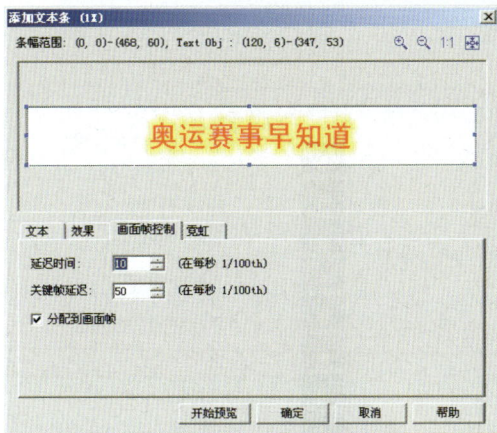

图 4-48　画面帧控制　　　　　　　　　图 4-49　霓虹设置

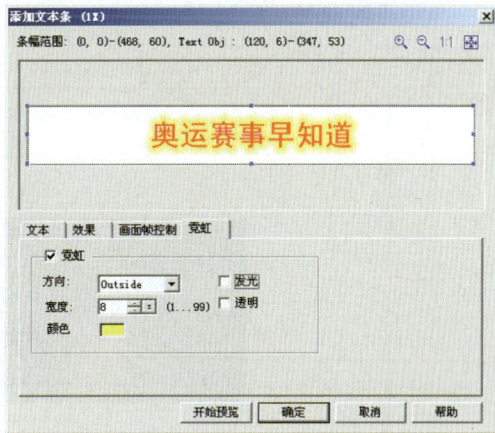

6. 霓虹设置

单击面板上的霓虹按钮，得到动画文字的霓虹效果设置界面，如图4-49所示。在面板上勾选霓虹旁边的方框，则动画文字产生霓虹效果，否则就不产生霓虹效果。方向栏内可选择 Outside（外发光）、Inside（内发光）或 Both（两者兼备），勾选旁边的发光方框，则文字产生发光动画，否则文字的发光效果是静态的。宽度栏是设置发光范围大小的，以像素为单位，勾选旁边的透明方框，则动画文字变为透明。颜色方框是设置发光颜色的，单击它会弹出调色板，在上面可选择需要的发光颜色。

7. 预览动画

单击面板上的预览按钮可预览制作好的文字动画。

8. 完成动画制作

单击面板上的确定按钮后，要弹出一个选择菜单，菜单上有"创建为单一对象"和"创建为文本条"两个命令，选择"创建为文本条"才能生成文字动画，如果选择"创建为单一对象"，则只生成一个静止的文字对象，不能产生动画。

4.2.7　使用视频制作动画

1. 新建文件

利用文件菜单新建一个动画文件，在文件设置面板上将画布的尺寸设置与要导入的视频尺寸相同。

2. 导入视频

选择文件菜单的软件视频文件命令，弹出添加视频文件面板，选择要导入的视频文件后，单击面板上的打开按钮，则开始自动导入视频的帧画面，导入完成后的情况如图 4-50 所示。

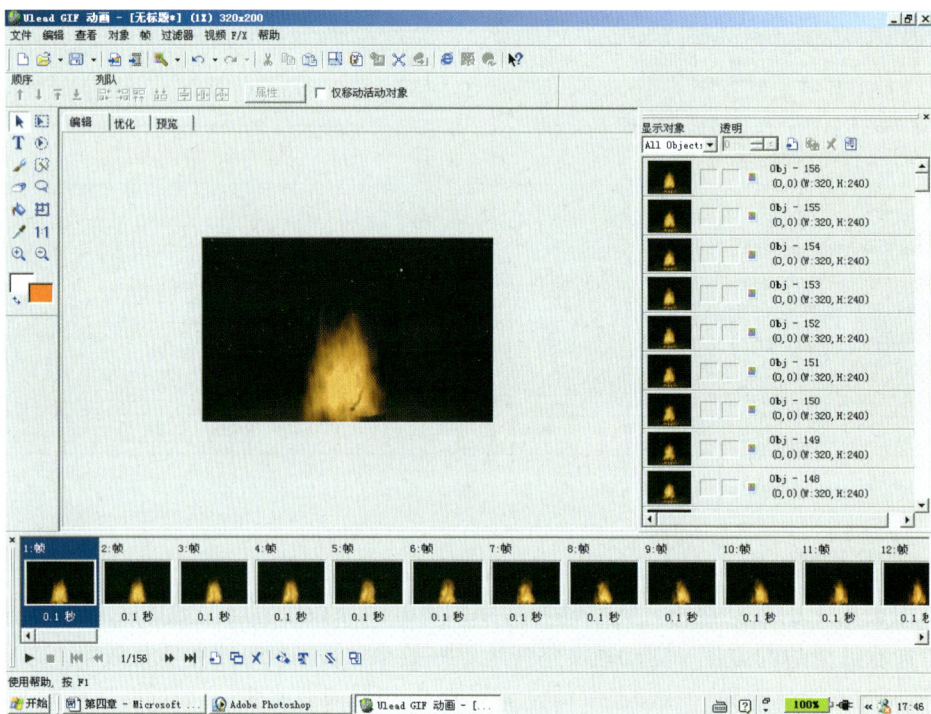

图 4-50　导入的视频

3. 缩小画面尺寸

由于视频的尺寸一般比较大，如果不将尺寸缩小，动画的数据量将会非常庞大。要缩小画面的尺寸，选择编辑菜单中的调整图像大小命令，弹出如图 4-51 所示的调整图像大小面板。勾选面板上的保持原样比例后，图像的长和宽始终保持等比变化；如果不勾选，则可以随意输入图像的长度和宽度。单位可选择像素和百分比，品质有优（Best）、中（Good）、差（Fair）三个等级。

4. 抽帧

在视频文件中，一般每秒有 25 帧，由它制作的动画虽然播放起来很流畅，但动画的数

图 4-51 图像大小调整面板

据量很大，如果放在网络上，动画的下载时间将会很长。网络上的动画，对播放流畅性的要求没有视频高，为了减小动画的数据量，可采用抽帧的办法来减少动画的帧数，抽帧的多少根据视频的情况和动画的要求具体确定，运动慢的可多抽一些，运动快的少抽一些。在本例的火焰动画中，三抽二（每三帧中抽掉两帧）后，动画质量可以接受。抽帧后，可按照抽帧数量的比例，相应加长每帧的延迟时间来保持动画的时间长度不变。

4.2.8 动画的连接

1. 调整动画尺寸一致

分别打开要连接的动画文件，利用编辑菜单中的调整图像大小命令将要连接的动画文件的画面尺寸调整一致。

2. 连接动画

打开第一个动画文件，在帧面板上选择动画的最后一帧。选择文件菜单中的添加图像命令，在弹出的添加图像面板的文件栏内选择要连接的一个或多个动画文件，再在面板的左下部单击"插入为新建帧"的单选按钮，如图 4-52 所示。最后单击"打开"按钮便将连接的动画帧插入到帧面板上，如图 4-53 所示。

3. 动画合并

打开第一个动画文件，在帧面板上选择动画合并的起始帧。利用文件菜单中的添加图像命令导入合并的动画文件，只是在添加图像面板上选择"在当前帧插入"单选按钮，并勾选其下的复选框，参见图 4-52。合并完成的动画帧如图 4-54 所示，从图中可以看到：原来两个圣诞老人单独舞蹈的动画在合并之后，形成了两人共舞的动画。

4.2.9 动画的优化

1. 优化正制作的动画文件

单击优化按钮，得到如图 4-55 所示的优化界面。在预置方框内选择优化算法后，在动画显示区内立即可看到优化前后的画面效果对比，在画面的上部可看到优化前后的文件数据量及动画在选定调制解调器速率下的动画下载时间，调制解调器速率可通过单击右上部的调制解调器按钮设定。优化完成后，单击右下部的保存按钮保存优化后的动画。

>>>>>>>>

图 4-52　添加连接的动画文件

图 4-53　连接好的动画

图 4-54　两个动画的合并

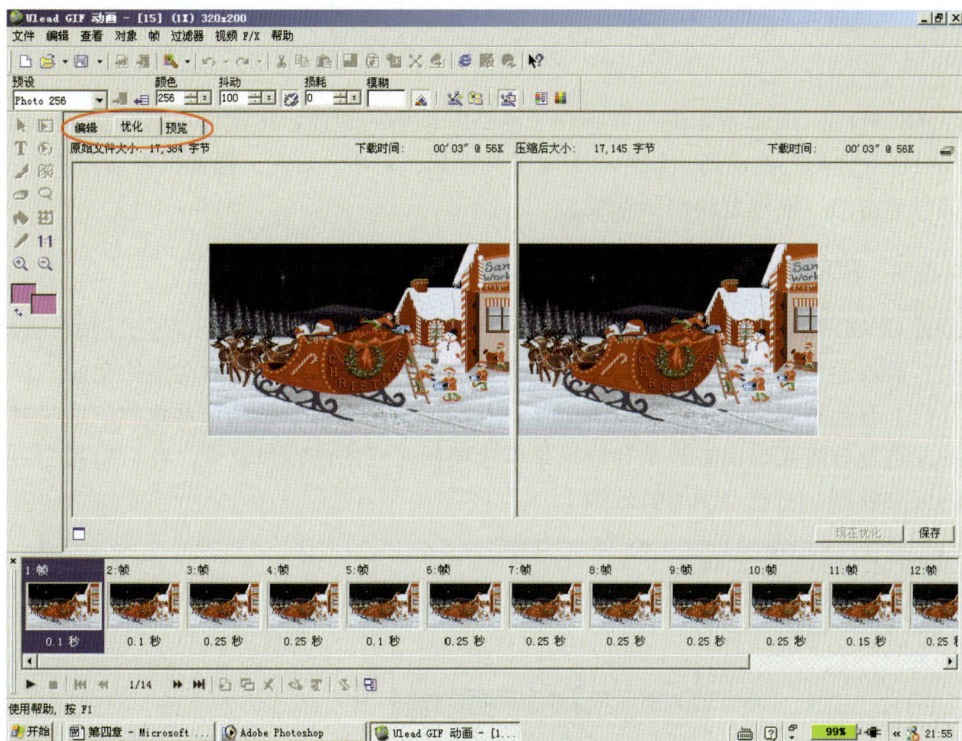

图 4-55　动画优化界面

2．批量优化动画文件

　　单击文件菜单的批量处理命令，弹出如图 4-56 所示的批处理面板。在面板上选择"按文件夹"单选按钮，通过浏览按钮选择要优化的动画文件夹，如果勾选了"包括子目录"，将会对选定文件夹下子目录内的动画文件一起优化；如果选择"按文件"单选按钮，则直接单击"选择文件"按钮选择要优化的一个或多个动画文件。勾选"创建新文件"复选框，优化后的动画文件将保存在一个新的文件夹内，通过"浏览"按钮选择其保存的文件夹，如果再勾选"删除原始文件"，将会删掉原始动画文件。如果不勾选"创建新文件"，优化后的文件将覆盖原始动画文件。优化的算法通过优化预设框选择，设置完成后，单击确定按钮便弹出动画批处理程序面板，开始批量优化，结束后单击其上的退出按钮。

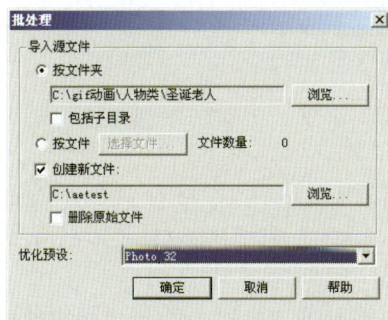

图 4-56　批量优化面板

4.3　COOL 3D 动画制作

COOL 3D 是 Ulead 推出的一款制作三维 GIF 动画的软件，该软件可制作文字、简单几何体及组合立体的三维动画。软件中引入了关键帧、材质、灯光、摄像机等动画制作手段，还提供有丰富的三维模型和动画特效。

4.3.1　界面介绍

启动 COOL 3D 后，动画的制作界面如图 4-57 所示。动画工具栏是设置关键帧、设置动画帧数、播放速度以及播放控制的地方；位置工具栏上显示被选动画对象的空间坐标；对象工具栏上有动画对象的制作和编辑工具；几何工具栏上可调整动画对象的三维尺寸；百宝箱的左边是分级菜单，右边是与分级菜单选项相对应的内容和效果，在百宝箱上可选用预置的三维模型、材质、动画特效等。

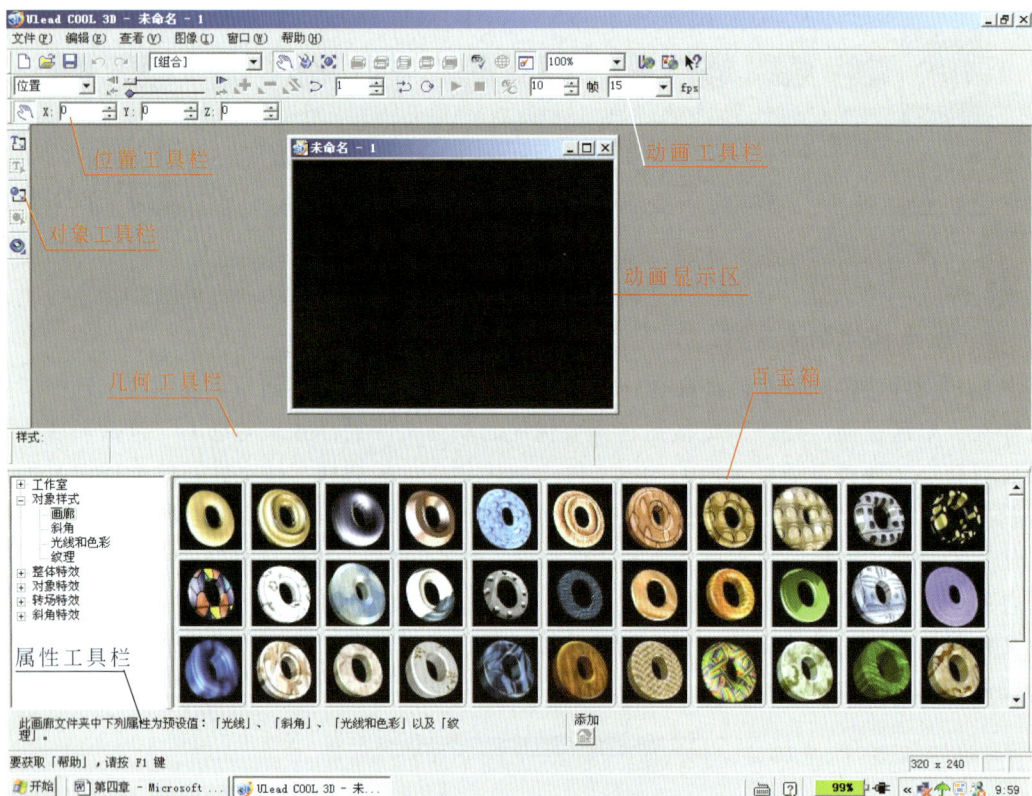

图 4-57　COOL 3D 界面

4.3.2　关键帧动画制作

1. 新建文件

单击文件菜单的新建命令或标准工具栏上的新建按钮便可完成文件的创建。

<<<<<<<<<<

2. 动画设置

单击图像菜单的尺寸选项，弹出如图4-58所示的动画尺寸设置面板。在该面板上自定义和标准两种设置方式，自定义设置可根据需要输入长度和宽度数据，其单位可选择像素、英寸、厘米，在制作网络广告动画是一定要选择像素；标准设置可根据用途选择预置的标准动画尺寸。动画显示质量和输出质量的设置仍通过图像菜单进行，单击图像菜单的显示质量命令，弹出质量等级菜单，为了加快动画在制作时的显示速度，选择"一般"即可；单击图像菜单的输出质量命令设置动画的输出质量，等级的选定根据需求而定，要权衡质量和数据量大小的矛盾，质量越高，数据量就越大。动画的总帧数和播放速度在动画工具栏上设置，在相应的方框内输入或选择好需要的数据即可。

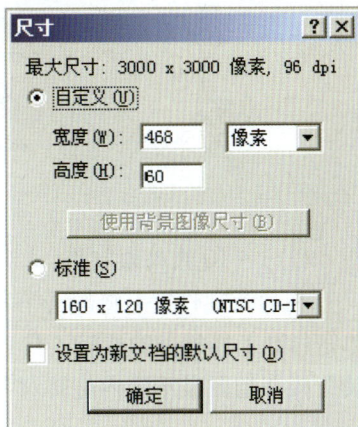

图 4-58　动画尺寸设置面板

3. 制作动画对象

单击对象工具栏上的文字输入工具，弹出如图4-59所示的文字输入面板。在该面板上选择好字体、文字尺寸、修饰类型，输入文字后单击确定按钮即可。如果需要对文字进行重新编辑，可单击对象面板上的文字编辑工具进行文字编辑。

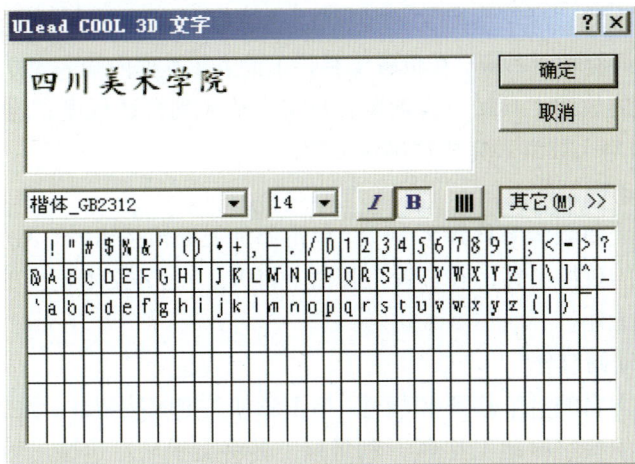

图 4-59　文字输入面板

4. 动画制作

本动画总帧数为40帧，1~10帧文字绕水平轴旋转360°，11~20帧绕中心旋转并放大，21~30帧文字缩小为原始大小，31~40帧文字从左边移出。具体制作方法如下：

（1）添加动画背景

单击百宝箱左边下拉列表框中的"工作室→背景"，在右边可看到预置的各种背景图案，如图4-60所示。双击需要的背景图案图标，便可设置好动画的背景，如果需要更改，重新双击其他图案图标即可。要导入自己的图片作为动画背景，单击百宝箱下部的外部图像导

> > > > > > > > >

入按钮 🖼 即可。

图 4-60　背景设置面板

（2）1～10 帧动画制作

在动画制作栏上将帧滑竿移到 10 帧处，单击 ➕ 按钮添加一个关键帧，如图 4-61 所示。单击标准工具栏上的旋转工具 🔄 后，在位置工具栏的 X 文本框内输入 360。也可利用旋转工具直接在动画显示区内旋转对象，但不易准确控制。

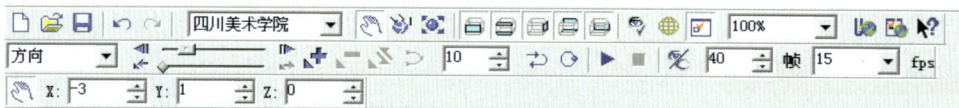

图 4-61　动画工具面板

（3）11～20 帧动画制作

在动画工具栏上将帧滑竿移到 20 帧处，单击添加关键帧按钮 ➕，添加一个新的关键帧。单击标准工具栏上的旋转工具 🔄，在位置工具栏上的 Z 文本框内输入 360，完成旋转的制作。单击标准工具栏上的放缩工具 🔍，拖动鼠标将文字放大到合适程度，也可在位置工具栏的 X、Y、Z 文本框内输入数值来完成精确的放缩。

（4）21～30 帧动画制作

在动画工具栏上将帧滑竿移到 30 帧处，单击添加关键帧按钮 ➕，添加一个新的关键帧。单击标准工具栏上的放缩工具，在位置工具栏上将 X、Y、Z 文本框内的数值改为 100，这样文字就回到原始大小。

（5）31～40 帧动画制作

在动画工具栏上将帧滑竿移到 40 帧处，单击添加关键帧按钮 ➕，添加一个新的关键帧。单击标准工具栏上的按钮移动工具 ✋，利用该工具将文字从左边移出画布。

5. 添加文字材质

单击百宝箱左边列表框中的"对象样式→纹理"，在右边可看到有动态的和静态的多种纹理样式，如图 4-62 所示。双击需要的纹理样式图标，便设置好了文字的材质，再双击其他纹理图标，则替换为新的纹理。要取消纹理，只需将勾选的"使用纹理"选项取消即可。如果要导入自己的纹理图片，可单击 🖼 按钮。

6. 添加色彩和光线

单击百宝箱左边列表框中的"对象样式→光线和色彩"，在右边可看到多种动态和静态的光照效果，如图 4-63 所示。双击需要的效果图标就设置好了文字的光照效果。如果对效

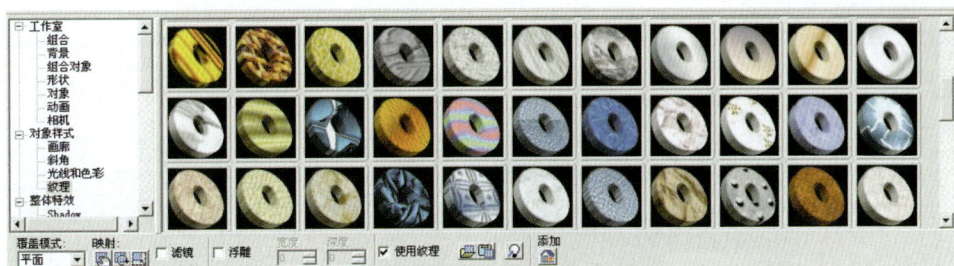

图 4-62　纹理设置

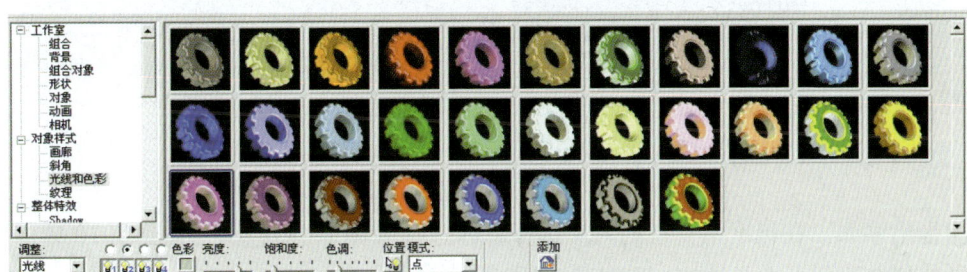

图 4-63　光照效果设置

果不满意，可通过下面的属性工具栏调整光线和色彩的各种要素。

7．动画的保存与输出

　　单击文件菜单的保存或另存为命令可保存动画制作文件，其文件格式是 COOL 3D 的专用格式，打开保存的文件后可对动画继续进行编辑和制作。要将动画输出为 GIF 动画格式，要单击文件菜单的创建动画文件命令，并选择其下的 GIF 动画文件子菜单。COOL 3D 制作的动画还可输出为视频和 Flash 动画格式，在文件菜单上选择相应命令即可。

4.3.3　几何体动画制作

　　本动画利用 5 个圆环从不同方向飞出奥运五环图案，然后绕纵轴旋转一周后停止，接着出现 BEIJING 2008 字样，并且每个字母依次转动。具体制作方法如下：

1．制作动画对象

　　单击对象工具栏上的标准立体制作工具的小三角，在弹出的下拉选择面板上选择圆环体，这时在画布上可看见制作好的圆环体。由于圆环的大小和方向不符合要求，必须通过几何属性工具栏和位置工具栏进行调整，单击标准工具栏上的旋转工具，在位置工具栏的 X 文本框内输入 90，使其绕水平轴旋转 90 度；在几何属性工具栏上将半径调整为 15，厚度调整为 2，得到如图 4-64 右边的正向小圆环。依此方法制作好其余 4 个圆环。

2．圆环动画制作

(1) 1～10 帧动画制作

在动画工具栏上将动画置到第一帧，将 5 个圆环分别从右上、上中、左上、左中、右

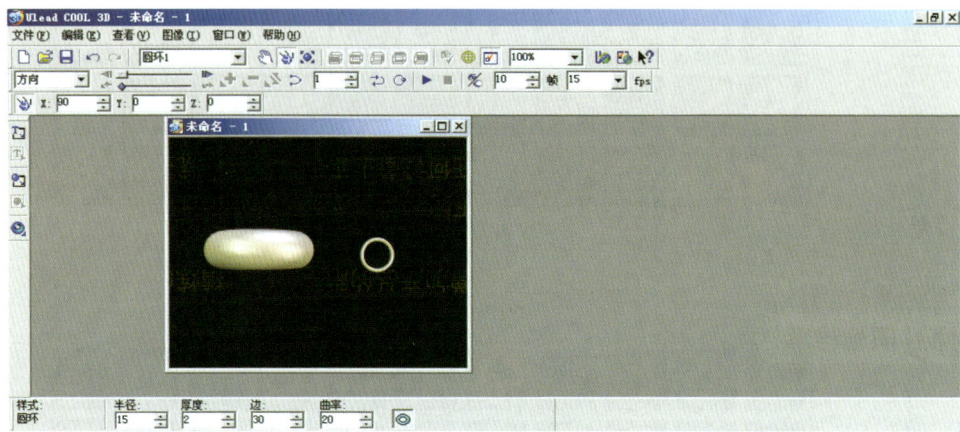

图 4-64　制作好的圆环

中方向拖出画布。在标准工具栏的对象选择框内选择圆环 1，将帧滑竿拖到第 10 帧，按添加关键帧按钮添加一个关键帧，将圆环 1 拖到画布的适当位置。按此方法制作其他 4 个圆环的动画，在第 10 帧上，5 个圆环组成五环图案。

(2) 11～20 帧动画制作

为了制作 5 个圆环在 11～20 帧整体旋转的动画，在标准工具栏的对象选择列表框内选择"组合"，拖动帧滑竿，在第 10 和 20 帧处分别建立关键帧，在 20 帧处单击旋转工具，然后在位置工具栏的 Y 文本框内输入 360，这样在 11～20 帧内，五环图案整体绕纵轴旋转一周。

3. 文字动画制作

(1) 文字的隐藏

由于在 1～20 帧内，按照要求不能出现文字，必须将文字在此期间隐藏，因此在准工具栏的对象选择列表框内选择文字对象 BEIJING 2008，将帧滑竿拖到第一帧，在动画工具栏左侧的动画属性选择列表框内选择"显示/隐藏"，单击动画工具栏上的显示/隐藏按钮 ❌，使文字隐藏，再将帧滑竿拖到 20 帧处添加一个关键帧，再次单击显示/隐藏按钮 ❌，使文字显示，这样就实现了在 1～20 帧内文字隐藏，在 20 帧后文字显示。

(2) 文字位置动画

在动画工具栏左侧的动画属性选择列表框内选择位置属性，将帧滑竿拖到 20 帧处添加一个关键帧，并利用移动工具调整好文字的位置，再将帧滑竿拖到 30 帧处添加一个关键帧。这样在 21～30 帧内，文字的位置不变。

(3) 添加特效动画

选择文字对象，在百宝箱左边选择"对象特效→Token Rotate（G）"，如图 4-65 所示，双击右边满足要求的动画示例方框，就赋予了文字对象该种特效动画形式。

图 4-65　特效动画设置

4．动画对象的纹理与色彩

　　分别选择各个动画对象，在百宝箱内按照前述的方法给每个对象赋予纹理和色彩。在此不再重述。完成后的动画如图 4-66 所示。

图 4-66　BEIJING 2008 动画

4.3.4　三维造型

1．从二维到三维

　　（1）绘制二维形状

　　单击对象工具栏上的插入图形按钮 ，进入路径编辑器，如图 4-67 所示。在路径编辑器内有标准形状工具和任意形状造型工具，单击 按钮，标准形状工具出现在路径编辑器的上部，它可以绘制矩形、多边行、星形、圆四种标准形状；单击旁边的 按钮使其生效，可绘制长、宽相等的标准形状；单击 使其生效，标准形状从中心开始绘制；单击 使其生效，则可在其右边的参数文本框内输入标准形状的长、宽、边数等数据，从而绘制出特定要求的标准形状。任意形状的造型工具在路径编辑器的左边，路径工具 可绘制直线和贝塞尔曲线，任意形状工具 可绘制任意曲线。

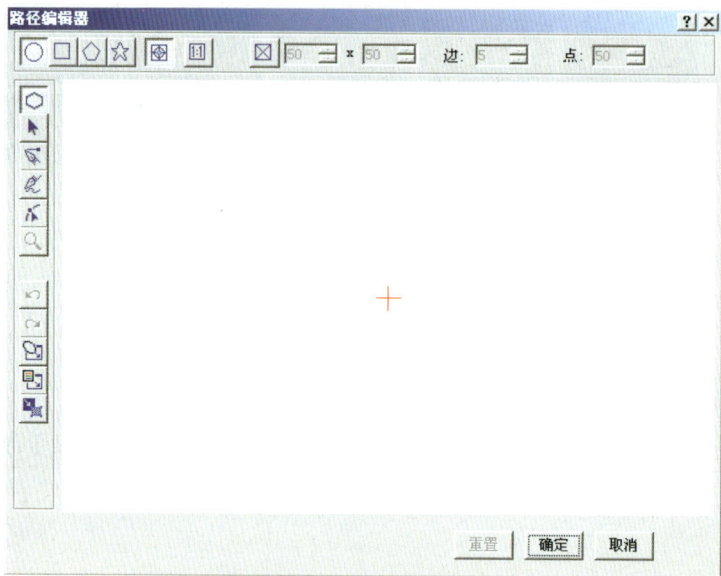

图 4-67　路径编辑器

(2) 形状的编辑

单击左边工具栏上的对象工具 ▶，通过框选或单击选择要编辑的形状，在路径编辑器的上部出现放缩、旋转、倾斜、透视、扭曲编辑按钮，单击这些按钮可进行相应的编辑，如图 4-68 所示。

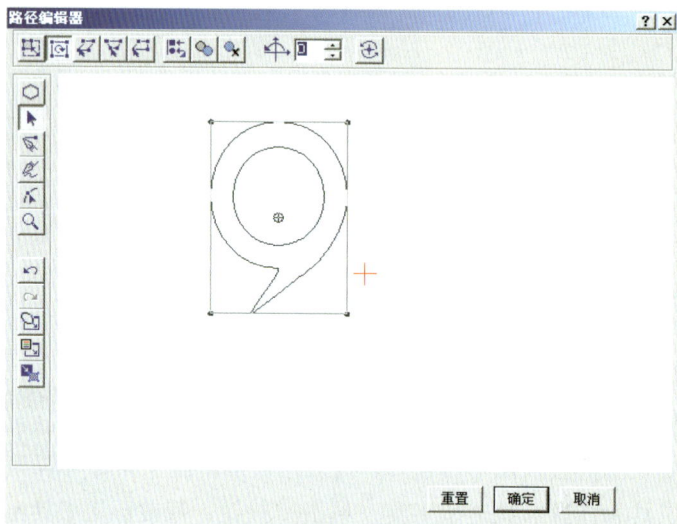

图 4-68　形状编辑

(3) 节点编辑

单击左边工具栏上的节点编辑工具 ▶，节点编辑工具出现在上部，如图 4-69 所示。可以添加、删除、移动接点，也可以将节点转换成直线或各种曲线，另外，通过移动节点上的编辑句柄可调整曲线的形态。

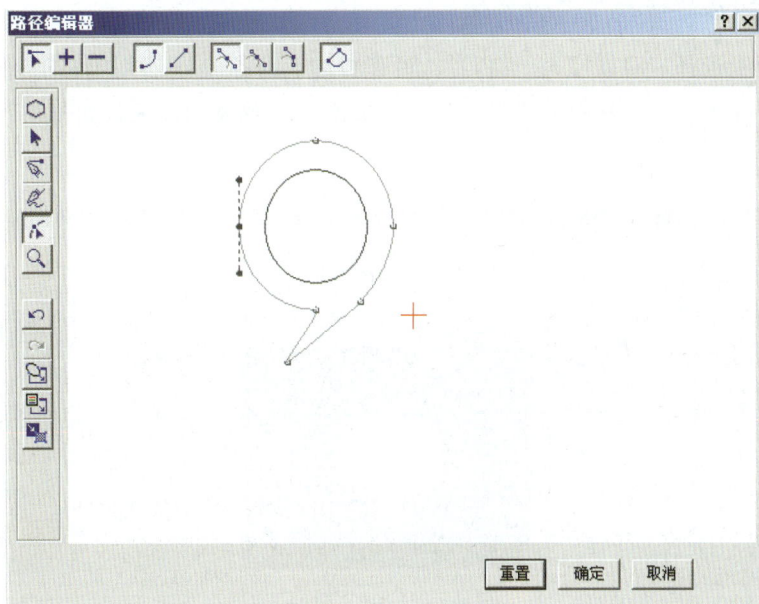

图 4-69　节点编辑

（4）常规编辑

● 形状的移动：利用对象工具选择对象后，拖动鼠标即可移动。

● 形状的删除：利用对象工具选择对象后，按 Ctrl+Del 键删除选择的对象。

● 形状的复制：利用对象工具选择对象后，按下 Ctrl 键拖动选择对象即可复制。

（5）生成三维物体

完成二维形状的绘制和编辑后，单击路径编辑器上的确定按钮就生成三维物体，如图 4-70 所示。三维物体是在二维形状的基础上拉伸而成，厚度可在尺寸属性的 Z 文本框内输入数据调整。对于已生成的三维物体，如果对其形状要进行编辑，可单击对象工具栏上的图形编辑按钮 🖼 重新进入路径编辑器。

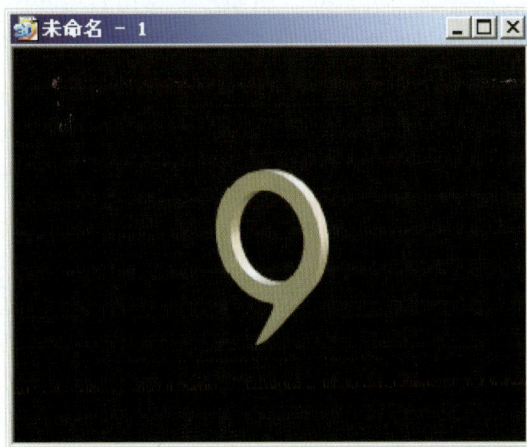

图 4-70　生成的三维物体

>>>>>>>>>>

2．利用对象样式加工三维物体

在百宝箱上选择"对象样式→斜角"，可在右边看到各种对三维物体的加工样式，有动态样式和静态样式，双击其中的样式方框，完成对三维物体的加工，如图4-71所示。在下部的斜角样式栏内，可调整样式的各项参数。

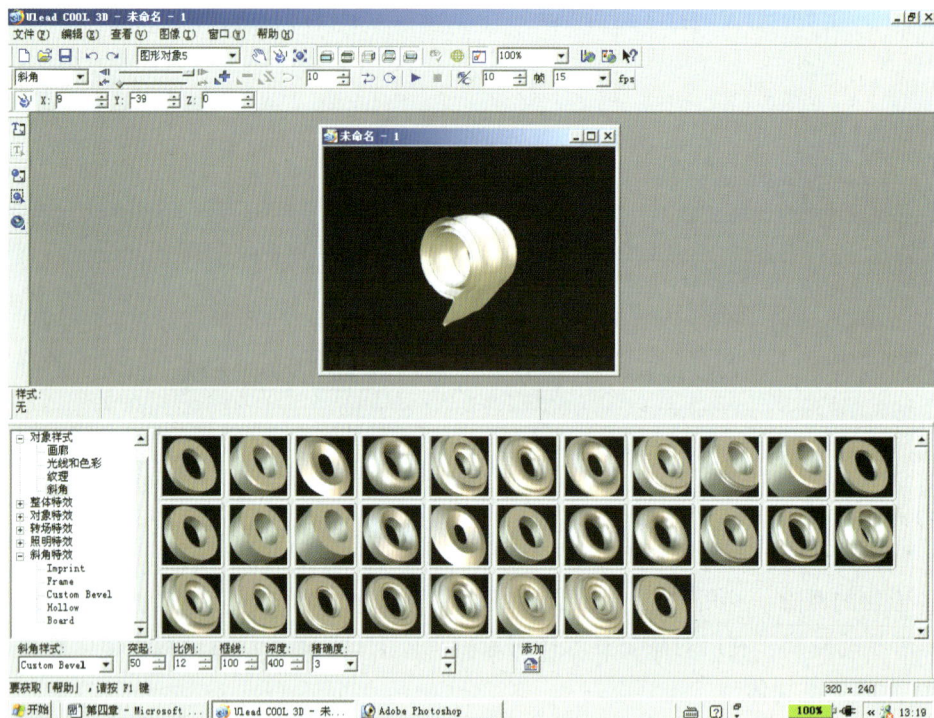

图4-71　样式加工的三维物体

3．利用斜角特效加工三维物体

（1）压印

在百宝箱上选择"斜角特效→Imprint（压印）"，双击右边的压印样式方框，得到压印加工的三维物体，如图4-72所示。在下部的斜角样式栏内，可调整压印参数。

（2）边框

在百宝箱上选择"斜角特效→Frame（边框）"，双击右边的边框选项，则为三维物体加上了相应的边框，如图4-73所示。

（3）倒角

在百宝箱上选择"斜角特效→Custom Bevel（倒角）"，双击右边的倒角样式方框完成倒角，如图4-74所示。

（4）镂空

在百宝箱上选择"斜角特效→Hollow（镂空）"，双击右边镂空板样式方框，则在板上出现镂空图案，如图4-75所示。

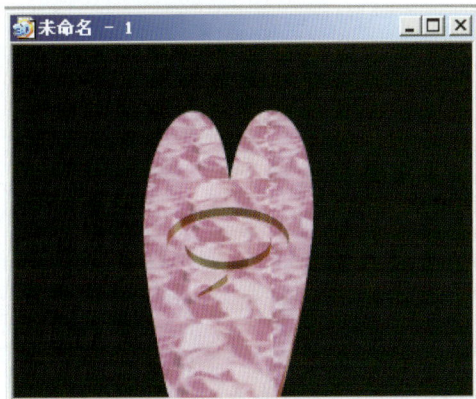

图 4-72　压印效果

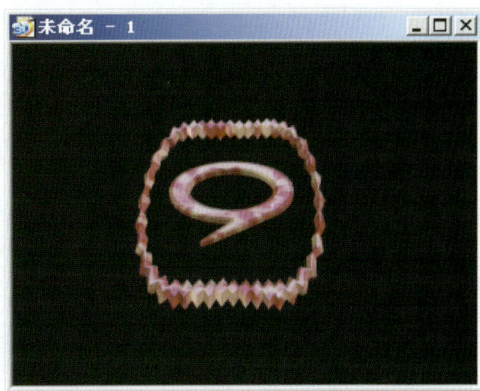

图 4-73　边框效果

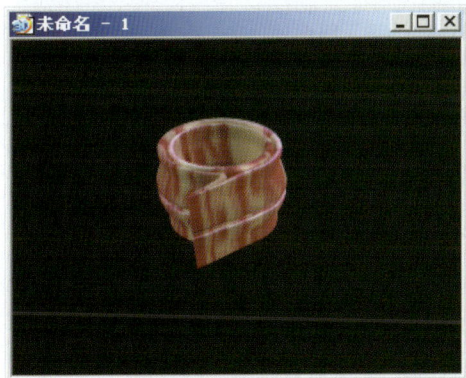

图 4-74　倒角效果

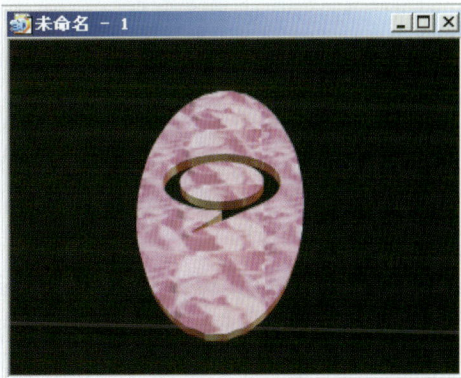

图 4-75　镂空效果

(5) 加底板

在百宝箱上选择"斜角特效→Board（板）"，在右边可看见各种样式的板，双击样式方框，则在三维物体的底部加上了底板，该底板和三维物体合为一体，如图 4-76 所示。

图 4-76　底板效果

4.3.5 特效动画

1. 整体特效

整体特效是针对所有对象添加特效动画，不能单独对某一对象添加。单击百宝箱左边的整体特效，可看见其下有 Shadow、Fire、Motion Blue、Lighting、云彩、Glow 等6 种特效动画，双击右边的特效方框，则对所有选择对象施加了选定的特效动画，如图 4-77 所示。

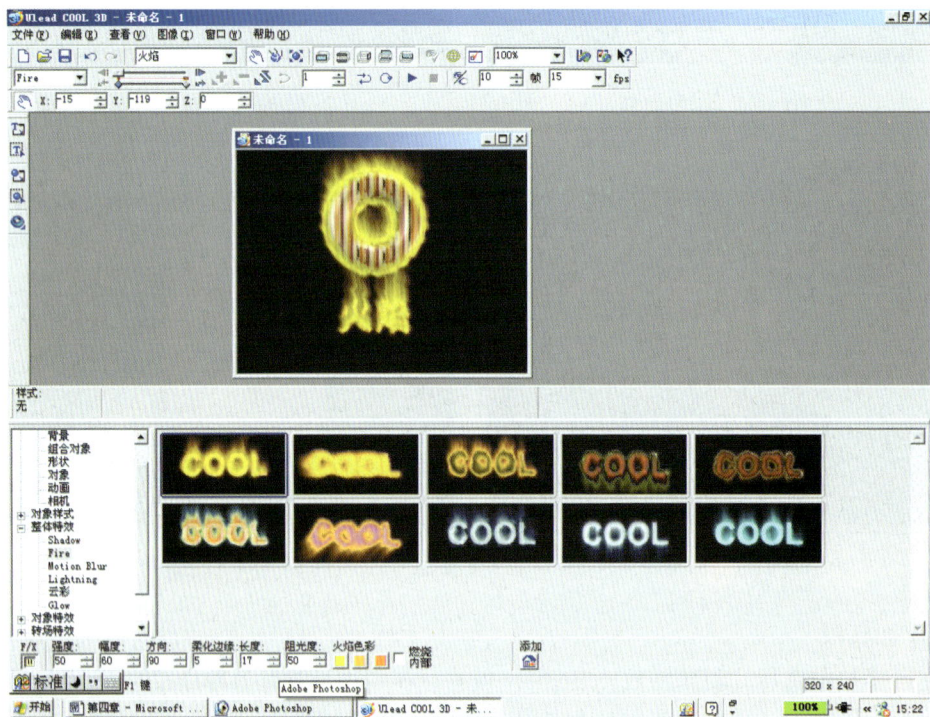

图 4-77　整体特效面板

施加的特效从动画的第一帧到最后一帧均存在，如果需要把特效动画限制在动画的某一时间段内，可通过调节特效的时间轴来实现，拖动图 4-78 上红线的两个端头即可将特效限制在红线所在的时间范围内。

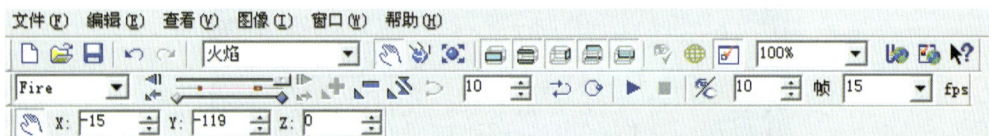

图 4-78　特效时间范围设置

整体特效动画可以多重添加，使动画对象同时有多种特效动画效果，在图 4-79 中可看到火焰特效和发光特效的混合效果。如果将多种动画特效的时间区间分别调整到不同的时段上，则特效动画依次出现，但不重叠。

图 4-79　多种特效混合

2．对象特效

对象特效只针对选定的动画对象添加，展开百宝箱左边的对象特效，可在下面看到多种对象特效动画形式，有 Path Animation（路径动画）、Dance（舞蹈）、Explosion（爆炸）等 13 种，双击右边的特效方框，则将选定的特效动画施加到选定的对象上，如图 4-80 所示。

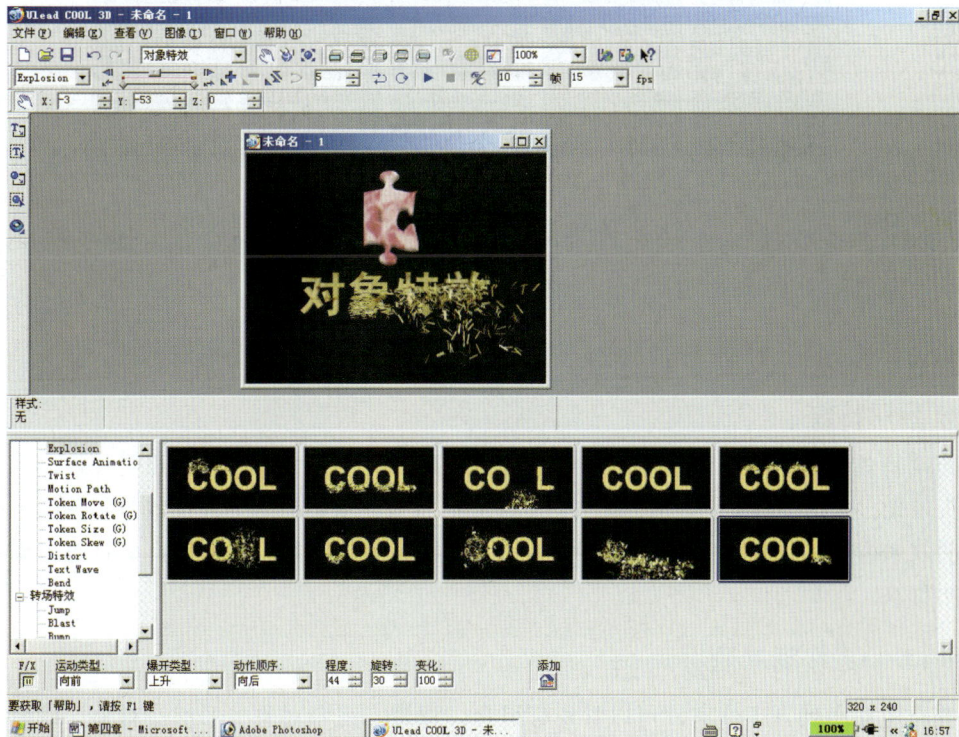

图 4-80　对象特效面板

和整体特效一样，对象特效的时间轴也可以调整，可使特效动画限制在指定的时间区间内。在同一动画对象上可以添加多种对象特效，使动画对象表现出多种特效的叠加效果。

3. 转场特效

转场特效也是针对选定的对象添加，展开百宝箱左边的转场特效，可在下面看到有3种转场特效类型Jump、Blast、Bump，双击右边的示例方框，为选定的对象添加转场特效动画，如图4-81所示。

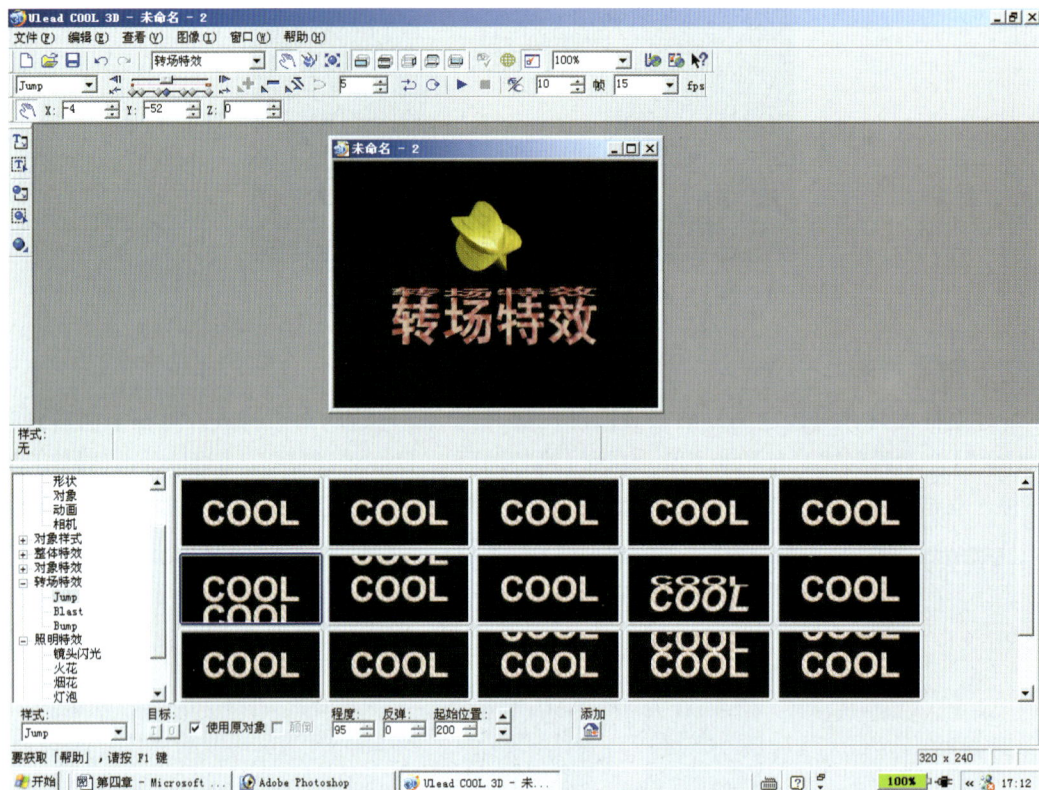

图4-81　转场特效

转场特效动画的时间轴可以调整，但不能对同一对象施加多种转场特效。

4. 照明特效

照明特效是为所有动画对象添加照明动画效果，展开百宝箱左边的照明特效，可看到有镜头闪光、火花、烟花、灯泡、聚光灯5种光照特效，双击右边的光照效果示例框，则将此照明效果添加到了动画内，如图4-82所示。照明特效的时间轴可调整，而且也可添加多重照明特效。

4.3.6　工作室的使用

在百宝箱内展开工作室，可以看到有组合、背景、组合对象、形状、对象、动画、相机7个项目，以下介绍各个项目的使用。

1. 组合

单击工作室下的组合项目，在右边可看到有多个动画，双击这些动画方框，弹出选定动

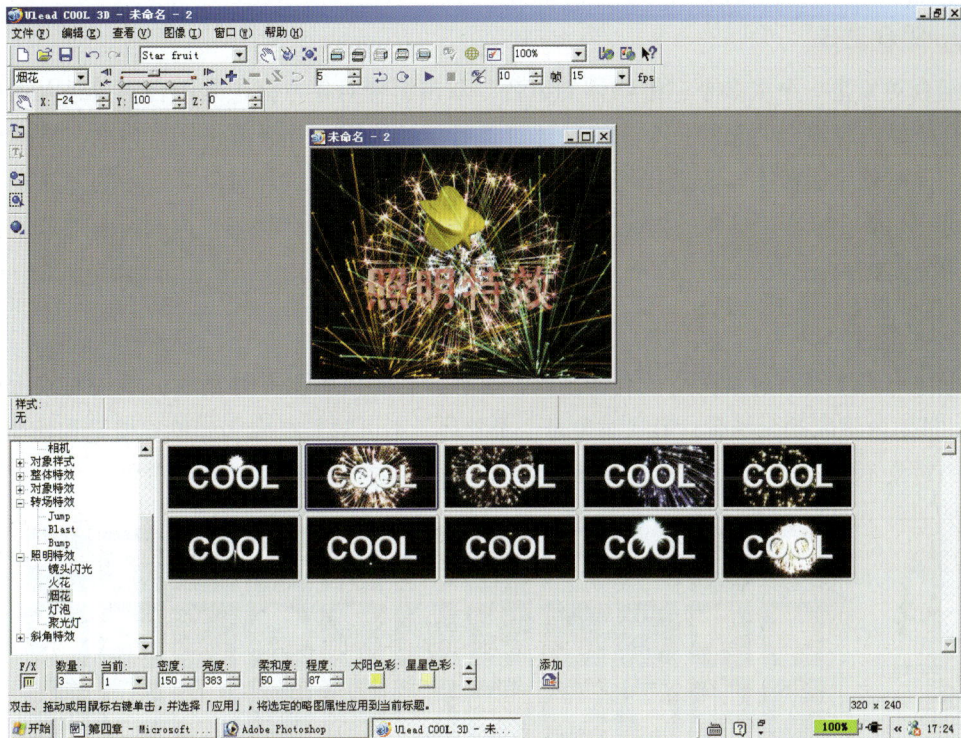

图 4-82 照明特效

画的制作窗口，可在此基础上编辑和制作新的动画，如图 4-83 所示。自己制作的动画也可添加到组合动画库面板上，只需单击组合面板下半部分的"添加"按钮即可。如果要删除某个组合动画，在其方框内单击右键，在弹出的快捷菜单上选择"删除"即可。

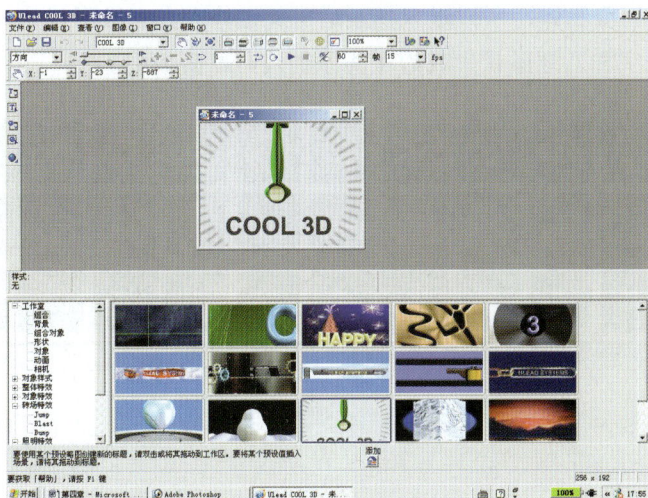

图 4-83 组合项目

2. 背景

该项目为动画提供背景图片，双击需要的图案方框即可将此图案设为动画背景，背景图片的导入在前面已经讲述。

3. 组合对象

组合对象是一个或多个三维物体的组合，双击组合对象方框，则组合对象进入动画场景。在场景内，组合对象的每个三维物体可进行单独编辑。如果要将场景内的三维对象添加到组合对象库面板上，先选择场景内的三维物体，再单击组合对象面板中的"添加"按钮即可。如果在标准工具栏的对象选择框内选择"组合"，则会将场景内的所有对象添加到组合对象面板内。

4. 形状

其中有很多动画对象模型，有动态的，也有静态的，如图4-84所示。双击对象所在方框后，该对象进入动画场景。形状对象是一个整体，不可对其组成部分单独编辑和处理。场景内的对象不能将多个对象的组合体添加到形状面板内，只能添加单个对象。

图4-84 对象模型

5. 对象

其内有很多符号类的三维对象模型，有动态的和静态的，如图4-85所示。对象模型是由二维形状生成的三维物体，所以进入场景后可通过修改其二维形状来编辑它。场景内的三维物体，只有文字和二维形状生成的才能添加到对象面板上。

图4-85 符号对象

6. 动画

该项目内预置了多种动画方式，如图4-86所示。这些动画方式可施加在选定的动画对象上，只需双击动画示例方框即可完成该动画方式的制作。如果对动画不满意，还可在动画工具栏上对关键帧进行修改。在这个项目内还有一个最大的好处是可把场景中对象的动画设置添加到动画面板上，便于以后使用。只需在场景中选择动画对象，然后单

击"添加"按钮即可。

图 4-86　动画方式

7. 相机

在该项目内有预置的相机动画方式，它针对场景中所有对象施加，双击示例方框即可完成相机动画制作，如图 4-87 所示。在属性工具栏上有相机的镜头焦距和距离两个属性滑竿，在动画的关键帧上调整这两个属性值，可制作自己特有的相机动画。遗憾的是，由于只提供了相机的镜头焦距和距离两个参数，目前只能制作出镜头推拉的动画效果，还不能制作出移镜头、摇镜头等相机动画效果。

自己制作的相机动画也可添加到面板上。把相机动画制作好后，单击图 4-87 上的"添加"按钮，在面板上可看到添加的示例方框，不过这时它不是动态的，还需要在方框上单击右键，在弹出的快捷菜单上选择"作为动画插入 (N)"，这时就能看到相机动画的动态示例，以后就可使用该种相机动画方式了。

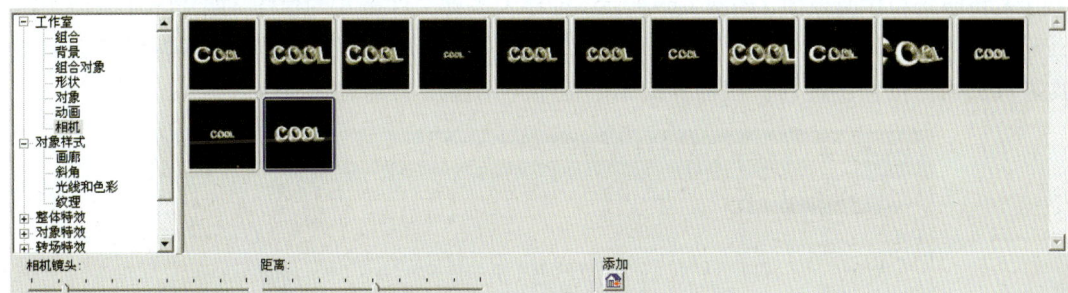

图 4-87　相机动画方式

4.3.7　纵深方向位置的调整

COOL 3D 是制作三维动画的软件，因此在场景中存在纵深方向的位置关系。使用标准工具栏上的移动工具✋只能调整物体在屏幕上的位置，不能调整纵深方向的位置。要调整纵深方向的位置，需用移动工具单击物体后，在位置工具栏的 z 文本框内输入调整数值。使用对象工具栏上工具制作的三维物体，初始 z 坐标为 0，如果在 z 文本框内输入正数，物体在纵深方向远离我们，物体变小；反之，在 z 文本框内输入负数，物体就靠近我们，物体变大。图 4-88 表示出了圆环在 z 为 200、0、−200 的纵深位置关系。

>>>>>>>>>

z=200　　　　　　　z=0　　　　　　　z=−200

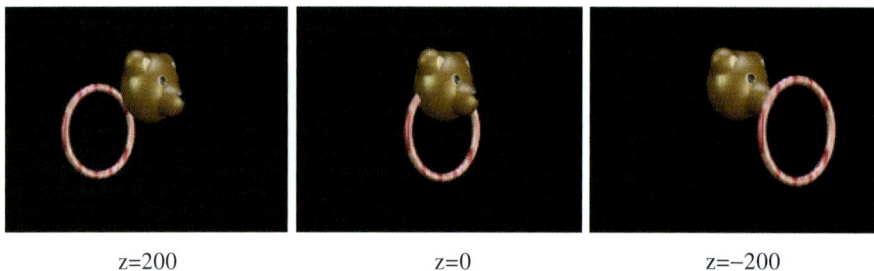

图 4-88　不同的纵深位置

4.4　Flash 动画制作

Flash 是 Macromedia 推出的矢量动画制作软件，与该公司推出的 Fireworks、Dreamweaver 一起，称为网页制作三剑客，在全世界得到了广泛应用。Flash 制作的是矢量动画，动画数据量小，而且放大后不影响动画的质量，基于这两大优点，目前的 Internet 上，Flash 动画占据着绝对的优势。

4.4.1　位图的引用和处理

Flash 虽然是制作矢量动画的软件，但在其中仍然可以使用位图，还可将位图作为填充图案、位图矢量化以及进行一些常规的编辑等。

1. 位图的导入

单击文件菜单的"导入"命令，在弹出的导入面板上选择导入的位图文件，即可将位图导入到场景和库面板中，如图 4-89 所示。可导入多种文件格式的位图，如 JPG、PSD、TIF、EPS、GIF、PNG、AI、WMF 等。导入的位图是一个不可分割的整体，可利用编辑工具对其进行放缩、拉伸、旋转、扭曲等编辑，但不可用橡皮工具对其擦除。

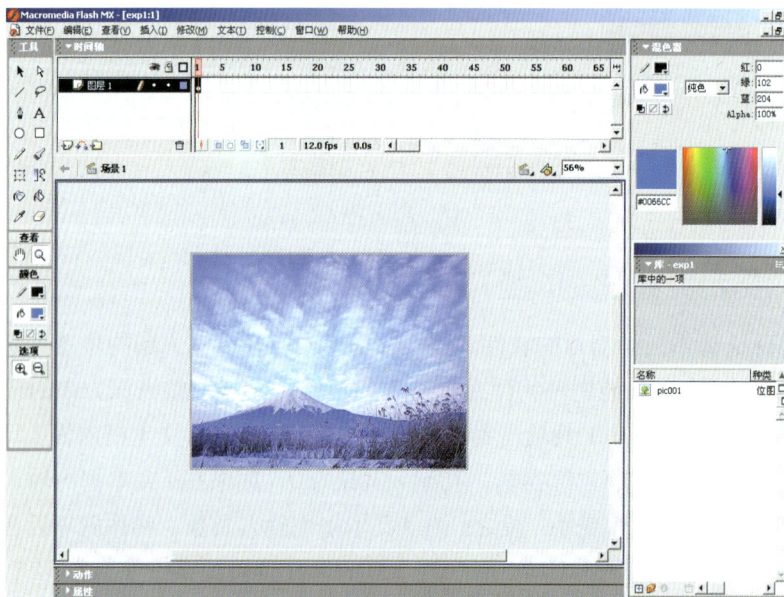

图 4-89　导入的位图

2．将位图矢量化

利用选择工具在场景中选择位图后，单击修改菜单中的"转换位图为矢量图"命令，弹出其转换的参数面板，如图 4-90（a）所示。色彩阈值越小，转换后矢量图的色彩层次越丰富；最小区域值越小，矢量图的块面越小，精度越高。图 4-90（b）是在色彩阈值为 100、最小区域为 8 时转换得到的矢量图效果，图 4-90（c）是在色彩阈值为 20、最小区域为 2 时转换得到的矢量图效果。位图转换为矢量图后，整个图形由许多单色填充的矢量形状组成，彼此独立，这时可对这些矢量形状做外形修改、填充颜色以及移动、删除等各种编辑操作，也可用橡皮擦掉不需要的部分。

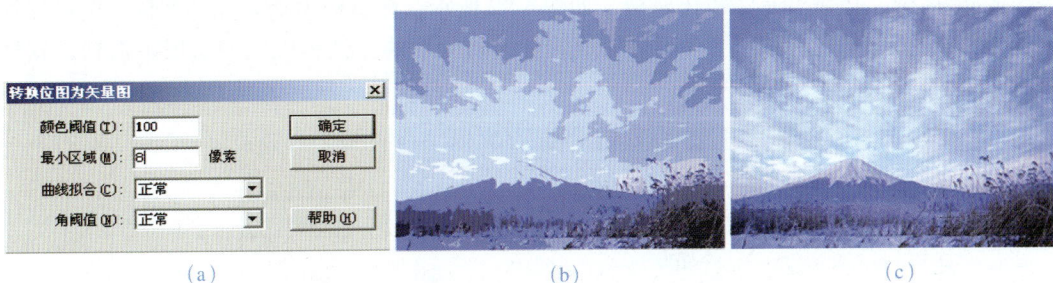

(a)　　　　　　　　　(b)　　　　　　　　　(c)

图 4-90　位图的矢量化

3．利用位图填充

在混色器的填充方式处选择位图填充，如图 4-91（a）所示。在混色器面板上选择用于填充的位图，再利用工具面板上的填充工具 填充绘制的形状，则得到 4-91（b）所示的位图填充效果。从图中可以看到，填充图案是由位图组成的拼贴。如果对位图填充不满意，可利用工具面板上的填充编辑工具 对填充进行编辑，填充工具可对填充进行放缩、拉伸、旋转、移动等编辑，最终达到需要的位图填充效果，如图 4-91（c）所示。

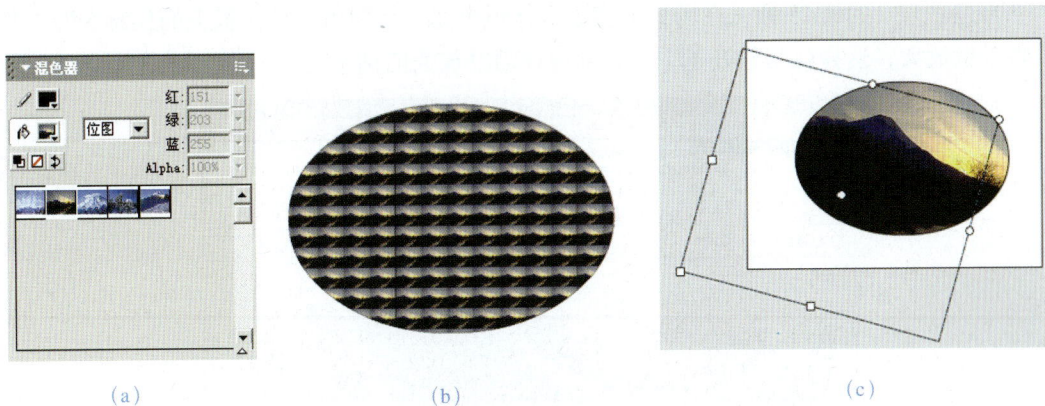

(a)　　　　　　　　　(b)　　　　　　　　　(c)

图 4-91　位图填充

4．分离位图

选择要分离的位图，单击修改菜单的"分离"命令或按快捷键 Ctrl+B 即可分离位图，分离后的位图可用橡皮擦掉不需要的部分；也可用套索、魔术棒选择要删除的区域，然后按 Del 键删除。

4.4.2　基本动画形式

1. 动作动画

动作动画是 Flash 补间动画的一种形式，这种动画不但能表现出位置改变的动态过程，而且还可表现出旋转、放缩、扭曲、变色等动态过程。具体制作方法如下：

(1) 将动画元素转化为元件

无论是在 Flash 中制作的形状、文字，还是导入的位图，都必须转化为元件后才能制作动作动画。在场景中选择要转化为元件的对象，然后单击插入菜单中的"转化为元件"命令，或按 F8 键，会弹出元件转化面板，如图 4-92 所示。在面板中输入元件名称，选择元件的类型为图形，单击"确定"按钮可完成转化。转化后的元件可以在库面板中看到，这样该元件就可以在动画中多次使用。

图 4-92　转化为元件面板

(2) 动画制作

① 1～15 帧动画制作

新建图层 2，并选择该层的第 1 帧，将制作好的手机元件从库中拖出到场景的右端。在时间线上，单击图层 2 的 15 帧并按 F6 键创建一个关键帧。单击图层 2 的第 1 帧，并在属性面板上将补间设为动作，这就创建了 1～15 帧的动作补间动画，在 1～15 帧间会出现一个箭头相连，如图 4-93 所示。

单击图层 2 的第 15 帧，在场景中将手机拖到中部，并利用工具面板上的任意变形工具将手机放大，这样就制作好了 1～15 帧内移动并放大的动画。

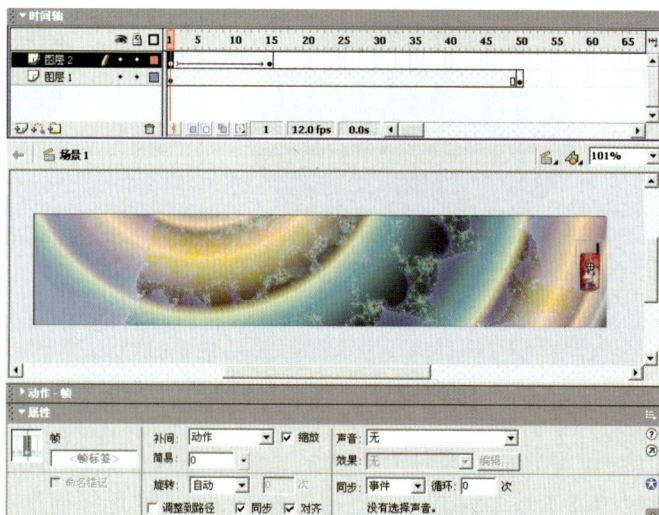

图 4-93　补间动画的创建

<<<<<<<<

② 15～25 帧动画制作

15～25 帧是手机原地旋转一周的动画。在第 25 帧处按 F6 键添加一个关键帧，这时自动生成动作过渡动画。单击第 15 帧，在属性面板上将旋转设为顺时针，次数为 1，如图 4-94 所示。

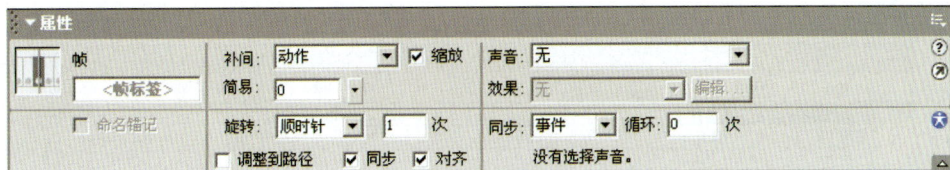

图 4-94　旋转设置

③ 25～35 帧动画制作

在本期间内，手机在原地停止不动。因此，只需在第 35 帧处添加一个关键帧即可。

④ 35～45 帧动画制作

在第 45 帧处添加一个关键帧，并将手机向左移动一段距离，然后利用工具面板的任意变形工具将手机缩小，且逆时针旋转 90°，如图 4-95 所示。这样就完成了 35～45 帧间移动并逆时针旋转 90° 的动画。

图 4-95　手机的缩小与旋转

⑤ 45～50 帧动画制作

在 50 帧处添加一个关键帧，将手机移出场景。单击场景中的手机，在属性面板上将"颜色"选项选择为 Alpha，x 单击右边下拉列表框上的小三角，拖动滑竿，将数值设为 0，如图 4-96 所示。Alpha 是元件的透明属性，100 时不透明，0 时完全透明。这样在 45～50 帧内，手机向左移动，并逐渐消失。

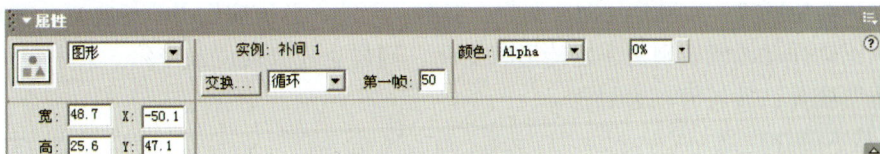

图 4-96　设置透明度

元件除透明属性 Alpha 外，还有亮度和色调属性，在关键帧上可修改一个或多个属性来制作元件的属性变化动画。

（3）动画调整

上述制作的动作动画其运动都是匀速的，动画缺乏节奏感。可以通过修改属性面板上"简易"选项的数值来打破这种匀速运动造成的节奏单一和呆板，当简易项数值为正

数时，作减速运动，为负数时作加速运动。数值的绝对值越大，加速或减速就越快，为0时做匀速运动。

为了在1～15帧内使运动速度逐渐减慢，在时间线上单击图层2的第1帧，在属性面板上将"简易"值调到50，单击时间线面板上的洋葱皮按钮，可以看到1～15帧的运动状态，如图4-97所示。

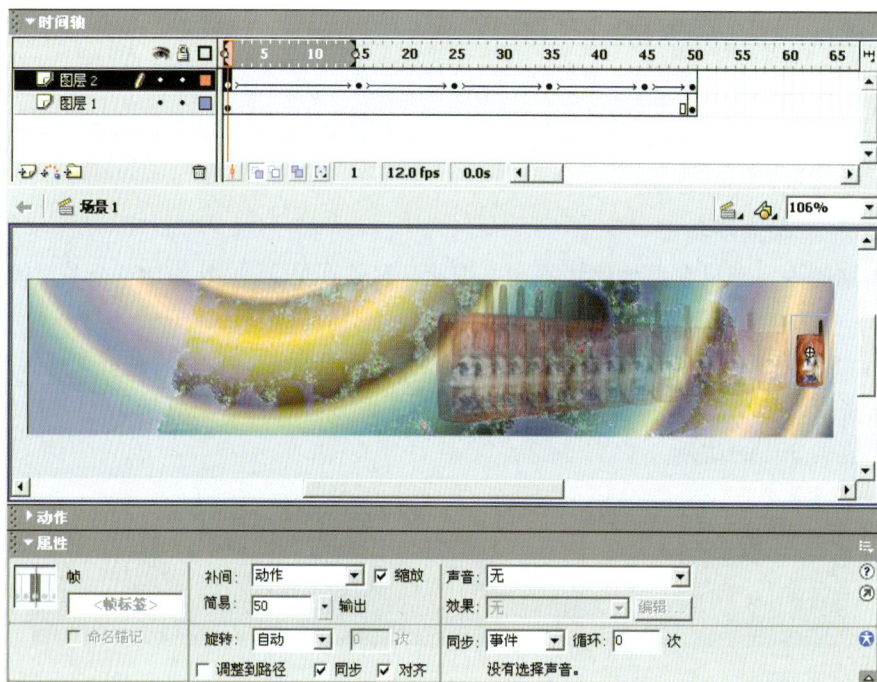

图4-97　洋葱皮设置

在35～45帧和45～50帧，我们希望运动速度逐渐加快，分别在第35帧和第45帧处将"简易"选项的值调为-30和-50。

2. 变形动画

变形动画也是Flash过渡动画的一种形式，与动作动画不一样，它要求制作动画的元素不是元件，而是形状；如果是位图、文字、群组、元件，必须按Ctrl+B键将其分离成形状。变形动画比动作动画能表现更丰富的形状变化，同样也能表现位置变化、大小变化、颜色变化、透明变化、旋转等动态过程。

（1）基本制作步骤

① 制作起始和终止形状

在变形动画的开始帧上制作一个空白关键帧，并在场景中利用绘图工具制作变形动画的起始形状，比如绘制一个圆形。按同样的方法在动画结束帧处制作一个空白关键帧，并制作一个变形的终止形状，比如制作一个心形。

② 制作变形动画

单击变形动画的开始帧，并在属性面板上将"补间"选项选为"形状"，如图4-98所示。这样就完成了变形动画的基本制作。

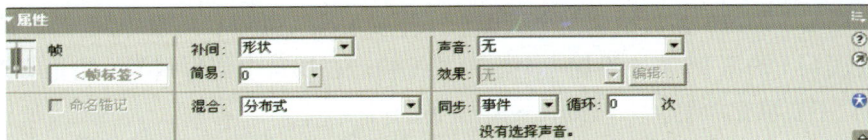

图 4-98　形状动画设置

③ 动画调整

和动作动画一样，调节"简易"选项的值可使动画加速或减速。对于变形动画，如果变形的起始和结束形状间有距离，"简易"项的值为负数时会同时对移动和变形加速；反之则对移动和变形减速。图 4-99 是减速的运动和变形情况。

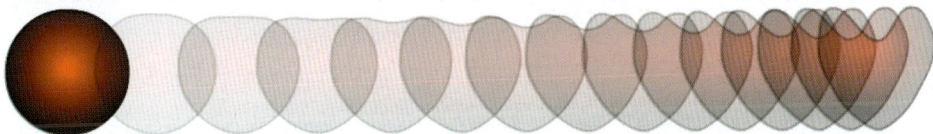

图 4-99　减速运动与变形

属性面板上的"混合"选项中有"分布式"和"角形"两个选择，"分布式"可使图形在变化过程中保持比较平滑，而"角形"则在变化过程中更多地保持尖角和直线特征，在此处应选择"分布式"。

(2) 多个形状间的变形动画

在动作动画中，在同一图层的同一关键帧上只允许一个元件存在，在变形动画中却可以在开始和结束关键帧处绘制一个或多个形状来生成动画。

① 在图层 1 的第一帧处绘制 2 个较大的心形，填充上红黑圆形渐变色，删除轮廓线并置于场景中部，如图 4-100 (a) 所示。

② 在图层 1 的 15 帧处添加一个空白关键帧，并在场景中制作几朵大小不等的小花，并擦掉轮廓线，如图 4-100 (b) 所示。

③ 单击图层 1 的第 1 帧，在属性面板上将"补间"选为"形状"，这样就完成了多对多的变形动画制作，变形过程如图 4-100 (c) 所示。从图中可以看到变形动画中颜色的变化过程。

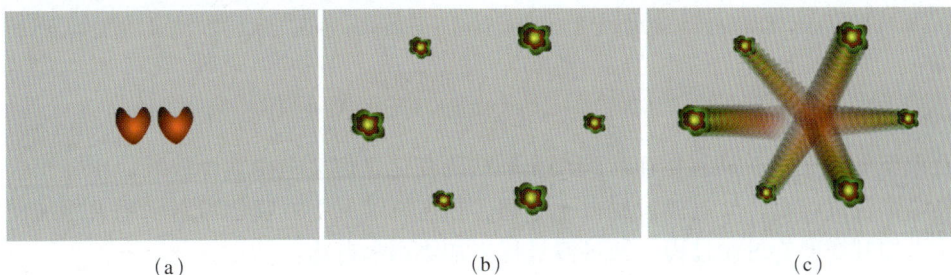

(a)　　　　　　　　　　(b)　　　　　　　　　　(c)

图 4-100　多个形状间的变形

(3) 线与线间的变形动画

变形动画也可制作线与线间的变化动画，线可以是封闭的，也可以是开放的。下面我们制作一个由蛋变成小鸭的线间变形动画。

>>>>>>>>>

① 在图层 1 的第 1 帧处绘制一个椭圆形，不要填充，并放在场景中部。

② 在图层 1 的第 15 帧处添加一个空白关键帧，在场景中部用钢笔、铅笔等工具绘制一个小鸭，不要填充颜色。

③ 单击图层 1 的第 1 帧，在属性面板上将"补间"选为"形状"，其变化过程如图 4-101 所示。

图 4-101   线与线间的变形

(4) 文字变形动画

在变形动画中，开始和结束关键帧上都可以为文字。利用 Flash 工具面板文字工具输入的文字本身不是形状，必须要按 Ctrl+B 键将其分离才能成为制作变形动画需要的形状，如果输入的是一个汉字或字符，按一次 Ctrl+B 键即可将文字分离为形状；如果输入的是多个汉字或字符，要按两次 Ctrl+B 键才能将其分离为形状。下面说明如何制作一个由文字到图形的变形动画。

① 在图层 1 的第 1 帧处利用文字工具输入文字"心"，按 Ctrl+B 键将其分离，并利用填充工具填充上颜色。

② 在图层 1 的第 15 帧处添加一个空白关键帧，利用绘图工具绘制一个心形，并填充上颜色。

③ 单击图层 1 的第 1 帧，在属性面板上将"补间"选为"形状"。文字到形状的变形过程如图 4-102 所示。

图 4-102   文字到形状的变形

(5) 变形控制

在前面的例子中，从起始形状到终止形状的变化过程完全由软件控制，中间可能会出现一些畸形过渡画面，使过渡过程很不协调。在这种情况下，我们可以采用人为加控制点的方法来控制变形的过渡过程，使过渡过程更加协调和自然。

① 在图层 1 的第 1 帧处利用文字工具输入文字"P"，按 Ctrl+B 键将其分离。

② 在图层 1 的第 5 帧处利用文字工具输入文字"C"，按 Ctrl+B 键将其分离。

③ 单击图层 1 的第 1 帧，在属性面板上将"补间"选为"形状"。文字到形状的变形过程如图 4-103 所示。从图中可看到，中间的过渡画面出现了较为严重的畸变，为了改善畸变程度，需要添加控制点。

图 4-103　没有控制的 P 到 C 变形

④ 单击图层 1 的第 1 帧，按 Ctrl+Shift+H 键两次，添加两个形状控制点 a、b，用移动工具将它们分别移到 P 字母下端的左右两个角点。单击图层 1 的第 15 帧，将控制点移到 C 字母开口下端的左右两个角点，如图 4-104 所示。

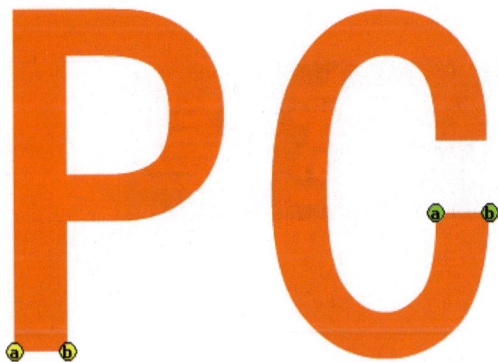

图 4-104　添加的控制点

添加了控制点后的变形过程如图 4-105 所示，从图中看到，过渡画面的畸变现象得到了明显的改善。

图 4-105　有控制的 P 到 C 变形

3. 遮罩动画

　　Flash 动画软件的时间线面板上可以制作一个遮罩图层，其他图层上的图形、动画如果被该层遮蔽，那么只有在遮罩图层上有图形的地方才能看见被遮罩图层上的图形或动画。遮罩图层上的图形或动画并不直接在动画中显示出来，而且图形或动画的填充颜色并不影响被遮蔽图层上图形或动画的显示。

>>>>>>>>

（1）静态遮罩动画

① 在图层 1 的第 1 帧中导入一张纹理图片，按 Ctrl+B 键将其打散，将多余部分删除后转化为图形元件。

② 在时间线面板上单击"新建图层"按钮，建立图层 2，并在该层的第 1 帧输入文字"遮罩"。

③ 在图层 1 的第 1 帧处将纹理图移动，使其与文字右端对齐，如图 4-106 所示。

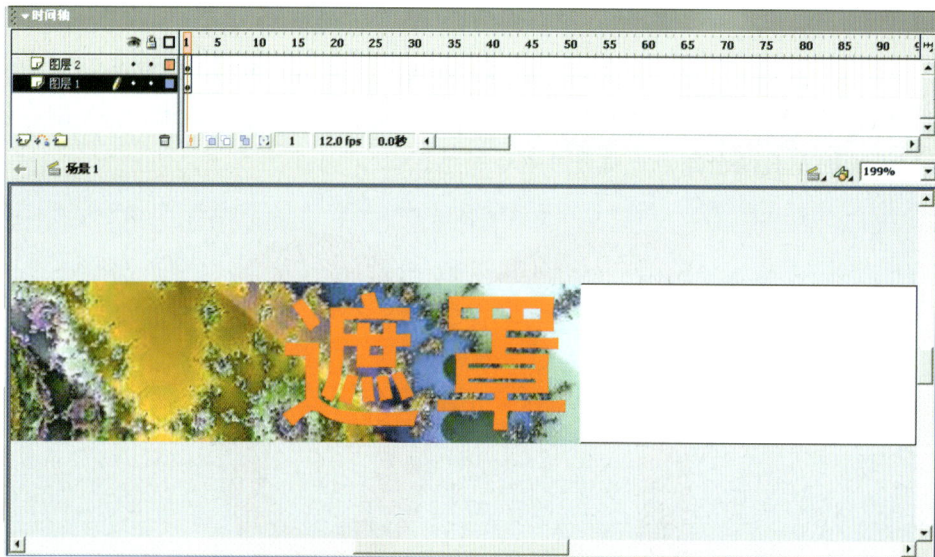

图 4-106 文字遮罩

④ 在图层 1、图层 2 的第 15 帧处插入一个关键帧，在图层 1 的第 15 帧处移动纹理图，使其与图层 2 的文字左对齐，如图 4-107 所示。

图 4-107 制作关键帧

⑤ 单击图层 1 的第 1 帧，在属性面板上将"补间"选为"移动"。在图层 2 上单击右键，在弹出的快捷菜单中选择"遮蔽"，将该图层转化为遮罩图层，这时它就发挥其遮罩作用，如图 4-108 所示。

图 4-108   转化图层 2 为遮罩层

由于图层 1 的纹理图在移动，所以被"遮罩"文字遮挡的纹理在不断地变化，从而形成了动态纹理文字的动画，按 Ctrl+Enter 键即可看到动态效果。

(2) 动态遮罩

① 在图层 1 的第 1 帧处导入一视频文件，然后新建图层 2，并在第 65 帧处建立一关键帧，导入另一视频文件，两段视频间有一段时间重叠，如图 4-109 所示。

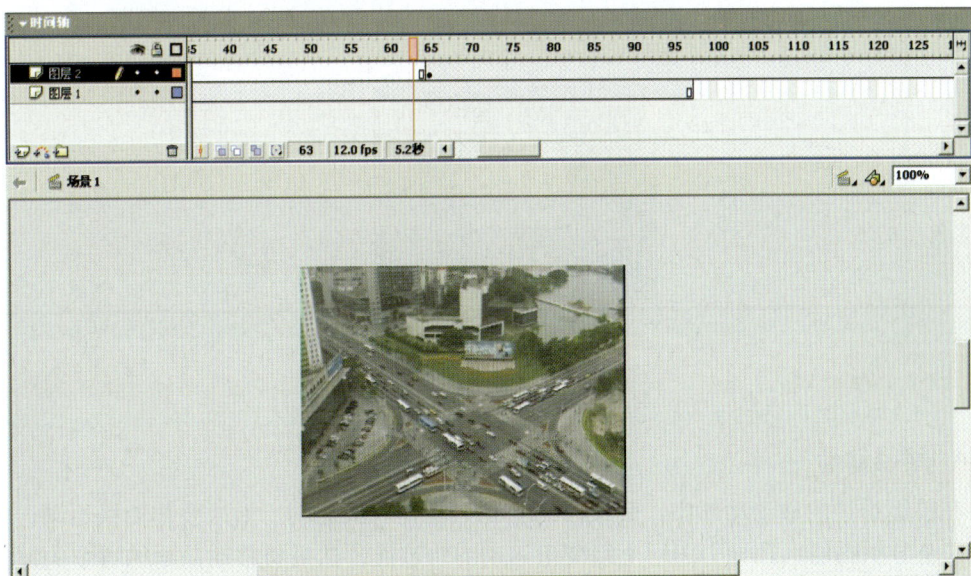

图 4-109   导入的视频

② 新建图层 3，在第 65 帧处建立一关键帧。在场景中绘制一个小圆，选择它后按 F8 键将其转化为图形元件。在第 97 帧处插入一个关键帧，利用自由转换工具将小圆拉大到覆盖住整个视频画面，然后单击第 65 帧，在属性面板上将"补间"选为"移动"创建出 65 到 97 帧间的动画，如图 4-110 所示。

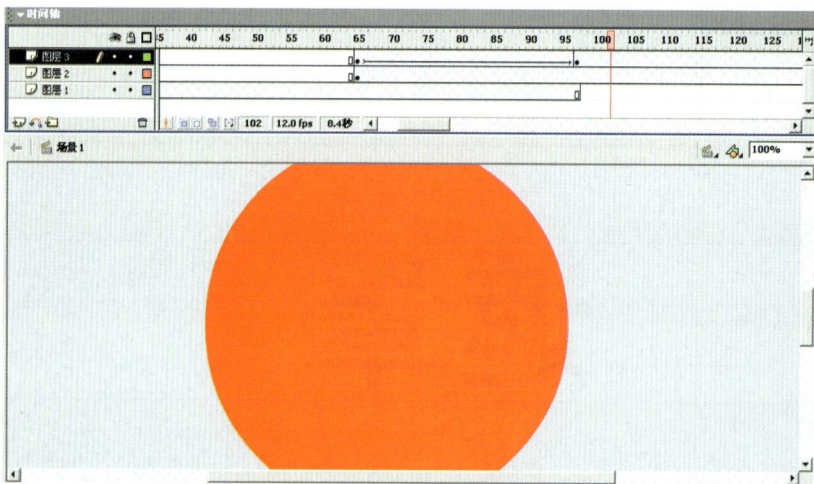

图 4-110　遮罩动画制作

③ 右键单击图层 3，在弹出的快捷菜单中选择"遮蔽"，将该层转化为遮罩层，得到的遮罩动画效果如图 4-111 所示。测试动画可以看到，利用遮罩动画实现了两段视频的圈式转场。

图 4-111　转化图层 3 为遮罩层

4. 路径动画

在前面讲述的移动动画中，其位置的变化只能作直线运动。如果要作曲线运动，需要制作一个导引图层，在导引图层上绘制出运动的轨迹线，然后将移动动画的各个关键帧导引到轨迹线上就可以了。一个导引图层上可绘制多条运动轨迹线，可以导引多个图层上的移动动画，导引图层上的轨迹线并不在动画中显示出来。

（1）导引单层

① 在图层 1 的第 1 帧处绘制一条公路，在 30 帧处插入一个关键帧，是公路在 1～30 帧内的延续。

② 新建图层 2，在第 1 帧处导入一辆汽车图片，并将其转化为图形元件。在 30 帧处插入一个关键帧，然后单击第 1 帧，在属性面板上将"补间"选为"移动"，这样就创建了 1～30 帧的移动动画。

③ 单击时间线面板上的新建导引层按钮，创建一个导引图层。在第 1 帧处沿公路中心绘制一条曲线，然后在第 30 帧处插入一个关键帧，如图 4-112 所示。

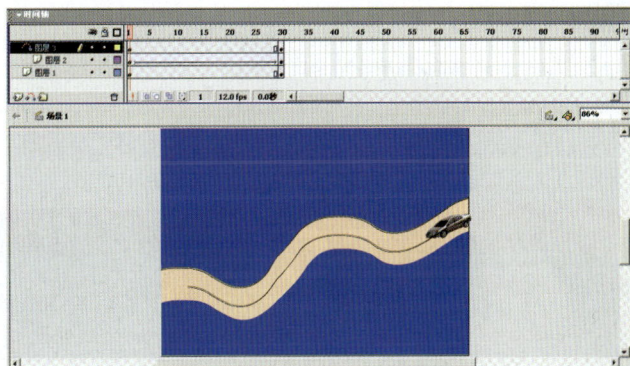

图 4-112　导引线绘制

④ 单击图层 2 的第 1 帧，利用移动工具移动汽车，使汽车的中心点对齐导引线的右端点，完成第 1 帧上的导引。单击图层 2 的第 30 帧，按同样方法将汽车导引到导引线的左端点。在实施导引的过程中，当汽车的中心点靠近导引线端点时有自动吸附功能。导引完成后，按 Enter 键预览动画，看到汽车已经沿着导引线移动，但汽车并没有随曲线改变方向，不符合实际情况，需要改进。

⑤ 移动时间游标，发现在第 6 帧处汽车第一次转弯，汽车的方向与公路方向不协调，因此要在图层 2 的第 6 帧处插入一个关键帧，并利用自由转换工具旋转汽车，使其与公路方向一致。继续移动时间游标，凡发现汽车方向与公路方向不协调处，就在图层 2 插入关键帧，并旋转汽车方向使其一致，完成后的动画如图 4-113 所示。

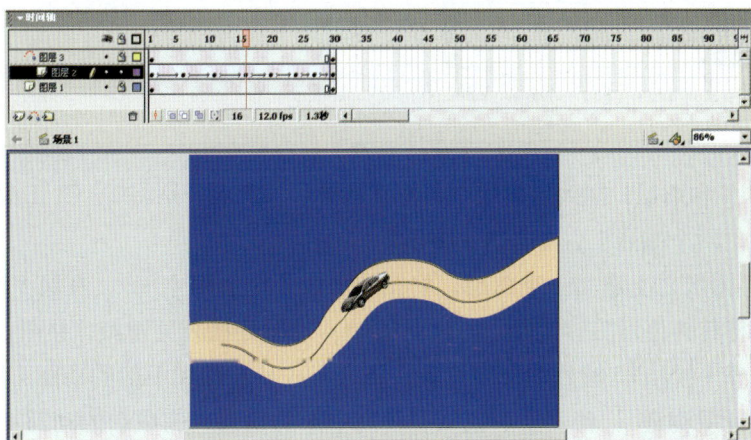

图 4-113　汽车导引动画

(2) 导引多层

① 在图层 1 的第 1 帧导入准备好的背景图片，并在第 30 帧处插入一个关键帧。

② 新建图层 2，将图层名改为 T，在第 1 帧处输入文字 T，并将它转化为图形元件。在 15 帧、30 帧处插入关键帧后，单击第 1 帧，在属性面板上将"补间"选为"移动"。按同样的方法制作好图层 C 和图层 L，如图 4-114 所示。

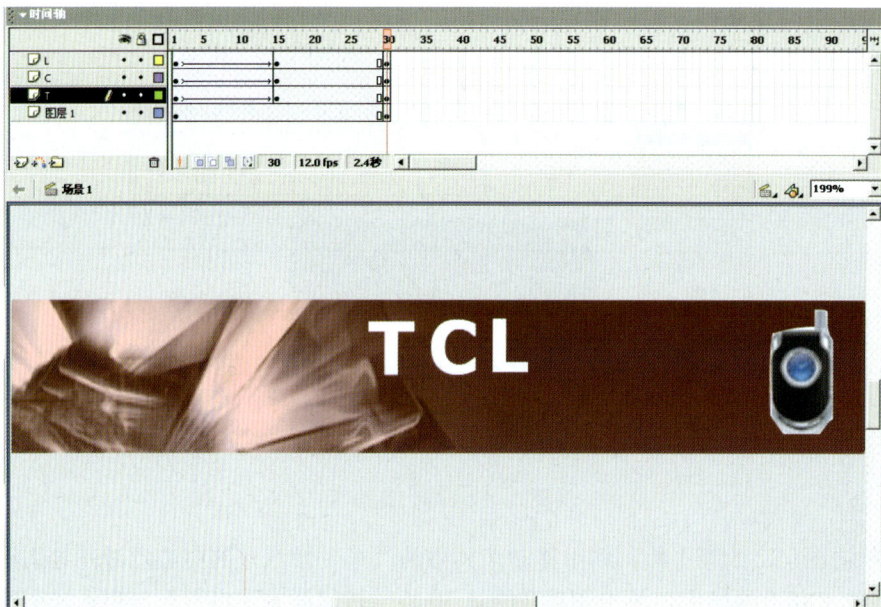

图 4-114　TCL 动画制作

③ 单击时间线面板上的新建导引层按钮，建立一个导引图层，并在第 1 帧处绘制一条导引曲线，然后复制两条，移动到合适位置。这时你会发现只有靠近导引图层的图层 L 被导引，而图层 T 和图层 C 没有被导引，如图 4-115 所示。

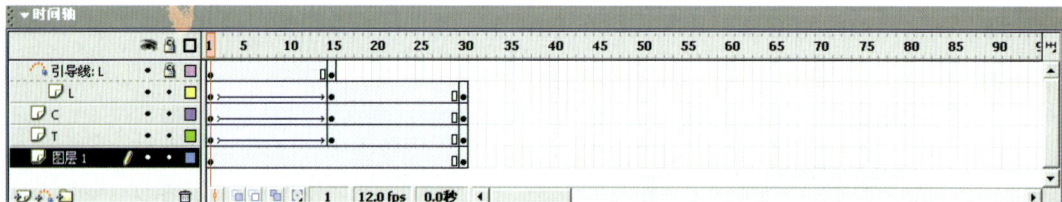

图 4-115　L 被导引

④ 将图层 T 和图层 L 拖到导引层下，使其被导引，然后分别将 T、C、L 导引到左、中、右三条导引线的两个端点上，如图 4-116 所示。

⑤ 在导引图层之上建立一个图层，将图层名改为"有限空间"，在第 1 帧处输入文字"有限空间"，将其转化为图形元件，再分别在 25、30 帧处插入关键帧，并在 1~25 帧间建立移动动画，调整 1 帧和 25 帧处的文字位置，使之形成从左移到中部的动画。按同样的方法再建立图层"无限沟通"，使文字形成从右移到中部的动画，完成后的动画 4-117 所示。

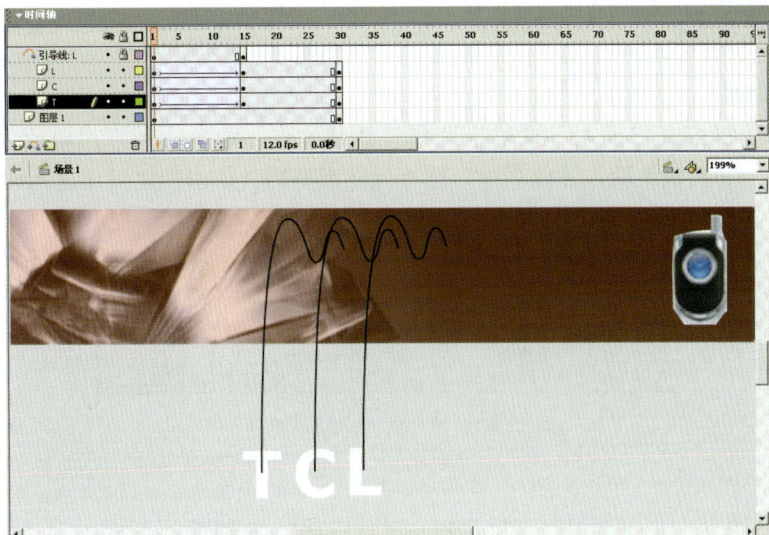

图 4-116　TCL 被导引

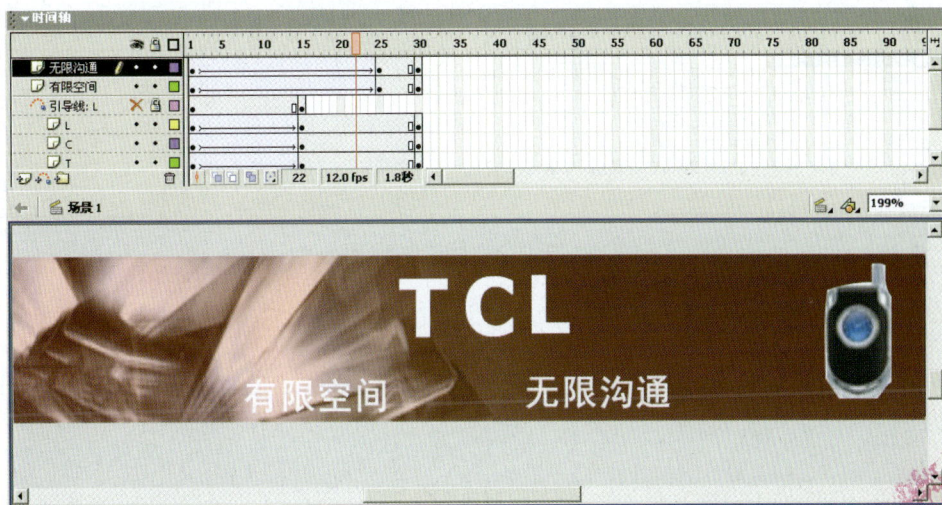

图 4-117　完整的 TCL 广告动画

4.4.3　元件与实例

　　元件是 Flash 动画的重要元素，所有制作好的元件均保存在库内，可以随时使用它来制作动画，就好比在拍电影时请的演员，可以要求他扮演不同的角色，按导演的要求进行表演。在前面的内容中已经用到了图形元件，它只是 Flash 元件中的一种形式，在这里将对元件加以详细介绍。

1．元件的类型

　　元件有 3 种类型，为影片剪辑元件、图形元件和按钮元件。影片剪辑元件和图形元件可为单帧的图形，也可以是多帧动画；按钮元件是 4 帧动画，只是动画的播放需要鼠标行为的触发，在没有鼠标动作时，它停留在第 1 帧上。

2. 元件的制作

(1) 新建元件

按 Ctrl+F8 键或在"插入"菜单上选择"新建元件"命令，则弹出新建元件面板，如图 4-118 所示。在面板上输入元件名称，选择元件类型后，单击确定按钮进入元件制作界面。

图 4-118　元件创建面板

(2) 制作元件

在影片剪辑和图形元件中，可以制作前面讲述的各种动画形式，其方法完全相同，图 4-119 是制作水波影片剪辑元件的实例。

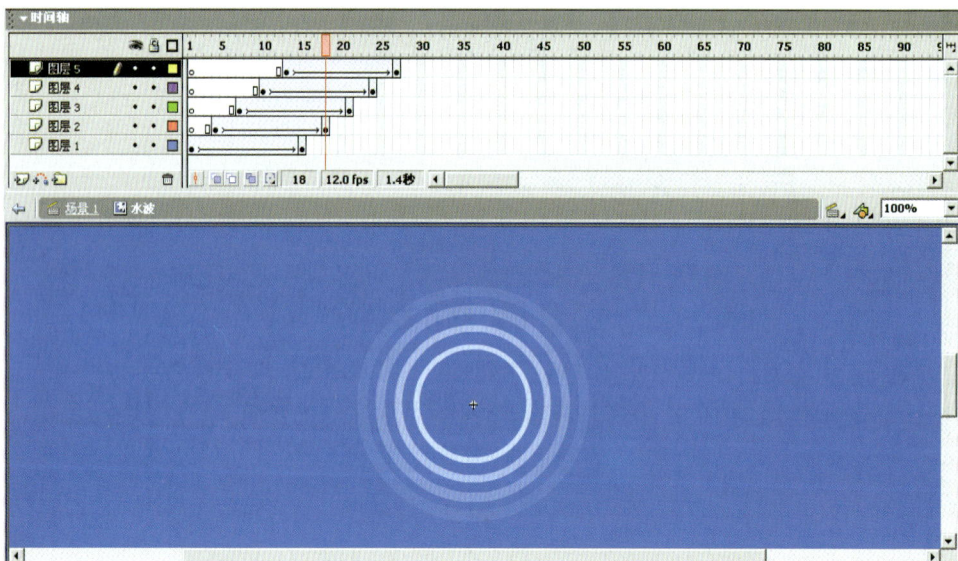

图 4-119　水波元件

按钮元件的制作有所不同，它只有 4 帧，只能按逐帧动画方式制作，不能制作前面讲述的动画方式。第 1 帧 Up 是按钮的正常显示状态，第 2 帧鼠标经过是鼠标放到反应区内时的显示状态，第 3 帧 Down 是鼠标在反应区内按下后的显示状态，第 4 帧是确定鼠标触发的位置及范围，在该帧上有图形存在的地方都是反应区。按钮制作的实例如图 4-120 所示。

3. 实例

制作好的元件都存储在库内，元件的使用也十分方便，只要把它从库中拖出即可，拖出到舞台上后就称为元件的一个实例，而元件本身仍保留在库中。

(1) 实例中元件的行为设置

任何一个元件，从库中拖出后就是该元件的一个实例，就好比让一个演员在剧中扮演

一个角色。默认情况下，在这个实例中的元件的行为和库中的元件一样。如果在库中是按钮元件，则实例中的元件就具有按钮行为；如果是影片剪辑元件，在实例中就具有影片剪辑的行为，这好比让一个成年男演员扮演一个成年男性角色。如果需要，可以修改实例中元件的行为，使它和在库中的类型不同，例如在一个按钮元件的实例中，将元件的行为修改为影片剪辑后，它在场景中就不是一个按钮，而是一个4帧的动画了，这好比让一个男演员去扮演一个女性角色，虽然他本身是男性，但他要表演女性的动作和表情。修改实例中元件的行为在属性面板上完成，用选择工具选择实例后，再在元件行为列表框内选择即可，如图4-121所示。

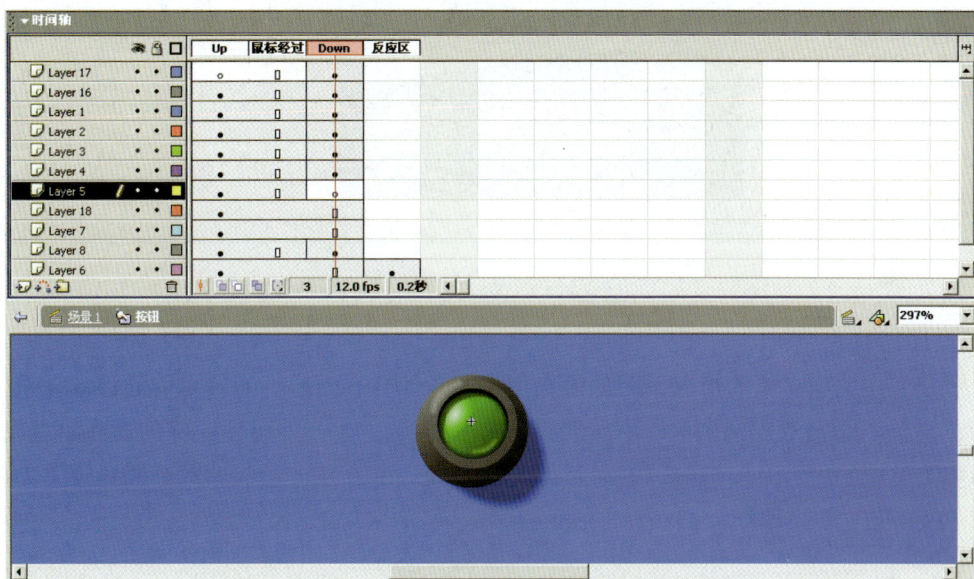

图 4-120　按钮元件

图 4-121　实例类型设置

(2) 实例中元件行为特点

① 影片剪辑行为

如果场景中只有一帧，影片剪辑行为将会循环播放其元件本身的动画。在图4-122中，将影片剪辑元件"马"从库中多次拖出，并用自由转换工具制作出不同大小的实例，按Ctrl+Enter键测试影片，你会发现是一个在奔跑的马群。

如果要将元件的动画作为场景中动画的一部分，则需要插入关键帧来延续时间，在这段时间内将循环播放动画元件中的动画。假如在第30帧处插入一个关键帧，由于"马"这个动画元件内是一个8帧动画，因此在1~24帧会3次循环播放马的奔跑动画，但25~30帧只播放动画元件内的1~6帧动画，31帧开始便会播放场景中的其他部分动画。

图 4-122　"马"元件的多个实例

② 图形行为

在场景中只有 1 帧的情况下，如果实例中的元件具有图形行为，尽管元件本身是一个动画，它仍不会播放出动画来，只能停留在动画的某一帧上。要使元件的动画播放出来，必须插入关键帧进行时间延续，在延续的时间段内，可选择多种元件动画的播放方式，如图 4-123 所示。

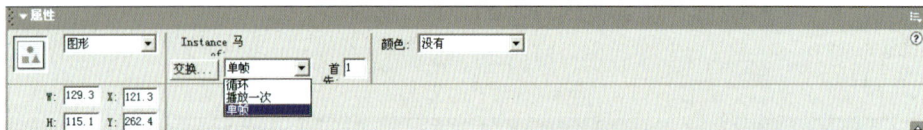

图 4-123　图形行为设置

如果选择"单帧"，在整个延续时间内将只播放一个帧画面，旁边的文本框可输入要播放的画面帧位；如果选择"播放一次"，则从选择的起始帧位开始播放，到元件动画的最后一帧后一直停留在那里，起始的位置在旁边的文本框中输入；如果选择"循环"，则循环播放元件动画，同时还可输入起始的画面帧位。在图 4-124 的动画中，实例中的元件行为均为图形，且循环播放，但每个元件的起始播放帧位不同，这样在 1～40 帧的每一帧上每匹马的姿势不同，更符合实际情况。如果采用影片剪辑行为，每匹马在任何时候都具有相同姿势。

③ 按钮行为

如果实例中的元件具有按钮行为，无论元件本身的动画有多长，都只用前 3 帧来表现按钮的三种状态，第 4 帧为反应区。如果元件动画的长度不足 4 帧，则不够的帧与动画最后一帧相同。

图 4-124   不同起始位置的图形行为

4．实例的属性与变换

（1）属性

实例有亮度、色调、Alpha（透明度）三种属性，可同时修改一种或多种属性。要修改实例的属性，必须先选择实例，然后在属性面板上选取修改的属性项，如图 4-125 所示。不同关键帧上实例属性的变化可形成动画，这在前面的移动动画中已经有制作实例。

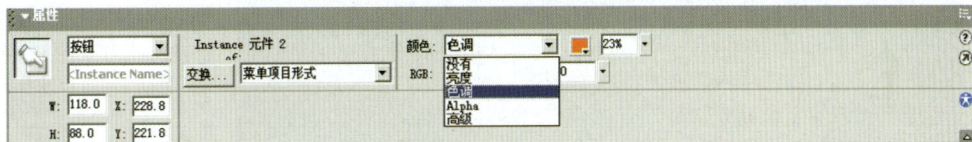

图 4-125   实例属性面板

（2）变换

利用自由转换工具可对实例进行拉伸、压缩、放大、缩小、旋转、歪斜变换，还可利用"编辑"菜单的"转换"命令对实例进行水平翻转和垂直翻转。旋转和翻转变换要改变动画的运动方向。在图 4-126 的动画中，虽然动画元件马本身是从右向左奔跑的，但在场景中对右边的实例进行了水平翻转，测试动画时你会看到两匹马朝相反的方向奔跑。

5．元件的编辑及其对实例的影响

按 F11 键打开元件库，在库中双击要编辑的元件进入编辑状态，在这里可对元件进行编辑和修改。元件的编辑界面和元件的制作界面完全相同。

库中的元件被修改后，它的所有实例会随之发生变化，免去了对逐个实例进行修改的麻烦，极大地提高了动画的制作效率。在图 4-127（a）中两两　组手舞绿色鲜花跳舞的小姑娘是一个动画元件的多个实例，为了改变小姑娘手中鲜花的颜色，只需在动画元件中修改鲜花的颜色就可以了，如图 4-127（b）所示。

图 4-126　实例的水平镜像

（a）

（b）

图 4-127　同一元件的多个实例

4.4.4 复杂动画制作

1. 利用元件嵌套制作复杂动作动画

现实生活中看到的运动常常是很复杂的，依靠Flash提供的几种基本动画方式是不能完全表现的，要借助于动画元件的嵌套来表现复杂的运动。例如，在马的奔跑过程中，既有肢体本身的运动，又有整体向前的运动，除了逐帧绘制的方法外，不能用Flash的基本动画方式简单地把它制作出来。如果马在动画中的奔跑时间较长，逐帧绘制的工作量是可想而知的。

为了尽量减少逐帧绘制的工作量，对于复杂的运动，把它分解为多重运动的复合，对于马的奔跑、人的行走等运动，可以将它分解为原地跑动和整体向前移动的复合，而移动的过程是可以利用Flash的基本动画方式制作出来的，只需逐帧绘制原地跑动的几个画面就可以了。下面来完成一个奔跑的马群动画的制作。

(1) 马原地跑动元件的制作

按Ctrl+F8键新建一个元件，命名为"马原地跑"，元件类型选为"影片剪辑"。为了省去逐帧绘制的繁琐介绍，我们直接导入一个已制作好的GIF动画来制作该元件。按Ctrl+R键，在弹出的文件选择框中选择要导入的文件后单击"打开"按钮将GIF动画导入，如图4-128所示。

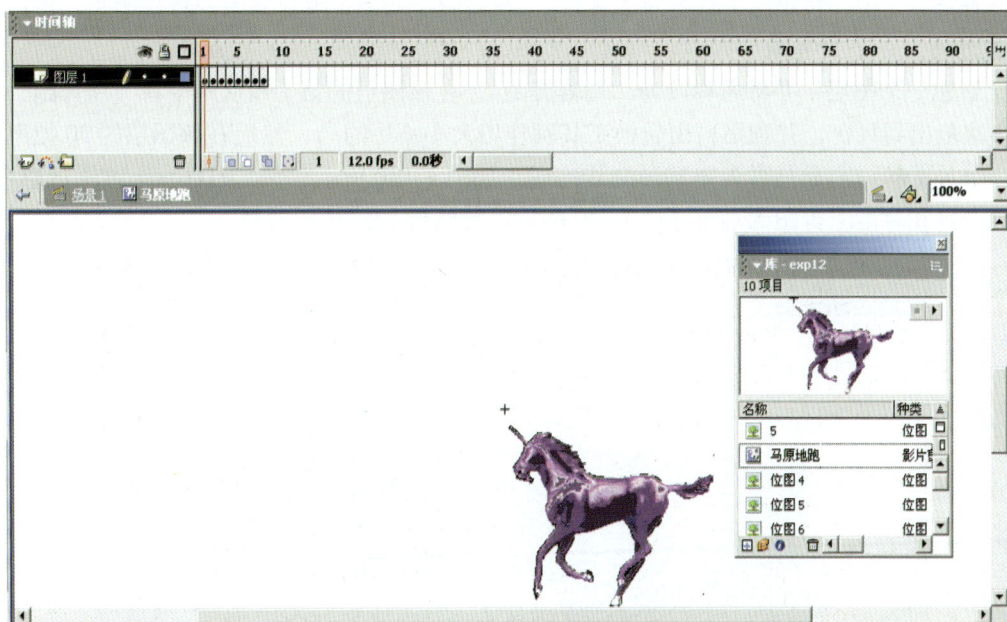

图4-128　马原地跑动元件

(2) 马奔跑元件制作

按Ctrl+F8键新建一个元件，命名为"马奔跑"，选择元件类型为"影片剪辑"。将元件"马原地跑"从库中拖出放到舞台的中心点，在图层1的第30帧插入一个关键帧，并将舞台上的马向左移动一段距离。单击图层1的第1帧，在属性面板上将"补间"选为"移动"，这

样就制作好了该元件，如图 4-129 所示。

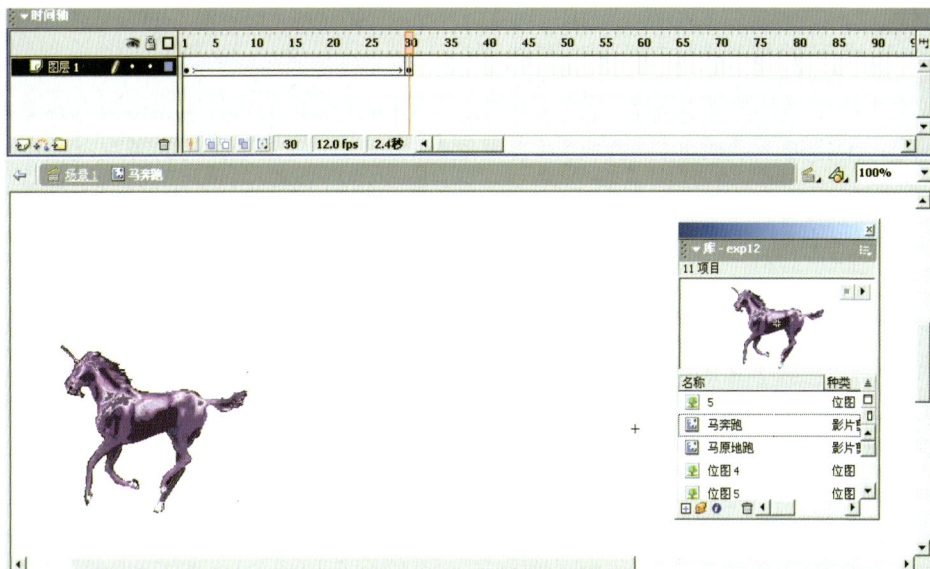

图 4-129　马奔跑元件

(3) 马群奔跑动画制作

在场景 1 中，将图层 1 改名为"背景"，在该图层的第 1 帧处导入一背景图片，然后在 30 帧处插入一个关键帧。

新建一个图层，并将名称改为"马群奔跑"，在该图层的第 1 帧从库中将"马奔跑"元件多次拖出到舞台，并利用自由转换工具制作出大小不等的马，然后在该图层的 30 帧出插入一个关键帧，至此马群奔跑动画制作完成，如图 4-130 所示。按 Ctrl+Enter 键测试影片，你会看到在草地上奔跑的马群了。在 30 帧后，可继续制作其余动画。

图 4-130　马群奔跑

2．由局部构成整体

许多复杂的运动主体是由多个相互独立的运动部件构成的，可以分别制作好各个部件的动画元件，然后由这些部件的动画元件组合来构成整体的动画。例如，在人头部的运动中，眼睛、嘴巴是两个独立的运动部件，可通过这两个运动的部件和头部的其余部分一起来构成头部的整体动画。

(1) 部件动画元件制作

① 眼睛动画元件制作

按 Ctrl+F8 键新建一个元件，命名为"眼"，元件类型选为"影片剪辑"，在第 1 帧处绘制一个睁开的眼睛，在第 6 帧处插入一个关键帧，利用编辑工具将眼睛编辑为闭状态，最后在第 7 帧插入一个关键帧。

② 嘴巴动画元件制作

按 Ctrl+F8 键新建一个元件，命名为"嘴"，元件类型选为"影片剪辑"，在第 1 帧处绘制一个张开的嘴巴，在第 6 帧处插入一个关键帧，并将嘴巴编辑为闭状态，在第 9 帧处再插入一个关键帧。

(2) 头部整体元件制作

按 Ctrl+F8 键新建一个元件，命名为"头部整体"，在图层 1 的第 1 帧绘制头部形象（不含眼和嘴）。新建图层 2，在该层的第 1 帧将"眼"元件从库中拖出两次，将其中一个作水平翻转，这样就有了左右两只眼睛。最后将"嘴"元件从库中拖出，排列好眼和嘴的位置，如图 4-131 所示。

图 4-131　多元件组成的头部元件

(3) 头部整体摇动动画制作

① 回到场景 1，在图层 1 的第 1 帧将"头部整体"元件从库中拖出，利用自由转换工具将其中心点移到下边缘中间，并向左旋转一个小角度，如图 4-132（a）所示。分别在第 20、40 帧处插入关键帧，然后单击 20 帧，并将头像向右旋转一个小角度，如图 4-132（b）所示。

② 在第 1 帧和第 20 帧处，在属性面板上将"补间"选为"移动"，这样在 1~20 帧间头部从左向右摇动，在 20~40 帧间头部从右向左摇动，完成了一个摇动的周期。测试动画可以看到在摇动的过程中下巴的位置保持不动，且眼睛和嘴巴在不断地运动。

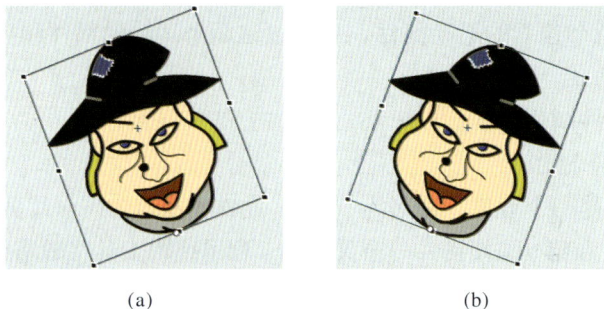

(a)　　　　　　　　　　(b)

图 4-132　头部摇动关键帧画面

3．利用多图层制作动画

(1) 利用多图层上的时间关系制作拖尾动画

① 手机导引动画制作

按 Ctrl+F8 键新建一个动画元件，命名为"手机动画"，在第 1 帧处从库中拖出准备好的手机图形元件，并在属性面板上将"补间"选为"移动"，然后在第 40 帧处插入一个关键帧。

新建一个导引图层，在第 1 帧处绘制一导引曲线，然后在第 40 帧处插入一关键帧。单击图层 1 的第 1 帧，移动手机使中心对齐导引线的左端点，单击图层 1 的第 40 帧，移动手机使中心点对齐导引线的右端点，完成动画的导引。

根据需要，在图层 1 上插入一些关键帧，并在各个关键帧上将手机的方向旋转到和引线方向一致。制作好的手机导引动画如图 4-133 所示。

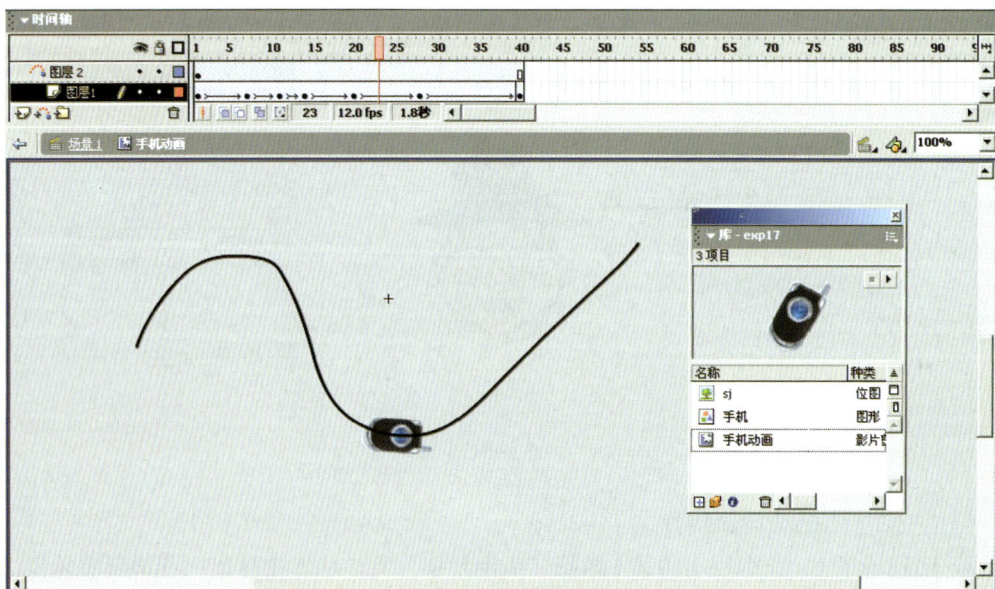

图 4-133　手机动画元件

② 拖尾动画制作

回到场景 1，在图层 1 的第 1 帧处，将"手机动画"元件从库中拖出，然后在第 40 帧处插入一关键帧。

新建多个图层，将图层 1 的 1～40 帧分别错位复制到各个图层，如图 4-134 所示。测试动画就会看到拖尾的效果。

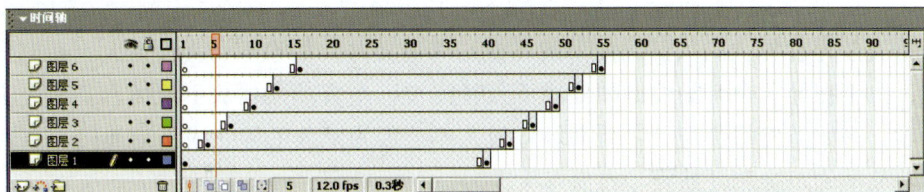

图 4-134　多图层制作拖尾

(2) 利用多个图层制作多个角色的动画

在 Flash 的基本动画方式中，一个图层的同一时间段内，只能制作一个角色的动画，如果有多个角色在同一时间表演，只能分别在不同的图层上制作它们的动画。此外，即使在不同的时间段内，在不同的图层上制作不同角色的动画也有利于动画的修改和管理，是一个好的制作习惯。

4.4.5　动画配音

1. 声音的导入

与导入图片和 GIF 动画一样，按 Ctrl+R 键出现导入面板，在该面板上选择声音文件后，单击"打开"按钮即可将声音文件导入到库中。在 Flash 中可导入的声音文件格式有 MP3、WAV、AIF。

2. 声音的引用

无论在动画元件还是在场景中，在关键帧处都可以引用声音。声音的引用很简单，单击关键帧，然后将声音从库中拖出即可。和其他元件不同，在舞台上看不见声音的任何形象，但在时间面板上可以看到声音的波形，如图 4-135 所示。

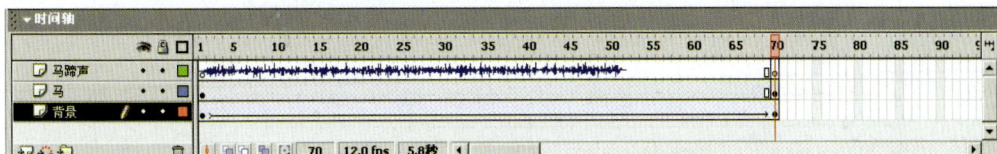

图 4-135　时间面板上的声音波形

3. 声音的同步类型

单击导入了声音的关键帧，在属性面板上就可以设置声音的同步类型，如图 4-136 所示。声音有 4 种同步类型，开始、数据流、事件、停止，同步类型旁边的循环文本框内可输入声音循环播放的次数。

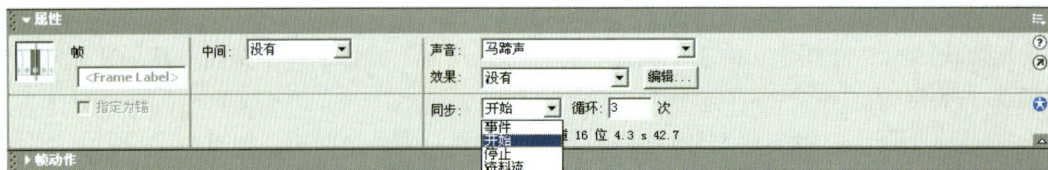

图 4-136　声音的同步设置

开始类型是在导入的关键帧处下载完整的声音文件。如果声音文件太大，在网上播放动画时，由于在导入声音的关键帧处的下载时间长，造成动画播放不流畅，甚至失去与画面的同步。开始类型的声音，一旦开始播放，不会因为动画的停止或结束而停止声音的播放。事件类型的声音和开始类型没有多大差异。

数据流类型的声音是边下载边播放，将声音的数据分配到声音存在的各个帧上下载，这样在每一帧上下载的声音数据就小，不会因为下载声音数据而影响动画播放的流畅性，以及造成声音与画面失去同步。如果在网络广告中使用声音，应该采用数据流类型。数据流类型的声音，在动画结束或停止时不会下载后续的声音数据，所以声音的播放就停止。

"停止"类型用来停止同一声音文件的播放，例如在"马蹄声"图层的第 1 帧从库中拖出"马蹄声"这个声音，将同步类型设为"开始"、"事件"、"资料流"中的任一种类型，然后在该层的第 5 帧处插入一个关键帧，再次拖出"马蹄声"声音，将同步类型设为"停止"，则声音播放到第 5 帧后便停止了。如果停止类型的声音和已开始播放的声音不在同一图层，则只能停止事件和开始启动声音类型，不能停止资料流类型的声音。

4. 声音效果设置

在图 4-136 中可看到，在属性面板上有一个效果选择列表框，有多种声音效果可供选择，根据需要可选择其中的一种效果。如果对已有的效果不满意，可单击旁边的"编辑"按钮编辑效果，编辑面板如图 4-137 所示。在该面板上，可任意添加节点来调整音量的变化。

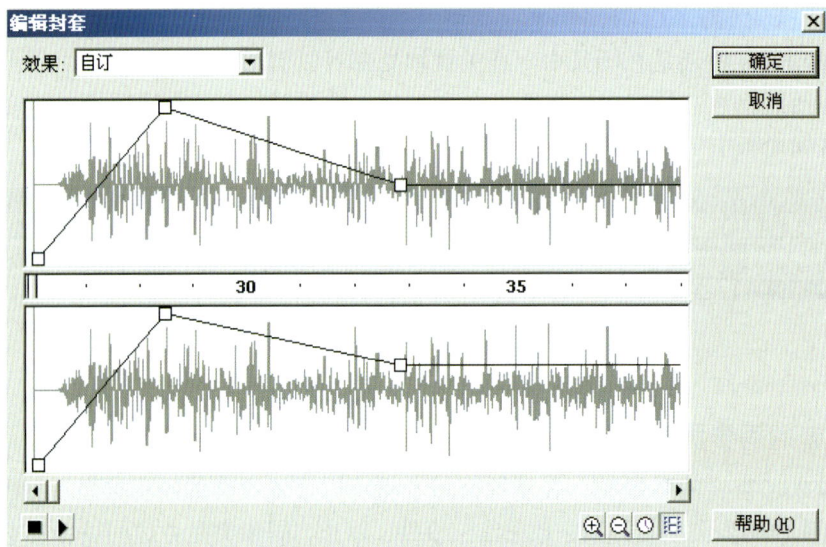

图 4-137　声音编辑面板

4.4.6 动画发布

在"文件"菜单中选择"发布设置"命令，或按 Ctrl+Shift+F12 键进入发布设置面板，如图 4-138 所示。勾选要发布的类型，其中.swf 是 Flash 的影片格式，具有最小的数据量，需要 Flash 的播放器 SAFlashPlayer 来播放，网络广告应该发布这种格式。.exe 格式自带播放器，在 Windows 中可直接播放。

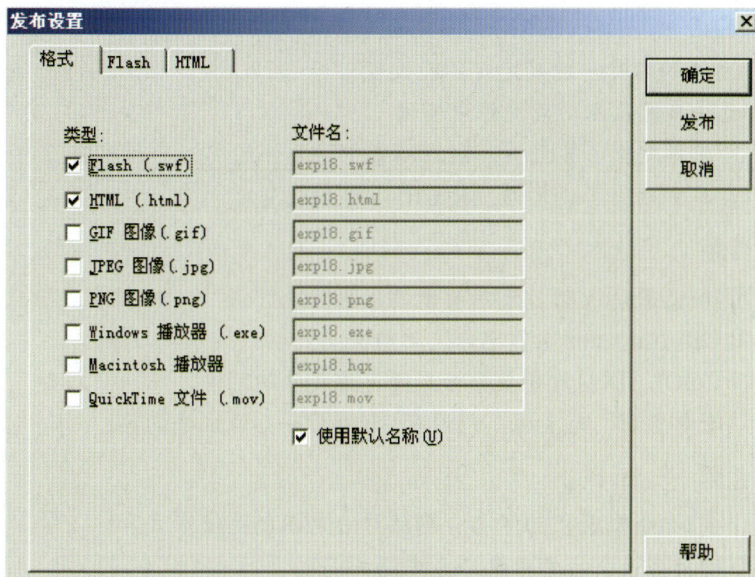

图 4-138 动画发布面板

发布的动画文件保留在 Flash 源文件的同一文件夹内，默认的文件名与源文件相同。如果需要保存为另外的文件，取消"使用默认名称项"的勾选，再输入需要的文件名。设置完成后，单击"发布"按钮发布动画。

4.5 思考与练习题

1. 填空题

(1) 网络广告动画有位图和矢量两种形式，_____ 是位图动画，_____ 是矢量动画。

(2) 能制作三维 GIF 动画的软件是 _____。

(3) 能制作多种 GIF 转场动画的软件是 _____。

(4) 能在动画中加入声音的动画制作软件是 _____。

2. 单项选择题

(1) 关于 ImageReady，下列说法正确的是（　　）。

>>>>>>>>>

    A. 可以导入视频制作动画   B. 可以制作关键帧动画

    C. 可以绘制动画帧画面   D. 不能调整动画播放速度

(2) Flash 影片文件的格式是 (　　)。

    A. SWF   B. FLA   C. AVI   D. MOV

(3) 在 Flash 中，新建元件的快捷键是 (　　)。

    A. F8   B. Ctrl+F8   C. Ctrl+n   D. Alt+F8

(4) 在 Flash 中，关于元件说法正确的是 (　　)。

    A. 元件的名称一经确定就不能改变

    B. 元件只能在本动画文件中使用

    C. 在库中删除了某元件，则在场景中该元件的实例就被删除了

    D. 在库中删除了某元件，按 Ctrl+z 可以恢复

3. 上机题

(1) 利用 ImageReady 制作淡入淡出的动画。

(2) 利用 GIF Animator 制作色彩流动动画。

(3) 利用 COOL 3D 制作麦当劳标志的三维旋转动画。

(4) 以"珍爱生命"为主题，利用 Flash 制作一公益广告动画。

4. 思考题

(1) 为什么 Flash 动画成为了当今网络广告动画的主流形式？

(2) GIF 动画会在今后的网络广告中消失吗？

第5章 网络广告互动技术

互动是网络广告区别于其他媒体广告的主要特征之一，它包括两个方面的含义，一是通过网络能够很方便地与广告主进行交流和沟通；二是网络广告的表现与受众的行为能够产生互动，如鼠标的移动，点击以及键盘上某按键的按下等能影响广告的画面和播放。本章将以 Flash 的脚本语言（Action Script）来介绍受众行为与网络广告表现的互动技术，至于受众和广告主间的交流和沟通，可通过电子邮件、论坛等方式实现，在此不作介绍。

5.1 Flash 脚本语言基础

任何一种编程语言都有自己的语法体系和程序流程控制，编写程序时必须遵守语言规定的语法规则，否则程序就不能正确地执行。

5.1.1 变量与表达式

1. 变量

变量用来记录程序执行过程中的处理信息，其值可以通过程序进行改变。变量有自己的名称和数据类型。

（1）变量的命名规则

在 Flash 脚本语言中，变量的命名要遵守以下规则：

● 变量的名称可由字符或字符与数字的组合形成，但变量的第 1 个字符必须是字母，不能是数字。如：X1 是正确的变量名称，而 1X 则是错误的变量命名。

● 在变量名称中不能使用空白、标点符号以及＋、－、*、＆、／、\、＝、｜、#、@等字符。

● 不能使用 Flash 已使用的关键词，如函数名称、运算符、程序结构表达词等。

● 变量中字符的大、小写不作区分，如：AB、Ab、ab 是同一变量。

（2）变量的数据类型

在 Flash 脚本语言中，常用的数据类型有数值型、字符型和逻辑型。数值型包括整数和小数，数值有大小和正负的概念，如 123、59.56、－34.45；字符型数据是汉字、符号、字母、数字或它们的组合，如"abcd"、"1234"、"ab12$"、"大学生"，在字符型数据中，尽管有数字，但它们并没有数值的含义，如我们的身份证号码、电话号码、房间号码等，虽然都是由数字组成，但它只是一个编号，不体现数值大小；逻辑型数据只有真、假两种情况，

真用 true 表示，假用 false 表示。

在 Flash 脚本语言中，变量的数据类型随着所赋值的数据类型的变化而变化，如 ab=3，这时 ab 变量的数据类型为数值；再比如 ab="abcd"，则 ab 变量的数据类型就是字符。

(3) 变量的赋值

在 Flash 脚本语言中，给变量赋值有两种方式：一是用 =，二是用 set 命令。

● = 赋值

这种方式中，= 左边是变量名称，右边是数据或数据运算表达式，如：

ab=true;　把逻辑值 true 赋给变量 ab 后，变量 ab 的值就为逻辑值 true。

cd=1+2+3+68-20;　将右边的表达式计算结果赋给变量 cd，cd 的值为数值 54。

● set 命令赋值

命令的格式为：set(变量名称，数据或表达式)，如：set("ab"，"abcd")，是把字符串"abcd"赋给变量 ab。

注意：所有标点符号是英文的，不是汉字的标点符号，要切换到英文状态下输入。

(4) 变量的层级关系

我们可以在场景中命名变量，也可以在影视剪辑元件中命名变量，而影视剪辑元件又可以多层嵌套，所以要用层级关系才能正确的表明变量的位置。场景是最高的层级，用 _root 表示，场景中的变量 n 可表示为 _root.n，场景内影视剪辑实例 a 中的变量 n 则表示为 _root.a.n，如果实例元件还有多层嵌套，层级关系为：_root.MovieClip1. MovieClip2.…MovieClipn。

2．表达式

表达式是由变量、数据、运算符号、括弧组成的式子，并可以得到惟一正确的计算结果，如 (45+32)/2+_root.n*2-34。

(1) 运算符

● 算术运算符

加、减、乘、除运算分别用 +、−、*、／ 表示；

递增加、递增减用 ++、−− 表示，如：y++ 能将 y 变量的值增加 1，y−− 能将 y 变量的值减 1；

取余数运算用 ％ 表示，如 45％4 得到的运算结果是 1；括号用 ( ) 表示，如：$((a*3+2)/2+56)/n$。

● 逻辑运算符

与运算的运算符用 and 或 && 表示，如：a and b，a&&b。逻辑与运算的结果见表 5-1。

逻辑或运算的运算符用 or 或 ‖ 表示，如：a or b，a‖b。逻辑或运算的结果见表 5-2。

表 5-1　逻辑与运算结果

a	b	a and b 或 a && b
true	true	true
true	false	false
false	true	false
false	false	false

表 5-2　逻辑或运算结果

a	b	a or b 或 a‖b
true	true	true
true	false	true
false	true	true
false	false	false

逻辑非运算的运算符用 not 或！表示，如 not a, !a。非运算的结果是将变量的逻辑值取反。如果变量的值为 true，非运算的结果为 false。反之，变量的值为 false，则非运算的结果为 true。

● 比较运算符

比较运算的结果是一个逻辑值，如 3>2 的结果是 true。比较运算符号见表 5-3。

表 5-3　比较运算符号

运算方式	运算符号
不等于	!= 或<>
等于	==
大于	>
小于	<
大于等于	>=
小于等于	<=

● 字符运算符

字符只有合并运算，运算符号为 add 或 +，如 "ab" add "cd"，"ab" + "cd" 的运算结果都为 "abcd"。

(2) 运算的优先级

在有括号的表达式中，先运算括号内的表达式，如果有多层括号，先运算最内层括号，再依次运算外层括号。

其他运算符的优先顺序是：乘除运算→余数运算→加减运算→比较运算→逻辑运算。例如，表达式 4+3*2>5+2*2 的运算结果是 true。

注意：所有运算符号均为英文状态下输入的字符，千万别在汉字输入方式下输入。

5.1.2   程序流程控制

一个 Flash 脚本程序包含多条语句，这些语句并非都依次逐条执行，有些语句可能执行多次，而有的则没有执行。控制程序执行流程的有条件结构和循环结构，以下分别加以介绍。

1. 条件结构

（1）if 结构

if 结构的基本形式为：

```
if(条件){
        语句 1；
        语句 2；
            ⋮
        语句 n；
    }
```

条件是一个逻辑值、逻辑变量、逻辑运算表达式或比较运算表达式等，当条件为 true 时才执行{}内的语句；如果条件为 false，则不执行{}内的语句。以下两段程序会得到不同的结果。

```
n=3；                              n=3；
m=3                               m=3
if(n>3){                          if(n>2){
        n=n+m；                          n=n+m；
    }                                 }
n=n+2；                            n=n+2；
```

在左边的程序段中，由于条件为 false，不执行 $n=n+m$ 这条语句，最终的结果是 $n=5$。而右边的程序段中，条件为 true，要执行 $n=n+m$ 这条语句，最终的结果是 $n=8$。

（2）if...else...结构

该结构的基本形式为：

```
if(条件){
        语句段 1；
    }
else{
    语句段 2；
    }
```

当条件为 true 时，执行语句段 1 中的所有语句，不执行语句段 2 中的语句；条件为 false 时，执行语句段 2 中的语句，不执行语句段 1 中的语句。

```
    n=3；                         n=3；
    m=3                          m=3
    if(n>3){                     if(n>2){
            n=n+m；                      n=n+m；
            }                            }
    else{                        else{
        n=n-m；                      n=n-m；
            }                            }
    n=n+2；                       n=n+2；
```

在左边的程序中，由于条件为 false，执行的是 $n=n-m$ 语句，n 的最终结果是 2；右边的程序中条件为 true，执行的是 $n=n+m$ 语句，n 的最终结果是 8。

(3) 条件结构的嵌套

以上两种基本的条件结构可以自身或相互嵌套，嵌套的形式多样，并可多层嵌套。

```
If(条件 1){                      if(条件 1){
        语句段 1；                       语句段 1；
if(条件 2){                      if(条件 2){
        语句段 2；                       语句段 2；
        }                               }
        }                               }
                                else{
                                        语句段 3；
                                        }
```

以上是嵌套形式的两个示例。

2．循环结构

循环结构能使其内的语句重复多次执行，在 Flash 脚本语言中，循环结构有 do...while、while 和 for。

(1) do...while 循环

该循环的基本形式是：

```
do{
    语句段；
    }while(条件)
后续语句；
```

这种循环执行的流程是：首先执行{}内的语句段，然后检查条件是否为 true。只要条件为 true，则重复执行{}内的语句段，直到条件为 false 时才执行后续语句。该执行流程是先执行，后检查条件，所以这种循环结构对于{}内的语句段至少要执行一次。该循环的示例如下：

```
n=3；                              n=0；
do{                               do{
    n=n+3；                           n=n+1；
    }while(n<3)                       }while(n<3)
    n=n+2；                           n=n+2
```

左边程序的结果是 $n=8$，右边程序的结果是 $n=5$。

(2) while 循环

该循环的基本形式是：

```
while(条件){
        语句段；
        }
    后续语句；
```

该循环结构的执行流程是：先检查条件，如果条件为 false，直接跳到后续语句执行；如果条件为 true，则执行{}内的语句段后再检查条件，只要条件为 true，就重复执行{}内的语句段，直到条件为 false 后，才执行后续语句。该执行流程是先检查条件，后执行，所以有可能{}内的语句段一次也不会执行。例如：

```
n=3；                              n=0；
while(n<3){                       while(n<3){
        n=n+3；                           n=n+1；
        }                                 }
n=n+2；                            n=n+2；
```

左边程序执行的结果是 $n=5$，右边程序的执行结果也是 $n=5$。

(3) for 循环

for 循环的基本形式是：

```
for(循环变量初值；循环变量条件表达式；循环变量更新表达式){
                                语句段；
                                }
    后续语句；
```

下面是 for 循环的一个示例：

```
s=0；
for(i=1；i<=10；i++){
                s=s+i；
                }
```

for 循环的执行流程是：每执行一次{}内的程序段，将循环变量在初值的基础上按循环变量更新表达式进行增加，然后检查循环变量条件表达式，如果为 true，就重复执行{}内的

语句段；如果是 false，则跳出循环执行后续语句。

在上述示例程序中，循环变量 i 的初值为 1，每循环一次增加 1，由于条件是 $i \leqslant 10$，所以会循环 10 次，循环结束后，$s=1+2+3+\cdots+10=55$。

(4) 循环的嵌套

以上几种基本循环形式可自身或相互进行嵌套，在有循环嵌套的程序中，外层循环一次，内层循环就要完成一次完整的循环过程，如下是一循环嵌套的例子：

```
s=0；
n=0；
for(i=1；i<=5；i++)
{
  do{
     n=n+1；
     }while(n<3*i)
s=s+i*n；
}
```

在外层的 for 循环作第 1 次循环时，$i=1$，内层循环完成后的结果是 $n=3*i=3*1=3$；for 的第 2 次循环时，$i=2$，$n=3*i=3*2=6$；其他循环次数依次类推。所以，s 的最后结果是 $s=1*3+2*6+3*9+4*12+5*15=165$。

5.1.3 事件与程序执行

Flash 的脚本程序需要事件的驱动才能执行，能驱动脚本程序执行的有播放帧事件、鼠标事件、影片剪辑事件等。

1. 播放帧事件

在 Flash 的场景和元件的关键帧处都可以编写脚本程序，但这些程序只有在播放该帧时才能执行，并且每播放一次就执行一次。

(1) 帧脚本程序的执行

● 在图层 1 的第 1 帧处输入文字"耐心等待结果 s 的值是："，然后在第 20 帧处插入一关键帧。

● 在第 20 帧处利用文本工具拖出一文本框，放置在已有文字的后面，并在属性面板上将文字类型设为"动态文本"，变量名称框内输入 s，如图 5-1 所示。

动态文本框是用来显示脚本程序计算结果的，其变量 s 就是显示程序中 s 变量的结果。

● 右键单击图层 1 的 20 帧，在弹出的快捷菜单中选择"帧动作"项，打开脚本程序编辑器，在其内输入上页循环嵌套例子的全部语句，并在其后添加 stop() 语句，如图 5-2 所示。

由于 Flash 影片会自动循环播放，所以要添加 stop() 语句使影片停止播放，这样才能清楚地看到 s 的结果。如果不能输入语句，单击编辑器右上角的小三角，并勾选"专家模式"。

测试影片，要等一会后才出现 s 的结果显示，这是因为在 1～19 帧脚本程序并没有执行，直到播放 20 帧时脚本程序才执行，执行后产生了两个结果，一是计算出了 s；二是使影片停止了播放。

>>>>>>>>>

图 5-1　动态文本框

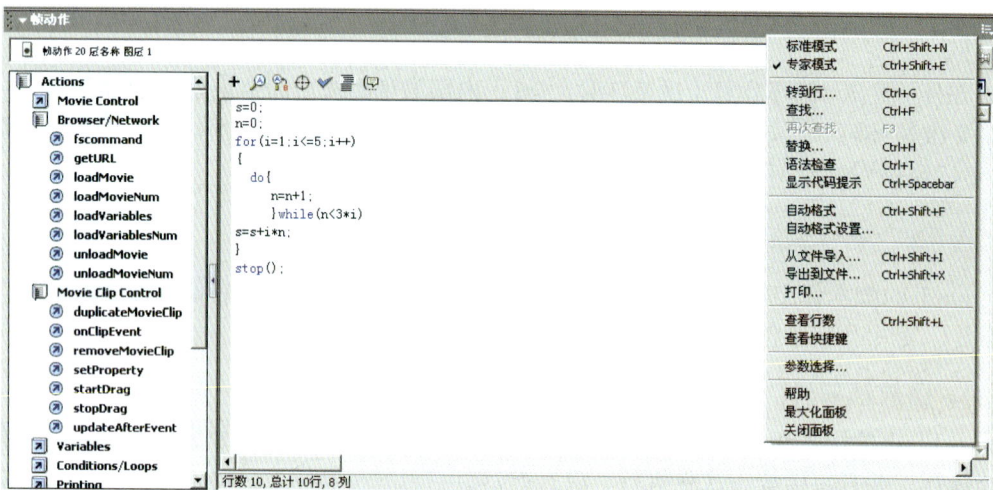

图 5-2　程序编辑器

(2) 帧脚本程序的重复执行

● 在图层 1 的第 1 帧处用文本工具输入"n 的值是："，在属性面板上将文本类型选为"静态文本"。然后再拖出一文本框，将文本类型选为"动态文本"，并在变量框中输入 n。

● 在第 1 帧处输入脚本语句 n=n+1。

● 在第 2 帧处插入一空白关键帧。

测试影片，会看到 n 的数值在不断增加。这是因为影片共有两帧，并且影片要自动循环播放，每循环播放一次，第 1 帧上的脚本程序就要执行一次。如果去掉第 2 帧，影片就只有 1 帧了，这时影片无法循环播放，所以第 1 帧上的脚本程序只能执行一次，看到 n 的值永远是 1。

2. 鼠标事件

(1) 鼠标事件的类型

鼠标事件有多种类型，事件名称及对应的鼠标动作见表 5-4。

表 5-4　鼠标事件与鼠标动作对应表

鼠标事件名称	鼠 标 动 作
Press	在按钮触发区内按下鼠标左键
Release	在按钮触发区内松开鼠标左键
ReleaseOutside	在按钮触发区外松开鼠标左键
RollOver	光标移入按钮触发区内
RollOut	光标移出按钮触发区外
DragOver	按住鼠标左键不放，将光标移入按钮触发区内
DragOut	按住鼠标左键不放，将光标移出按钮触发区外
Key Press	按下键盘上的某个键

(2) 按钮脚本程序的书写

鼠标事件只能使按钮上书写的脚本程序执行。在一个按钮上可以书写多个鼠标事件的脚本程序。按钮脚本程序的书写方法如下：

右键单击舞台上的按钮，在弹出的快捷菜单上选择"动作"命令，进入脚本程序编辑器。在编辑器内输入脚本程序，输入时事件和对应的脚本程序有如下格式：

```
on(事件名称){
        语句段；
        }
```

下面是按钮脚本程序的一个示例。

首先在舞台上拖出一动态文本框，在变量框内输入 n，然后从库中拖出一按钮元件，并在该按钮上书写如下脚本程序：

```
on(Release){
    n="你松开了鼠标左键"；
        }
on(Press){
    n="你按下了鼠标左键"
        }
on(KeyPress"a"){
    n="你按下了键盘上的 A 键"
            }
```

(3) 按钮脚本程序的执行

当触发鼠标事件时，只执行按钮上鼠标事件所对应的程序段，每触发一次就执行一次程序。例如，在上述程序中，如果在按钮上按下鼠标左键，你就会看到"你按下了鼠标左键"的字样；按下键盘上的 A 键，看到的就是"你按下了键盘上的 A 键"的字样；如果你再次在按钮上按下鼠标左键，你会再次看到"你按下了鼠标左键"。

>>>>>>>>>>

3．影片剪辑事件

除了在关键帧和按钮上可以编写脚本程序外，在影片剪辑实例上也可编写脚本程序，这些程序要在触发影片剪辑事件时才能执行。

(1) 影片剪辑事件的类型

影片剪辑事件的类型如表 5-5 所示。

表 5-5　影片剪辑事件名称与含义

事件名称	含　义
Load	影片剪辑被加载时执行程序（只执行一次）
EnterFrame	播放影片剪辑的帧时执行程序（反复执行）
Unload	影片剪辑被释放时执行程序
Mousedown	按下鼠标左键时执行程序
MouseuP	松开鼠标左键时执行程序
Mousemove	每次移动鼠标时执行程序
KeYdown	按下键盘上的任何键时执行程序
KeYuP	放开键盘上任何键时执行程序
Data	当外部数据使用"load Variable"或"Loadmovie"加载时执行程序

(2) 影片剪辑脚本程序的书写

与按钮上的脚本程序一样，在影片剪辑的实例上可以编写多个事件的脚本程序，每个事件的脚本程序书写有如下基本格式：

onClipEvent(事件名称){

　　事件发生时执行的语句段；

　　　　　　}

制作一个马原地奔跑的影片剪辑元件，将其命名为"马"，然后将影片剪辑元件"马"从库中拖出到舞台上，并在属性面板上将该实例命名为 a，如图 5-3 所示。右键单击舞台上的"马"，在弹出的快捷菜单中选择"动作"选项进入脚本程序编辑器，在编辑器内输入如下程序：

onClipEvent(Load){

　　stop();

　　}

onClipEvent(Mousedown){

　　play();

　　}

onClipEvent(Keydown){

　　_root.a._x=_root.a._x–5;

　　}

图 5-3 "马"元件的实例命名

(3) 影片剪辑脚本程序的执行

一个影片剪辑事件的发生，只执行相应事件内的程序段，事件发生一次就执行一次。测试上面制作的影片，你会发现马没有奔跑的动作，这是因为影片开始时发生了影片剪辑加载事件（Load），执行了该事件内的stop()语句，使影片剪辑停止了播放；按下鼠标左键（在任何地方），你会发现马开始了原地跑动，这是因为执行了该事件内的play()语句，使影片剪辑开始播放；按下键盘上的任何一个键，你会发现马向左边移动了一小段距离，以后每按一次键，马就移动一次，这是因为每按一次键都要执行一次该事件内的 _root.a._x=_root. a._x-5语句，该语句使"马"这个元件在场景中的实例a的x坐标原来的基础上减少5个像素，从而实现了向左移动。

5.1.4　脚本程序编辑器的使用

1. 两种编辑模式

(1) 标准模式

单击编辑器右上角的小三角按钮，在弹出的菜单中选择"标准模式"，就进入脚本程序的标准模式编辑。这种模式是为初学者准备的，在该模式下，只能通过单击右边的树形命令菜单来输入命令。如果命令有参数，则会出现参数输入面板，可在该面板上输入相关参数，如图5-4所示。

该模式的最大好处是不需自己敲击键盘来输入程序，不会出现输入错误，对于键盘不熟练的用户和命令不熟悉的用户非常有用，但每输入一条语句都要通过多次单击鼠标才能完成，这对于一个真正的程序员来说，其输入效率就显得太低。

如果对分级菜单不熟悉，可以单击最下部的index，在那里可以找到所有的运算符号和命令，而且是按字母顺序排列的。

>>>>>>>>>

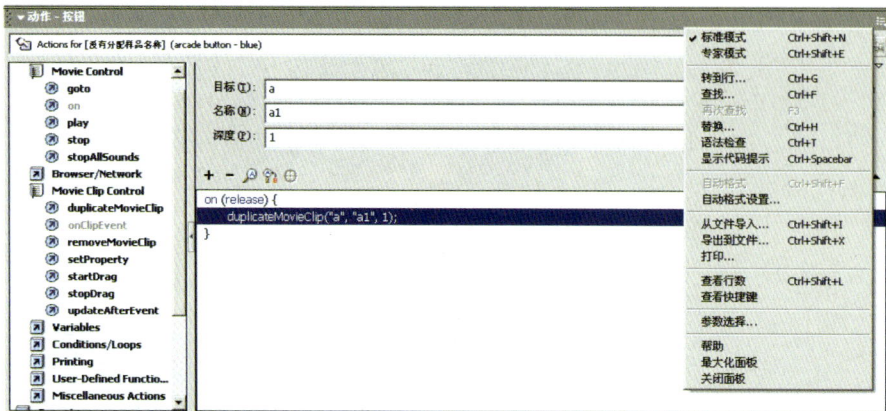

图 5-4　命令的参数输入

(2) 专家模式

专家模式的进入如图 5-2 所示,该模式是为专业的 Flash 脚本程序员设置的。在该模式下,可以自己用键盘输入程序语句,也可通过左边的命令菜单输入,但没有参数输入面板,命令的参数要自己输入。对于键盘和命令都十分熟悉的用户,在专家模式下有很高的输入效率,而且编辑和修改自由而方便,缺点是容易产生输入错误。

(3) 两种模式间的切换

在标准模式下输入的程序,只要将编辑模式转换为专家模式后就可以自由输入、编辑和修改,但在专家模式下输入的程序,只有在没有语法错误的情况下才能切换到专家模式下继续编辑程序,如果存在语法错误,是不能切换到标准模式的。一般情况下,通常在两种模式间切换来完成程序的输入和编辑,利用标准模式的规范,发挥专家模式的灵活性。

2. 程序的编辑

(1) 常规编辑

在专家模式下,程序的移动、复制、粘贴、删除等常规编辑操作和 Word 相同,选择后拖动即可实现移动,Ctrl+C、Ctrl+V 可实现复制和粘贴。

(2) 程序代码的字体、颜色与大小设置

单击编辑器右上角的小三角按钮,在弹出的快捷菜单中选择"参数选择",弹出如图 5-5 的设置面板,在该面板的"动作脚本编辑"栏内可设置程序代码的字体、颜色与大小。

(3) 查找与替换

单击编辑器上的 🔎 按钮,出现查找面板,在弹出的查找面板上输入要查找的字符串,按继续查找按钮便能在程序中找到指定的字符串。

图 5-5　代码的参数选择

单击替换按钮 🔧 ,在替换面板的"查找到"文本框内输入要查找的字符串,在"替换为"文本框内输入用以替换的字符串,单击"替换"按钮将当前查找到的字符串进行替换,

按"全部替换"按钮则将程序中所有查找到的字符串进行替换。查找和替换面板如图5-6所示。

(a)

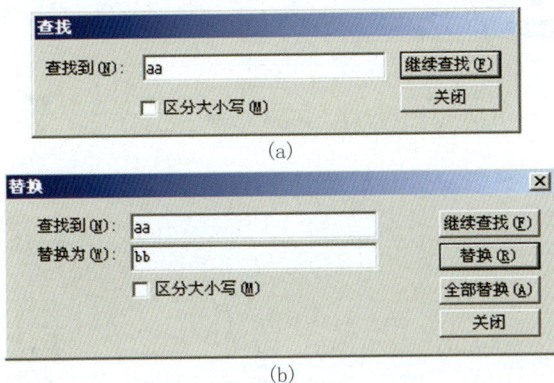

(b)

图5-6 代码的查找与替换

(4) 添加程序行号

单击编辑器右上角的小三角按钮，在弹出的快捷菜单中选择"查看行号"，则在编辑器内显示程序语句的行号。

3. 程序查错

单击编辑器上的 ✓ 按钮就可以检查程序是否有语法错误。如果程序没有语法错误，会弹出"This script contains no errors."的信息面板；如果有错误，则弹出"This script contains errors.The errors encountered are listed in the output windows"的信息面板，并弹出输出窗口，在该窗口内列出了错误的位置和类型。

5.2 影片与影片剪辑对象

在网络广告的互动中，很多情况是对影片和影片剪辑实施控制。影片的控制主要通过播放控制命令来完成，而影片剪辑则通过修改属性和利用播放控制方法来实施控制。

5.2.1 影片控制命令

1. stop()命令

该命令的功能是使影片在当前播放帧处停止播放，什么时候执行stop()命令，影片什么时候就停止播放。影片停止播放的本质含义是播放头停止不动，并非一定能得到静止画面，因为影片即使停止在某一帧不动，但影片中的影片剪辑实例仍会按自己的时间轴循环播放。

在图5-7的影片中，马本身是一个原地跑动的影片剪辑元件实例，在影片中将该实例制作了从右向左移动的动画，形成了马从右向左奔跑的动画效果。在播放控制层的第1帧处拖出停止按钮和播放按钮，在stop按钮上输入如下脚本程序：

```
on(press){
        stop();
    }
```

>>>>>>>>>

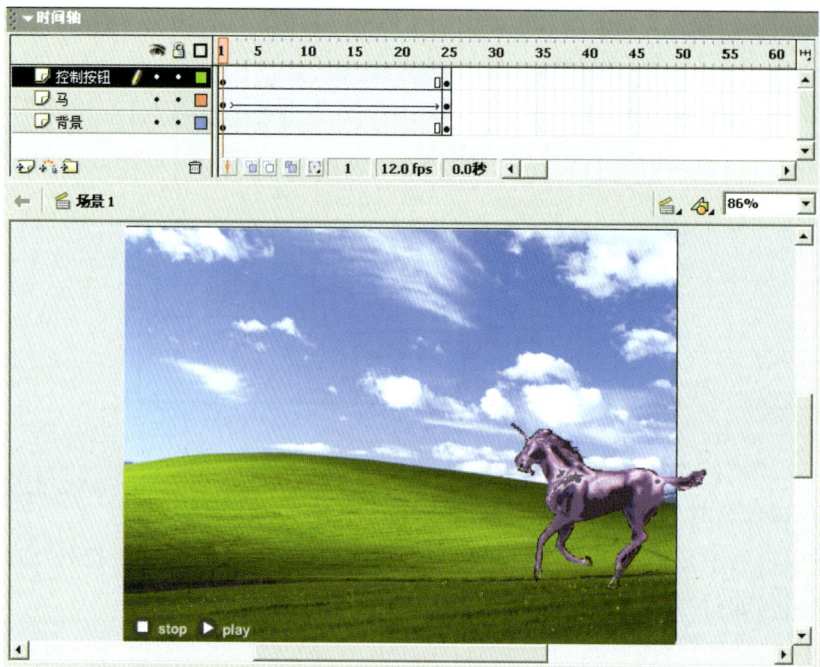

图 5-7　影片的停止与播放按钮

测试该影片，当单击 stop 按钮时，会发现马停止了向右边的移动，但马仍在原地奔跑。

2. play()命令

该命令的功能是使影片从当前停止的帧处开始播放。在图 5-7 的 play 按钮中，输入如下脚本：

```
on(press){
        play();
        }
```

测试影片，单击 stop 按钮后，马停止向左移动；如果再单击 play 按钮，则马又从停止的位置继续向左奔跑。

3. gotoAndStop()命令

该命令的功能是跳转到影片的指定位置停止，命令的格式是：

gotoAndStop (场景名称，帧序号、表达式或帧标签名)。如果省略场景名称，则跳转到本场景中的指定帧处停止。例如：

gotoAndStop (″场景 2″，23)，跳转到场景 2 的 23 帧处停止；

gotoAndStop (″场景 2″，2*5+8)，由于表达式的计算结果是 18，所以跳转到场景 2 的 18 帧停止；

gotoAndStop (23)，跳转到本场景的 23 帧停止；

gotoAndStop (″场景 2″，″b″)，跳转到场景 2 的帧标签为 b 帧处停止。

帧标签名的设置在属性面板中完成，单击帧后即可在属性面板中输入标签名，如图 5-8 所示。

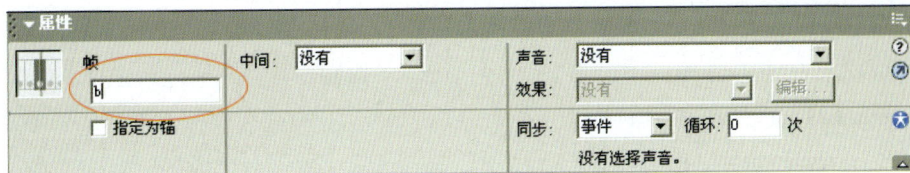

图 5-8 帧标签设置

4. gotoAndPlay()命令

该命令的功能是跳转到影片的指定位置并播放其后的影片，命令的格式如下：

gotoAndPlay (场景名称,帧序号、表达式或帧标签名)

命令参数的含义和 gotoAndStop ()命令相同。

5. nextFrame()命令

该命令的功能是使影片跳到当前帧位的下一帧上停止。

6. prevFrame()命令

该命令的功能是使影片跳到当前帧位的上一帧上停止。

利用 nextFrame()、prevFrame()、gotoAndStop()命令可实现影片的逐帧进退和快速进退，在影片内导入一视频文件，在控制图层中拖出快进、快退、逐帧进、逐帧退 4 个按钮，如图 5-9 所示。在逐帧后退按钮(左数第一个)上输入如下脚本：

```
on(press){
        prevFrame();
    }
```

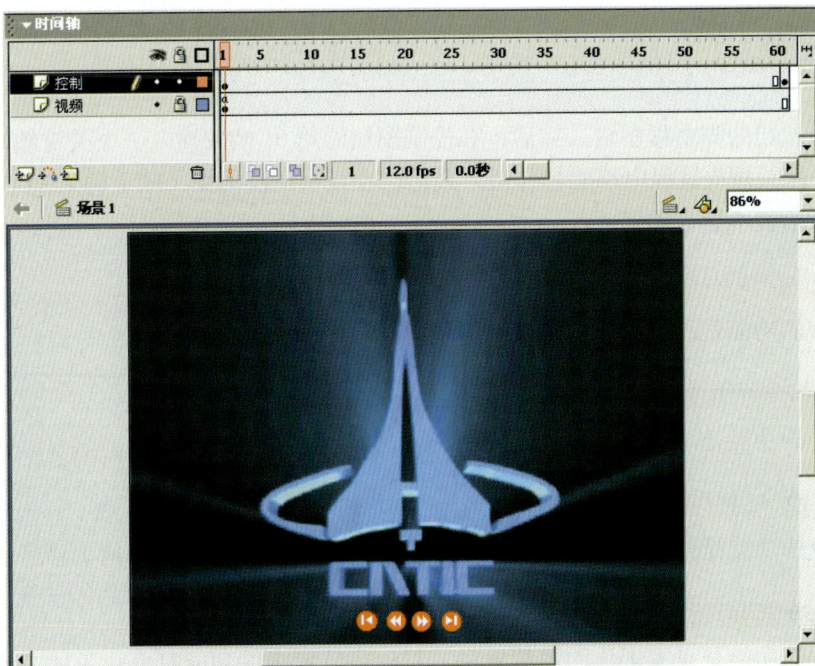

图 5-9 影片的播放控制按钮

在快退按钮(左数第 2 个)上输入如下脚本：

```
on (press) {
    gotoAndStop(_currentFrame+5);
    if(_currentFrame>=_totalFrames){
            gotoAndStop(_totalFrames);
                }
        }
```

在该段脚本程序中，_currentFrame 和 _totalFrames 是影片的内置参数，前者表示当前影片播放的帧数，后者表示影片的总帧数。该段脚本程序完成的功能是每按 1 次按钮，影片向下跳 5 帧，如果跳的帧位超过片尾，则停止在影片的最后一帧。

在快进按钮(左数第 3 个)上输入如下脚本：

```
on (press) {
        gotoAndStop(_currentFrame-5);
        if(_currentFrame<=1){
                gotoAndStop(1);
                    }
            }
```

该段脚本程序完成的功能是每按 1 次按钮，影片向上跳 5 帧。如果跳的帧位超过片头，则停止在影片的第 1 帧上。

在逐帧前进按钮(左数第 4 个)上输入如下脚本：

```
on(press){
        nextFrame();
            }
```

将每个按钮的脚本程序输入完后，在控制图层的第 61 帧处插入一个关键帧，使按钮的功能在整个视频播放过程中都能起作用。最后，在视频图层的第 1 帧上输入 stop()命令，这样影片一开始就不会自动播放了。

7. nextSence()命令

该命令的功能是跳转到影片的下一个场景的第 1 帧上停止。

8. prveSence()命令

该命令的功能是跳转到影片的上一个场景的第 1 帧上停止。

9. stopAllSound()命令

该命令的功能是停止影片中正在播放的所有声音，包括影片剪辑内的声音。

10. toggleHighQuality()

该命令的功能是设置影片的播放质量，可以将反锯齿的功能打开或关闭，即每执行一次命令，反锯齿功能的状态就翻转一次。

5.2.2 影片剪辑对象的属性与控制

Flash 脚本语言是一种面向对象的编程语言，影片剪辑的实例在 Flash 脚本编程中视为一种对象，该对象有许多属性，并可以修改这些属性的值。

1. 属性

影片剪辑对象的属性名称、含义及可修改性质见表 5-6。

表 5-6　影片剪辑对象属性常量表

属性名称	可否修改	含　义
_alpha	可以	对象的透明属性，取值范围为 0~100，0 完全透明，100 完全不透明
_currentFrame	不可以	对象当前播放帧的序号
_dropTarget	不可以	被拖动对象落入的对象路径
_framesLoaded	不可以	返回对象已被下载的帧数
_heigh	不可以	对象的高度，以像素为单位
_name	可以	对象在影片中的实例名称
_rotation	可以	对象的旋转角度
_totalFrames	不可以	对象的总帧数
_target	不可以	对象的路径
_url	不可以	对象载入的地址，在本机上是磁盘路径，在网络上则是网址
_visible	可以	对象的可见性，0 或 false 不可见，1 或 true 可见
_width	可以	对象的宽度，以像素为单位
_x	可以	对象的 x 坐标，以像素为单位
_y	可以	对象的 y 坐标，以像素为单位
_xmouse	不可以	以对象中心为坐标原点的鼠标 x 坐标
_ymouse	不可以	以对象中心为坐标原点的鼠标 y 坐标
_yscale	可以	对象的 x 方向比例，100 为原始大小，小于 100 缩小，大于 100 放大
_yscale	可以	对象的 y 方向比例，100 为原始大小，小于 100 缩小，大于 100 放大
_quality	可以	对象的图形质量，有 best、high、medium、low 等 4 个等级

2. 对象的路径

由于在 Flash 影片中元件可以进行多层嵌套，为了能控制各级的影片剪辑，需要以路径来确定影片剪辑。影片剪辑的路径分为绝对路径和相对路径。

（1）绝对路径

绝对路径的表达是从场景开始的，按照元件的嵌套层级依次书写，其形式为：

_root.实例名 1.实例名 2....实例 n；

场景是最高层级，用 _root 表示。

>>>>>>>>>>

例如，在影片中制作了影片剪辑元件"马"，然后再制作一个影片剪辑元件"马群"，在该元件中 4 次从库中拖出元件"马"，并分别将 4 个实例命名为 ma1、ma2、ma3、ma4，最后将元件"马群"从库中拖到场景中，并将该实例命名为 maqun。则 4 个马元件实例的绝对路径分别为：_root.maqun.ma1、_root.maqun.ma2、_root.maqun.ma3、_root.maqun.ma4。

(2) 相对路径

相对路径是从执行对象控制命令的当前嵌套层级开始依次书写其后的嵌套层级，格式为：this.实例名 1.实例名 2.....实例 n。

如果在当前层级要对上一层级的元件实例进行控制，则可用 _parent 表示。如果用 _parent 连用，如 _parent._parent._parent...，则可表示当前层级以上的各个层级。

3．属性的提取与修改

(1) 属性值的提取

方法一：

用"对象路径.属性名称"的格式便可提取对象的属性值，如 _root.maqun._alpha；_root.maqun.ma1._x。如果要将提取的属性值赋给一个变量，则用"="赋值即可，如：

tmd=_root.maqun._alpha；

xzb=_root.maqun.ma1._x；

方法二：

利用 getProperty()命令提取属性值，该命令的格式为：

getProperty(对象路径或表达式，属性名称)；

如：getProperty(_root.maqun，_alpha)；getProperty("_root.maqun" add".ma1"，_alpha)。

(2) 对象属性的修改

方法一：

用"="将数据或表达式赋给属性变量即可修改属性值，如：

_root.maqun._alpha=50；

_root.maqun.ma1._name="horse" add " one"；

方法二：

用 setProperty()命令设置对象属性，该命令的格式为：

setProperty(对象路径或表达式，属性名称，属性值或表达式)；如：

setProperty (_root.maqun，_alpha，50)；

setProperty ("_root.maqun" add".ma1"，_alpha，50+12*3)；

4．属性控制综合实例

(1) 将手机 1、手机 2、手机 3 三张图片导入到库中。新建按钮元件"手机 1 按钮"，在反应区插入一个空白关键帧，将手机 1 图片从库中拖出。这样按钮有反应区，但其他状态为空白。

(2) 新建影片剪辑元件"sj1"，先将手机 1 图片拖出，再将"手机 1 按钮"元件拖出放在图片之上，如图 5-10 所示。

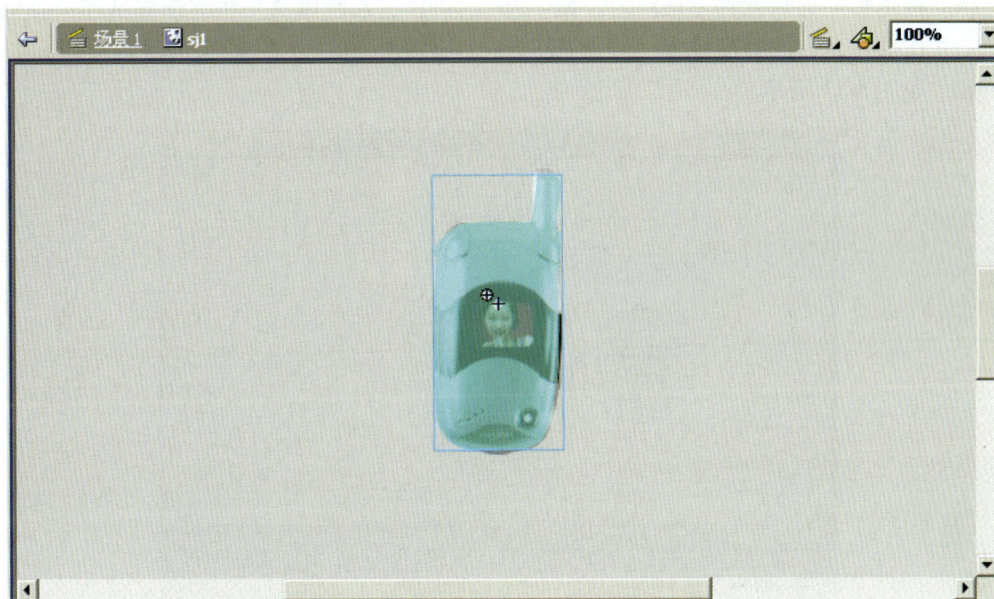

图 5-10　sj1 元件

在按钮上书写如下脚本程序：

```
on (rollOver) {
    this._xscale=150;
    this._yscale=150;
    }

on (rollOut) {
    this._xscale=100;
    this._yscale=100;
    }
```

由于this表示执行命令的当前层级，所以上述脚本程序完成的功能是当鼠标滑入按钮反应区时元件本身放大到150%；而当鼠标滑出反应区后，又回到正常状态。

(3) 按同样的方法制作"手机 2 按钮"元件和"sj2"元件，只是在该元件的按钮中输入如下的脚本程序：

```
on (press) {
    _parent._alpha = 50;
    }
on (release) {
    _parent._alpha = 100;
    }
```

>>>>>>>>

本段程序的功能是当在按钮上单击鼠标时，将上一层级的元件实例透明度属性设为50，即半透明状态；当松开鼠标时将透明度设为100，回到正常状态。

（4）新建影片剪辑元件"sjqun"，将"sj1"、"sj2"元件以及手机3图片从库中拖到场景中，并按从左到右的顺序排列。分别将"sj1"元件和"sj2"元件的实例命名为shouji1和shouji2，如图5-11所示。

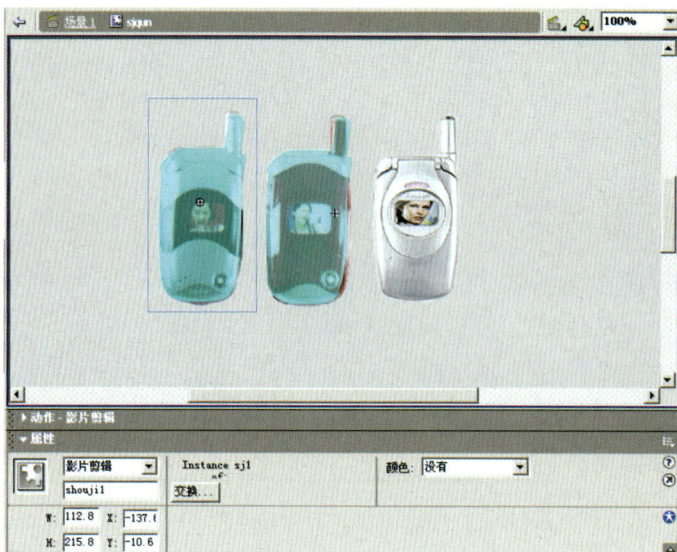

图5-11 sjqun元件

（5）将元件"sjqun"从库中拖到场景，并将其实例命名为shoujiqun。从公用库中拖出向上和向左两个按钮，如图5-12所示。

在向左的按钮上输入如下脚本程序：

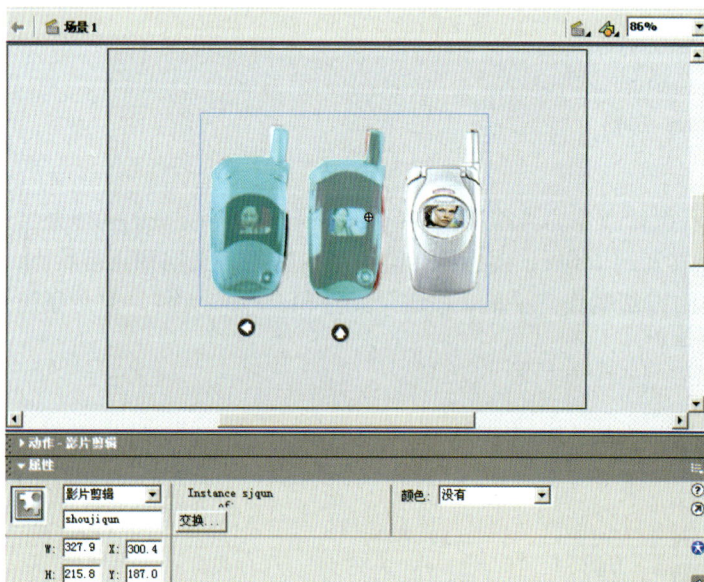

图5-12 sjqun元件的实例命名

```
on (press) {
    _root.shoujiqun._x= _root.shoujiqun._x-5；
    }
```

该段脚本程序的功能是：在按钮上按一次鼠标左键，就将场景内的 shoujiqun 对象的 *x* 坐标减少 5 个像素，即向左移动 5 个像素。

在向上的按钮上输入如下脚本程序：

```
on (press) {
    _root.shoujiqun.shouji2._y= _root.shoujiqun.shouji2._ y-5；
    }
```

该段脚本程序的功能是：在按钮上按一次鼠标左键，就将场景内的 shoujiqun 对象的下层对象 shouji2 的 *y* 坐标减少 5 个像素，即向上移动 5 个像素。

测试影片，当鼠标光标滑入左边的手机时，本手机放大了；光标离开手机时，该手机又恢复到了原来的大小，这是因为执行了元件"sj1"内按钮上的脚本程序。在中间手机上按下鼠标左键，就会发现全部手机处于半透明状态，而松开鼠标左键时又回到了正常状态。这是因为执行了元件"sj2"内按钮上的脚本程序，虽然脚本程序在"sj2"内书写的，但该程序是修改其上一层级（_parent）的属性，而"sj2"的上一层级正是"sjqun"。单击向左的按钮，会发现全部手机向左移动，这是因为该按钮上的脚本程序修改了"sjqun"元件在场景内的实例对象"shoujiqun"的 *x* 坐标。单击向上的按钮，会发现中间手机向上移动，是因为该按钮上的脚本程序修改了"sj2"元件实例对象 shouji2 的 *y* 坐标，该对象是 shoujiqun 对象的下级对象。

5.2.3　影片剪辑对象的方法

1. 复制 / 载入 / 删除

（1）复制

影片剪辑对象复制使用的方法是 duplicateMovieClip（），其语法格式为：

anyMovieClip.duplicateMovieClip(New name,depth)

说明：anyMovieClip 是被复制的影片剪辑对象的实例名；New name 是复制出的影片剪辑对象的实例名；depth 是复制的影片剪辑对象实例所在的层级，为整数。

应用举例：导入一张伊利牛奶的图片，并将它转换为影片剪辑元件，如图 5-13（a）所示。在该影片剪辑实例上书写如下脚本：

```
onClipEvent (enterFrame) {
    for(i=1；i<9；i++){
        this.duplicateMovieClip("yl" add i,i)；
        if(i<5){
            setProperty("_root.y1" add i,_x,this._x+i*30)；
            setProperty("_root.y1" add i,_y,this._y+i*30)；
            }
        else{
            setProperty("_root.y1" add i,_x,this._x+i*30)；
```

```
        setProperty(″_root.y1″ add i,_y,this._y+(8-i)*30)；
    }
  }
}
```

测试该影片，得到图 5-13(b)所示的结果。除原有的一个影片剪辑实例外，其余的 8 个是由复制方法生成的。

(a)

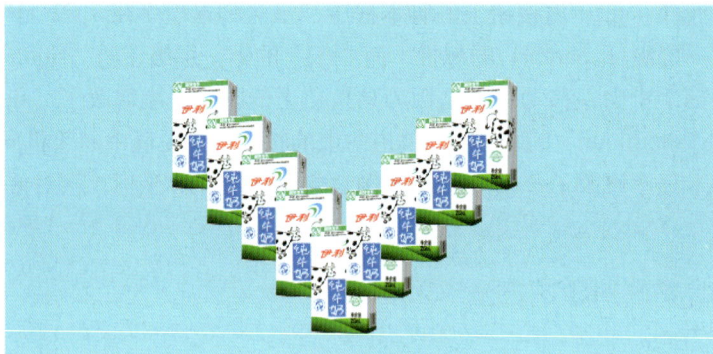

(b)

图 5-13　脚本复制的影片剪辑对象

(2) 载入库中的影片剪辑元件

载入库中影片剪辑元件的方法是 attachMovie（），其语法格式为：

anyMovieClip.attachMovie (id,New name,depth)

说明：anyMovieClip 是载入影片剪辑元件的影片剪辑对象的实例名，也可不用影片剪辑实例，直接用 _root 载入；id 是被载入影片剪辑元件在库中的连接名；New name 是载入影片剪辑元件的实例名；depth 是载入影片剪辑元件实例所在的层级，为整数。

应用举例：导入 3 张手机图片，分别将它们转换为影片剪辑元件，命名为 sj1、sj2、sj3，并删除场景中的各个手机元件实例。新建一个影片剪辑元件，命名为"空元件"，在该元件内没有任何内容，把该元件从库中拖出 3 次，将 3 个实例命名为 a、b、c，由于该元件内没有内容，在场景中只能看到 3 个小圆圈，如图 5-14 所示。在库中用右键单击 sj1 元件，在弹出的快捷菜单中选择"连接"项，弹出连接属性设置面板，如图 5-14 所示，将 sj1、sj2、sj3 元件的连接名分别设为 s1、s2、s3。

图 5-14 为元件设置连接名

在场景的第 1 帧上书写如下脚本：

a.attachMovie(″s1″, sl1, 1)；

b.attachMovie(″s2″, sl2, 2)；

c.attachMovie(″s3″, sl3, 3)；

测试影片，可看到上述脚本程序执行后载入的 3 个手机元件实例，如图 5-15 所示。从图中可以看出：从库中载入的影片剪辑元件实例的位置坐标就是载入它的影片剪辑实例的坐标。如果用 _root 载入，载入的影片剪辑元件实例的 x、y 坐标均为 0，即位于场景的左上角。

图 5-15 从库中连接到场景的手机元件

(3) 载入外部 Flash 影片

loadMovie() 方法可以载入存放在本机磁盘上或网络上的 Flash 影片（.swf），其语法格式为：

anyMovieClip.loadMovie(url[,variables])

说明：anyMovieClip 是载入影片的影片剪辑实例名，它的位置决定了载入影片的位置；url 是影片所在的绝对或相对路径；variables 是当加载影片时变量传送的方式，可为 Post 或 Get，没有变量传送，该项可省。

应用举例：制作一个空影片剪辑元件，把它从库中两次拖出到场景，将两个实例分别命名为 a、b。在场景中制作两个按钮，分别为"从本地盘载入"和"从网上载入"，在前一按钮上输入如下脚本：

```
on (press) {
    a.loadMovie(″/ma.swf″);
    }
```

在后一按钮上输入如下脚本：

```
on (press) {
    b.loadMovie(″myweb.com/ma1.swf″,get);
    }
```

测试影片，单击从"从本地盘载入"按钮，则将与本影片相同文件夹下的 ma.swf 影片同时载入到场景，如图 5-16 所示。

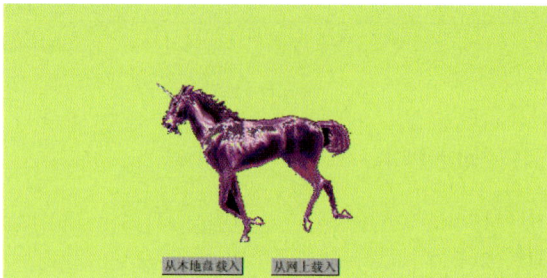

图 5-16　从磁盘载入的影片

(4) 删除影片剪辑

利用 removeMovieClip() 方法可删除由 duplicateMovieClip() 复制和 attachMovie() 从库中载入的影片剪辑实例，其语法格式为：

anyMovieClip.removeMovieClip();

说明：anyMovieClip 是复制或从库中载入的影片剪辑实例名。

(5) 卸载 Flash 影片

利用 unloadMovie() 可卸载由 loadMovie() 载入的影片或由 attachMovie() 载入的影片剪辑实例。其语法格式为：

anyMovieClip.unloadMovie();

说明：anyMovieClip 是指载入影片或从库中载入的影片剪辑实例名。

应用举例：在图 5-16 的例子中，如果将"从本地盘载入"按钮上的脚本改为：

```
on (press) {
    a.loadMovie(″/ma.swf″);
    }
on (release) {
    a.unloadMovie();
    }
```

测试影片时会发现：当在按钮上按下左键时看到有马在原地奔跑，松开左键时马就消失了。

2. 播放控制

(1) 播放与停止

影片剪辑播放的方法是 play()，停止的方法是 stop()，语法格式为：

anyMovieClip.play()；anyMovieClip.stop()

说明：anyMovieClip 是指被控制的影片剪辑实例名。

应用举例：制作一个伊利牛奶闪烁的影片剪辑元件，3 次从库中拖出，将 3 个实例分别命名为 a、b、c。再制作一个透明按钮，其大小、形状和场景中的 3 个实例完全相同，如图 5-17。在透明按钮上输入如下脚本：

```
on (rollOver) {
    a.play() ;
    b.play() ;
    c.play() ;
}
on (rollOut) {
    a.stop() ;
    b.stop() ;
    c.stop() ;
}
```

图 5-17   场景中的牛奶元件实例与按钮

测试影片，会发现当鼠标进入任何一个牛奶盒上，3 个闪烁动画播放；而光标移出时，3 个闪烁动画停止。

(2) 跳转播放与停止

影片剪辑跳转播放的方法是 gotoAndPlay()，跳转停止的方法是 gotoAndStop()，其语法格式为：

anyMovieClip.gotoAndPlay(frame)；anyMovieClip.gtotoAndStop(frame)

说明：anyMovieClip 是指被控制的影片剪辑实例名；frame 是跳转到的目标帧序号，为整数。

应用举例：制作一个汽车图片的转场影片剪辑元件，使其第 1 帧为空白，在第 1 帧内输入脚本 stop()，在最后一帧内输入脚本 gotoAndStop(2)，如图 5-18 所示。按同样的方法制作另一个汽车图片的转场影片剪辑元件。

>>>>>>>>

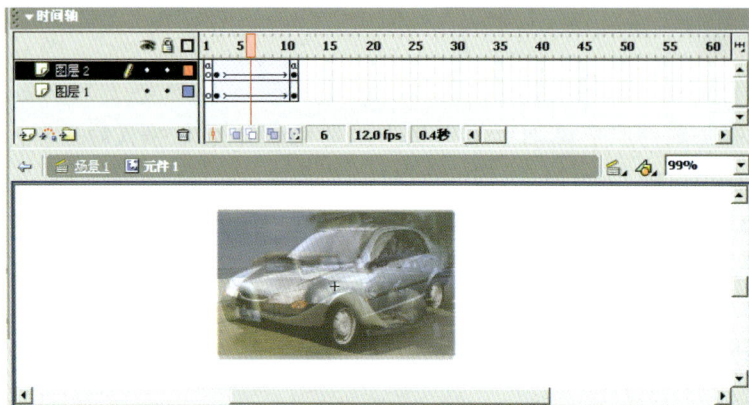

图 5-18　汽车的转场动画与帧脚本

　　用汽车图片制作两个小按钮，将制作好的按钮和影片剪辑元件拖入场景中，并拖入播放器图片，将两个影片剪辑实例命名为 a、b。由于两个影片剪辑实例的第 1 帧为空白，所以在场景中只能看到小圆圈，如图 5-19 所示。

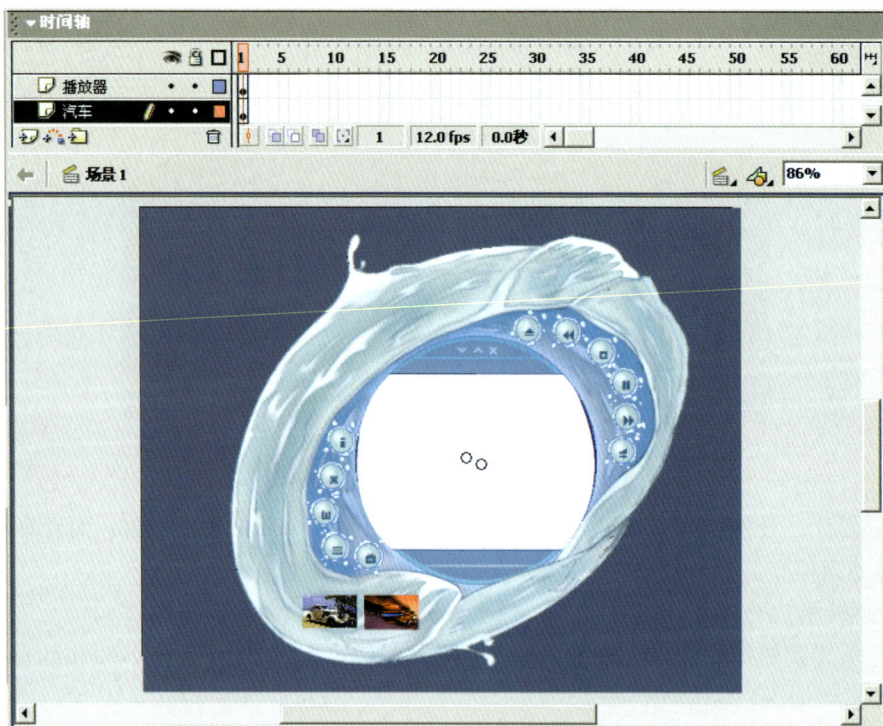

图 5-19　播放器与控制按钮

　　在左边的图片按钮上输入如下脚本：

```
on (rollOver) {
    a.gotoAndPlay(2) ;
    b.gotoAndStop(1) ;
}
```

```
on (rollOut) {
    a.gotoAndStop(1)；
}
```

在右边的图片按钮上输入如下脚本：

```
on (rollOver) {
    b.gotoAndPlay(2)；
    a.gotoAndStop(1)；
}
on (rollOut) {
    a.gotoAndStop(1)；
}
```

测试影片，当鼠标移入左边的按钮时，实例 a 跳转到第 2 帧播放，实例 b 跳转到第 1 帧停止，而它的第 1 帧是空白，所以只看到实例 a 在播放，如图 5-20 所示；当鼠标滑出时，又将实例 a 跳转到第 1 帧停止，这时两个实例均停止在空白帧，没有实例播放。同理，鼠标移入右边的按钮时，可以看到实例 b 播放，滑出时没有实例播放。

图 5-20　正在播放的汽车转场动画

3. 鼠标跟随与停止

startDrag() 方法可使指定的影片剪辑实例跟随鼠标光标一起移动，但同一时刻只能允许一个实例跟随鼠标，要使已跟随鼠标光标移动的实例不再跟随，可使用 stopDrag() 方法，其具体语法格式如下：

anyMovieClip.startDrag(lock,left, top,right,bottom)

anyMovieClip.stopDrag()

说明：anyMovieClip 是指跟随或停止跟随鼠标的影片剪辑实例名；lock 指定影片剪辑实例的中心是否与鼠标光标对齐，为 true 是对齐，false 是不对齐；left、top 分别代表可移动范围的左上角 x 坐标和 y 坐标，right、bottom 分别代表可移动范围的右下角 x 坐标和 y 坐标。

left、top、right、bottom 省略不写时，移动的范围为整个舞台。

应用举例：导入一张花盆图片，将其转化为影片剪辑元件，并将其实例命名为 a。再导入一张环境图片，如图 5-21 所示。

图 5-21　花盆在场景中的初始位置

在场景的第 1 帧输入脚本：

a.startDrag(true,482,147,742,147)

在影片剪辑实例 a 上输入如下脚本：

```
onClipEvent (mouseDown) {
    _root.a.stopDrag() ;
}
```

测试影片，会发现随着鼠标的移动，花盆在初始位置和画面右端之间作水平移动，这是因为移动范围左上角和右下角具有相同的 y 坐标。当按下鼠标的左键时，花盆不再跟随鼠标移动。

4．链接设置

利用 getURL（）方法可为影片剪辑实例设置超级链接，其语法格式为：

anyMovieClip.getURL(URL,[,window,[variables]])

说明：anyMovieClip 是设置超级链接的影片剪辑实例名；URL 是超级链接的地址；window 是打开浏览器窗口的方式，有_blank、_self、_parent、_top四种方式可选；variables 是变量的传送方式，有 post、get 两种方式可选。

相关内置命令：getURL(URL,window,variables)，该内置命令与方法的区别是它不需要一个影片剪辑实例来作为超级链接的载体，可以独立完成链接。

应用举例：导入一张汽车图片，将其转化为按钮元件；制作两个影片剪辑元件，分别为"大众汽车"和"汽车图片"，将它们从库中拖出，命名为a、b；再制作一个按钮元件"Go"，将它拖出到场景中，如图 5-22 所示。

在图片按钮上输入如下脚本：

```
On (press) {
    getURL(″http://www.auk.com″,_blank) ;
}
```

在左边的"Go"按钮上输入如下脚本：

```
on (press) {
    a.getURL("http://www.vw.com.cn",_blank) ;
    }
```

在右边的"Go"按钮上输入如下脚本：

```
on (press) {
    b.getURL("file:///d:/book/car.jpg",_self ) ;
    }
```

图 5-22　设置超级链接的按钮

　　连接 Internet，测试影片，单击汽车图片时，会发现在浏览器上打开了 auk.com 网站的首页；单击左边的"Go"按钮，浏览器打开大众汽车网站的首页，单击右边的"Go"按钮，在浏览器上打开了本机 D 盘上 book 文件夹下的 car.jpg 图片。

5．遮罩设置与取消

　　setMask()方法可为影片剪辑实例设置 / 取消遮罩，其语法格式为：

　　anyMovieClip.setMask(maskMovieClip) ;

　　说明：anyMovieClip 是设置遮罩的影片剪辑实例名；maskMovieClip 是作为遮罩的影片剪辑实例名，如果要取消遮罩，采用如下格式：

　　anyMovieClip.setMask(null) ;

　　应用举例：导入一首饰图片，将其转化为影片剪辑元件，把它在场景中的实例命名为 b；绘制一圆形图形，将它转化为影片剪辑元件，把它在场景中的实例命名为 a ；制作一文字按钮"取消遮罩"，把它拖入场景的下部，场景中的位置关系如图 5-23 所示。

　　在场景的第 1 帧输入如下脚本：

```
a.startDrag(true) ;
b.setMask("a ") ;
```

　　在文字按钮上输入脚本：

```
on (rollOver) {
    b.setMask(null) ;
```

```
        }
        on (rollOut) {
            b.setMask("a");
        }
```

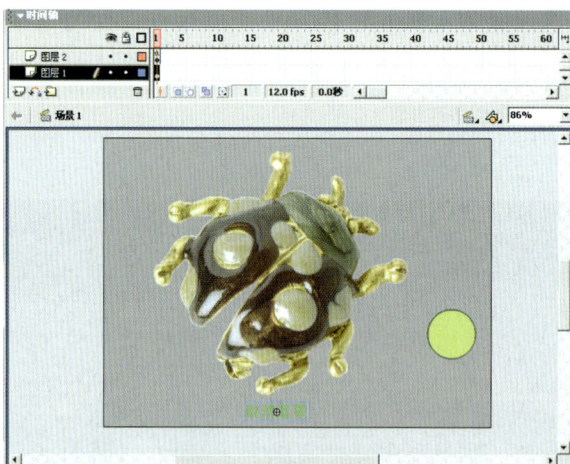

图 5-23　遮罩的初始位置

测试影片，会发现实例 a 成为实例 b 的遮罩，当鼠标光标移到哪里，哪里就显示出首饰的圆形局部，如图 5-24 所示。鼠标光标移入文字按钮时，遮罩被取消，看到首饰的全貌，一旦光标滑出按钮，则又出现遮罩效果。

图 5-24　拖动遮罩的效果

6．碰撞检测

hitTest()方法可以检测两个影片剪辑对象是否触碰，其语法格式如下：

anyMovieClip.hitTest(target);

说明：anyMovieClip 是检测碰撞的一个影片剪辑实例名；target 是另一个影片剪辑实例名。如果两个影片剪辑实例发生了碰撞，该方法要返回一个逻辑值 true，否则返回 false。

应用举例：绘制一个大仙形象，将它转化为影片剪辑元件；制作一个气球敲打的影片剪辑元件，将该元件拖入场景，命名实例为 d。在场景的第 1 帧上输入脚本：

n=0;

d.startDrag(true);

在大仙的影片剪辑实例上输入如下脚本：

```
onClipEvent (enterFrame) {
    _root.n=_root.n+1 ;
    if(this.hitTest(_root.d)){
            this._yscale=100-_root.n*3 ;
            if(this._yscale<=10){
            this._yscale=10 ;
            }
    }
}
```

将大仙实例用 Ctrl+C、Ctrl+V 的方法复制两个，如图 5-25 所示。

图 5-25　大仙与气球

测试影片，会发现气球跟随鼠标移动。当气球触碰到某个大仙时，该大仙的身体在纵向被逐渐压扁，这是因为和气球触碰一次，它的 _yscale 属性就减少 3%，当减少到 10% 时，再触碰就不再减少，如图 5-26 所示。

图 5-26　大仙被气球触碰的效果

＞＞＞＞＞＞＞＞

5.3 鼠标对象与声音对象

5.3.1 鼠标对象

1. 鼠标光标的隐藏

方法：hide()；

语法格式：Mouse.hide()；

说明：Mouse 是鼠标对象，使用时不需定义，本方法没有参数。

2. 显示鼠标光标

方法：show()；

语法格式：Mouse.show()；

说明：本方法可以使 hide() 隐藏的鼠标光标重新显示。

3. 应用举例

导入 4 张首饰图片，分别将它们转化为影片剪辑元件，并将其在场景中的实例分别命名为 a、b、c、d，执行修改 / 排列 / 水平居中和执行修改 / 排列 / 垂直居中，将 4 个影片剪辑实例对齐在舞台上部。

将上述 4 个影片剪辑元件分别从库中拖出，在属性面板上将它们在场景中的实例修改为按钮类型，分别将它们缩小后排列在舞台下部。

在场景中绘制一个放大镜图案，将它转化为影片剪辑元件，并将它在场景中的实例命名为 s。场景中全部实例的排列如图 5-27 所示。

在场景的第 1 帧上输入如下脚本：

```
a._visible=0；
b._visible=0；
c._visible=0；
d._visible=0；
s._visible=0；
```

上述脚本在影片一开始时，将防大镜和 4 个首饰影片剪辑实例的可见属性置为 0，使它们不可见。在屏幕上只能看到 4 个首饰按钮。

在左边的第一个首饰按钮上输入如下脚本：

```
on (rollOver) {
    s._visible=1；
    s.startDrag(true)；
    mouse.hide()；
    a._visible=1；
    b._visible=0；
    c._visible=0；
    d._visible=0；
```

```
            }
on (rollOut) {
        mouse.show()；
        s.stopDrag()；
        s._visible=0；
        }
```

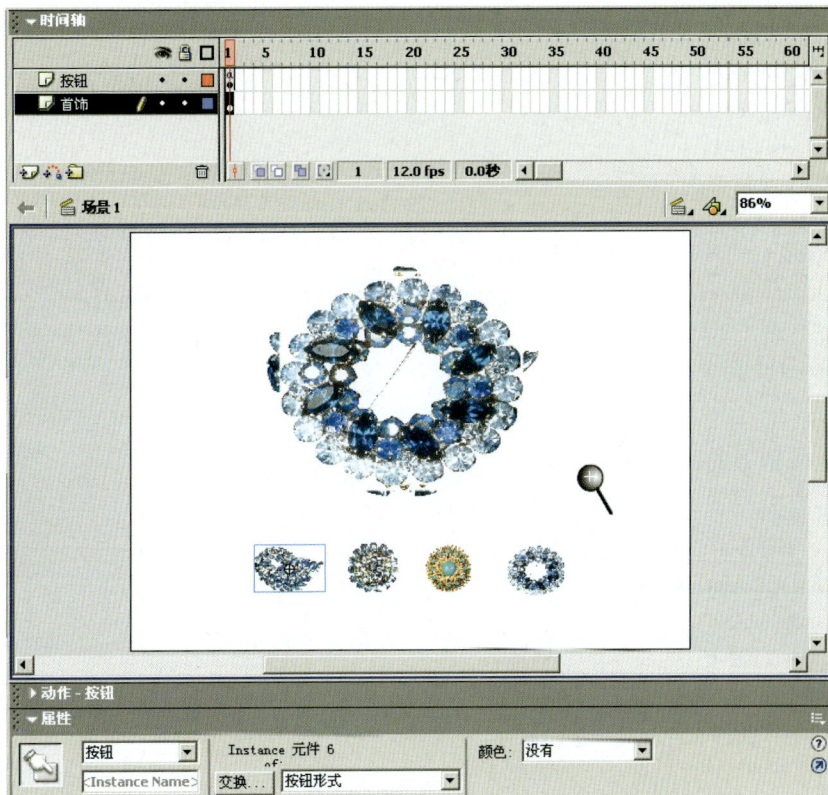

图 5-27　首饰按钮放大镜

第 2、3、4 个按钮上的脚本只需在上述脚本上稍加改动即可。在第 2 个按钮上的脚本为：

```
on (rollOver) {
        s._visible=1；
        s.startDrag(true)；
        mouse.hide()；
        a._visible=0；
        b._visible=1；
        c._visible=0；
        d._visible=0；
        }
on (rollOut) {
        mouse.show()；
        s.stopDrag()；
```

```
        s._visible=0；
    }
```

第 3 个按钮上的脚本为：

```
on (rollOver) {
        s._visible=1；
        s.startDrag(true)；
        mouse.hide()；
        a._visible=0；
        b._visible=0；
        c._visible=1；
        d._visible=0；
        }
on (rollOut) {
        mouse.show()；
        s.stopDrag()；
        s._visible=0；
        }
```

第 4 个按钮上的脚本为：

```
on (rollOver) {
        s._visible=1；
        s.startDrag(true)；
        mouse.hide()；
        a._visible=0；
        b._visible=0；
        c._visible=0；
        d._visible=1；
        }
on (rollOut) {
        mouse.show()；
        s.stopDrag()；
        s._visible=0；
        }
```

测试影片，当鼠标的箭头光标移入任意一个首饰按钮上时，箭头光标消失，出现放大镜光标，同时在上部出现该首饰的放大图片；当鼠标移出按钮时，鼠标恢复原有的箭头光标，同时放大镜消失。

5.3.2 声音对象

1. 建立声音对象

语法格式：new Sound( )；

　　　　　　new Sound(target)；

说明：new Sound() 格式用于建立一个空的声音对象，该对象可与库中的声音元件连接；new Sound(target)用于将已有的影片剪辑实例加入声音对象，可通过方法控制该实例内的声音，target 是加入声音对象的影片剪辑实例名。

2．载入库中的声音

方法：attachSound()；

语法格式：mySound.attachSound("id")；

说明：mySound 是声音对象名称；id 是指载入库中声音的连接名，该名称通过在库中右击声音元件并选择"连接"来设置。

3．载入外部声音

方法：loadSound()；

语法格式：mySound.loadSound("url",isStreaming)；

说明：mySound 是声音对象名称；url 是存放 MP3 声音文件的地址，可为网络地址或本地盘路径；isStreaming 指定下载声音文件的播放方式，以流式声音播放时 isStreaming 为 true，以事件声音播放时 isStreaming 为 false。事件声音播放要等到声音文件下载完成之后才开始播放声音，而流式声音播放是边下载边播放。

4．播放声音对象

方法：start()；

语法格式：mySound.start(secondOffset,loop)；

说明：mySound 是声音对象名称；secondOffset 的开始位置，单位为秒；loop 循环播放次数。

5．停止声音对象播放

方法：stop()；

语法格式：mySound.stop()；

说明：mySound 是停止播放的声音对象名称。

6．设置音量大小

方法：setVolume()；

语法格式：mySound. setVolume(volume)；

说明：mySound 是声音对象名称；volume 是音量值，其大小在 0～100 之间。

7．取得音量值

方法：getVolume()；

语法格式：mySound. getVolume()；

说明：mySound 是声音对象名称，该方法要返回声音对象的当前音量数值。

8．声音对象综合应用举例

(1) 制作表演影片剪辑元件

按 Ctrl+F8 键新建一个影片剪辑元件，命名为 tw。将图层 1 改名为跳舞，导入一个跳舞

的 GIF 动画；新建一个图层，改名为音乐，导入一个声音文件，并将该声音文件从库中拖出到音乐图层的第 1 帧，如图 5-28 所示。将动画的最后一帧转化为关键帧，在该帧上输入脚本 gotoAndPlay(2)。

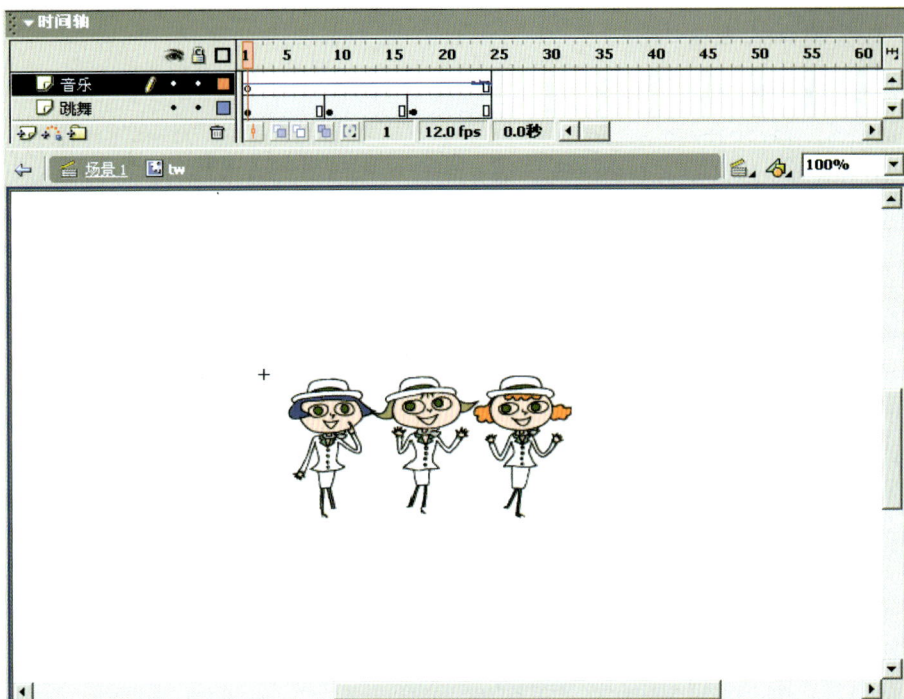

图 5-28　配上声音的跳舞动画元件

(2) 导入替换声音文件

导入一个声音文件，并在库中用右键单击它，在弹出的快捷菜单上选择"连接"，在弹出的连接属性面板上勾选"导出为脚本"复选项，然后在标识符框内输入连接名"th"，如图 5-29 所示。

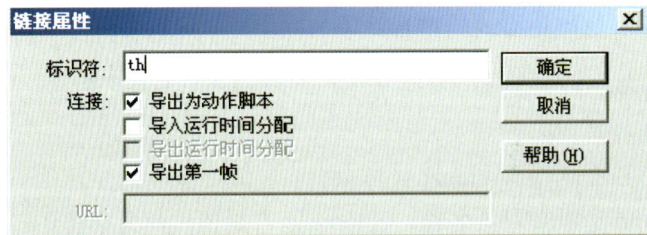

图 5-29　为声音设置连接名

(3) 制作控制按钮

制作"声音播放"、"声音停止"、"音量加大"、"音量减小"、"替换声音"、"下载声音"几个按钮。

(4) 场景制作

● 将图层 1 改名为"背景"，导入一张背景图片。

● 新建图层 2，改名为"跳舞"，将 tw 影片剪辑元件从库中拖出到舞台，并将其实例命

名为 tw。

- 新建图层 3，改名为"按钮"，将制作好的按钮从库中拖出到舞台，排列在下部。
- 新建图层 4，改名为"音量值"，在右上角用文本工具输入文字"音量"，其文本类型选为"静态文本"；再用文本工具拖出一个文本框，文本类型选为"动态文本"，在变量栏内输入变量名称 volume，如图 5-30 所示。

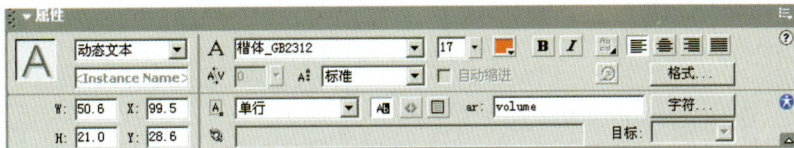

图 5-30　为动态文本框设置变量名

整个场景的布局如图 5-31 所示。

图 5-31　动画与音量控制按钮布局

（5）脚本编写

- 帧脚本编写

在场景的第 1 帧上输入如下脚本：

```
volume=100；
th=0；
tw_music=new sound("tw")；
th_music=new sound()；
th_music.attachSound("th")；
xz_music=new sound()；
```

该段脚本定义了三个声音对象，一个 tw_music 是用影片剪辑实例定义的；th_music 是为替换音乐定义的，并连接了库中的声音元件；xz_music 是为下载外部声音文件定义的；

>>>>>>>>>

volume 是音量值的变量，为它赋了初值 100；th 是是否替换了音乐的标志变量，初值为 0，表示没有替换。

- 声音播放按钮的脚本编写

```
on (press) {
  if(th==0){
      tw.gotoAndPlay(1) ;
       tw_music.start(0,999) ;
        }else{
            th_music.start(0,999) ;
              }
  }
```

该段脚本能判断应该播放哪个声音对象，如果没有替换音乐，播放 tw_music 声音对象；如果替换了音乐，则播放 th_music 声音对象。tw.gotoAndPlay(1)是为了影片剪辑内的声音重新开始，否则 tw_music 声音对象就没有控制的声音。

- 停止播放按钮的脚本编写

```
on (press) {
    tw_music.stop() ;
    th_music.stop() ;
    xz_music.stop() ;
}
```

该段脚本停止所有声音对象。

- 替换声音按钮的脚本编写

```
on (press) {
    if(th==0){
        tw_music.stop() ;
        th_music.start(0,999) ;
        th=1 ;
      }else{
            th_music.stop() ;
            tw.gotoAndPlay(1) ;
            tw_music.start(0,999) ;
            th=0 ;
              }
          }
```

该段脚本能使声音在影片剪辑原始音乐和替换音乐之间轮回替换。当初次单击该按钮时，停止 tw_music 声音对象的播放，开始播放 th_music 声音对象，同时置替换标志变量为 1；第 2 次单击该按钮时，由于标志变量 th 为 1，这时停止 th_music 声音对象的播放，开始播放 tw_music 声音对象，使音乐轮回。多次单击该按钮，可不断地轮回替换。

- 音量减小按钮的脚本编写

```
on (press) {
    if(volume>0){
        volume=volume-10 ;
        tw_music.setVolume(volume);
        th_music.setVolume(volume);
    }
}
```

如果音量值大于 0，每单击一次该按钮，音量值将降低 10。在屏幕上可看到音量值的数值变化。

● 音量加大按钮的脚本编写

```
on (press) {
    if(volume<100){
        volume=volume+10 ;
        tw_music.setVolume(volume);
        th_music.setVolume(volume);
    }
}
```

如果音量值小于 100，每单击一次该按钮，音量值将增加 10。在屏幕上可看到音量值的数值变化。

● 下载声音按钮的脚本编写

```
on (press) {
        tw_music.stop() ;
        th_music.stop() ;
        xz_music.loadSound("bgm.mp3",false) ;
        xz_music.start(0,999) ;
}
```

该段脚本首先停止 tw_music 和 th_music 声音对象的播放，然后将外部声音文件载入到 xz_music 声音对象，再启动 xz_music 声音对象的播放。

5.4   思考与练习题

1. 填空题

(1) 如果要在帧上编写脚本程序，该帧必须是 _____ 帧。

(2) 3>5 and 3>2 的运算结果是 _____。

(3) ″ ab ″ +3 的运算结果是 _____。

(4) 停止影片播放的命令是 _____，播放影片的命令是 _____。

2．单项选择题

(1) 以下变量命名正确的是（　　）。

　　A．3x　　　　　　　　B．*a　　　　　　　　C．ab　　　　　　　　D．play（）

(2) 表达式"aa"+3+2 的运算结果是（　　）。

　　A．aa5　　　　　　　　B．aa32　　　　　　　　C．aa+3+2　　　　　　　　D．没有正确答案

(3) 下列表达式中 n 的最终值是（　　）。

```
n=0;
do {
  n++;
  } while(n <3)
```

　　A．2　　　　　　　　B．3　　　　　　　　C．4　　　　　　　　D．5

(4) 下列表达式中 n 的最终值是（　　）。

```
n=0;
for(i=1;i<5;i++){
  n=n+1;
   if(n==3){
     n=0;
        }
   }
```

　　A．3　　　　　　　　B．2　　　　　　　　C．4　　　　　　　　D．1

3．上机题

(1) 编写一计算 1~100 之间能被 3 整除的数之和的脚本程序，当按下"计算"按钮时开始计算，并在屏幕上显示计算结果。

(2) 编写一脚本程序控制动画和声音的播放，当鼠标光标移入动画画面时，开始播放动画和声音，光标离开画面时停止播放动画和声音。

第6章　网络广告制作实例

前面学习了网络广告理论和技术基本知识后，本章以实例的形式介绍网络广告制作的方法、步骤和过程。通过本章的学习，进一步加强网络广告制作技术的理解和掌握，同时学习在 Dreamweaver 中的广告制作技术和方法。

6.1　弹出式广告制作实例

6.1.1　动画制作

本广告动画用 Flash 软件制作，其具体制作方法如下：

1. 动画元件制作

(1) 标志元件制作。按 Ctrl+F8 键新建一个元件，将元件类型选为"图形"，元件名称为"标志"。绘制宽为 320，高为 240 的矩形（单位是像素），填充绿色；导入重庆啤酒集团的标志图片，置于矩形的左上角，如图 6-1 所示。

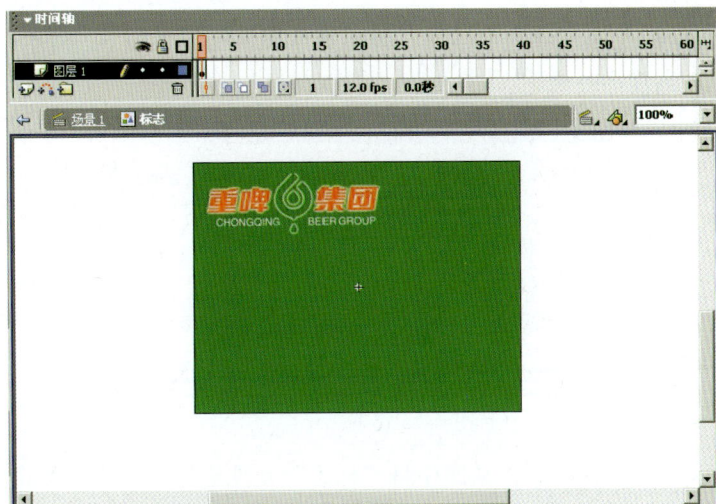

图 6-1　重庆啤酒集团标志元件

(2) 啤酒元件制作。按 Ctrl+F8 键新建一个元件，将元件类型选为"图形"，元件名称为"啤酒"。导入啤酒图片后，单击图片，执行"修改→分解组件"命令将图片打散，然后用橡皮工具擦掉啤酒瓶外的背景。

(3) 文字元件制作。按Ctrl+F8键新建一个元件,将元件类型选为"图形",元件名称为"文字"。利用文字工具输入"山城啤酒"和"知心朋友",将"朋友"适当加大。选择所有文字,执行"修改→分解组件"命令两次,将文字打散为图形,以保证动画在网上播放时与浏览者的字库无关。文字的排列如图6-2所示。

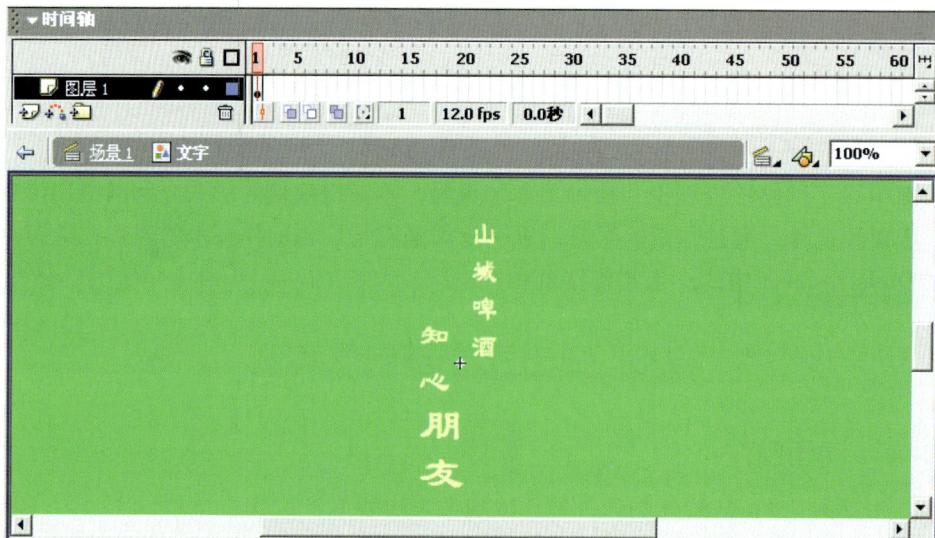

图6-2　文字元件

(4) 朋友元件制作。按Ctrl+F8键新建一个元件,将元件类型选为"图形",元件名称为"朋友"。导入一张朋友一起喝啤酒的图片,将其大小调到320×240(像素)即可。

2. 场景动画制作

(1) 单击属性面板上的尺寸数字按钮,弹出影片属性面板如图6-3所示,将舞台尺寸设为宽度320像素,高度240像素。

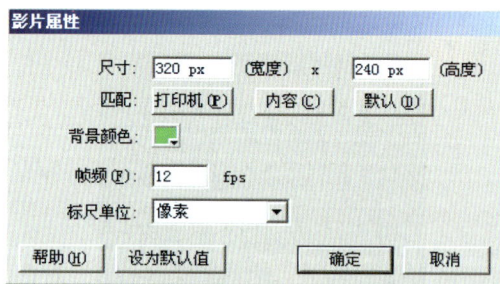

图6-3　设置影片尺寸

(2) 将图层1改名为"标志",从库中将"标志"元件拖到场景中,并将它与舞台对齐。然后在75帧处插入一关键帧。

(3) 新建一个图层,将其改名为"啤酒",在该图层的第1帧将"啤酒"元件从库中拖到场景,然后在30帧处插入一关键帧。

在第1帧处单击啤酒瓶,利用自由转换工具将其放大,然后在属性面板上将动画方式设为"移动",将简易值调到-62,使啤酒瓶的缩小过程呈现加速。图6-4表明了第1帧和第30帧处啤酒瓶的大小和位置。

<<<<<<<<<

（a）

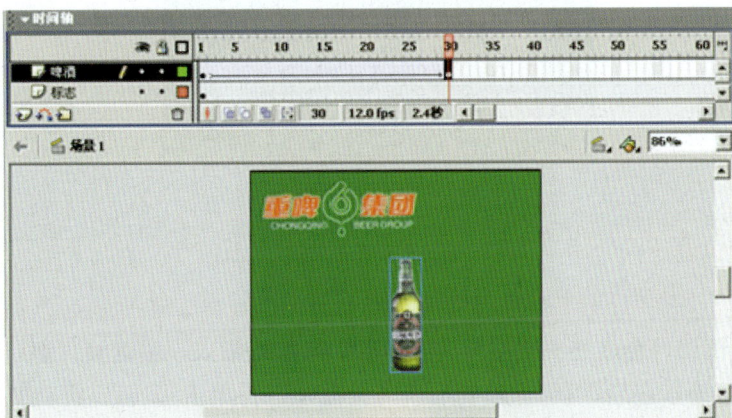

（b）

图 6-4　啤酒瓶在第 1 帧和第 30 帧的大小和位置

（4）新建两个图层，分别命名为"啤酒 1"和"啤酒 2"，将"啤酒"图层的 1~30 帧复制到"啤酒 1"层的 6~36 帧和"啤酒 2"层的 12~42 帧，然后将"啤酒 1"和"啤酒 2"图层移到"啤酒"图层的下方，如图 6-5 所示。

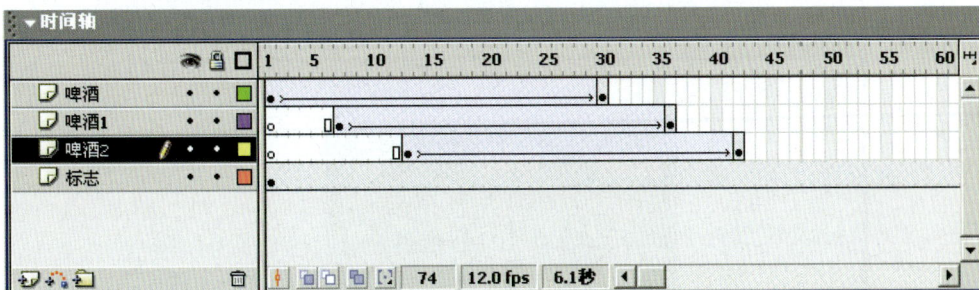

图 6-5　啤酒瓶的错层动画

（5）调整"啤酒 1"图层 36 帧和"啤酒 2"图层 42 帧的啤酒瓶的位置，然后在"啤酒 1"和"啤酒"图层的 42 帧处插入关键帧，在该帧处 3 个啤酒瓶的位置如图 6-6 所示。

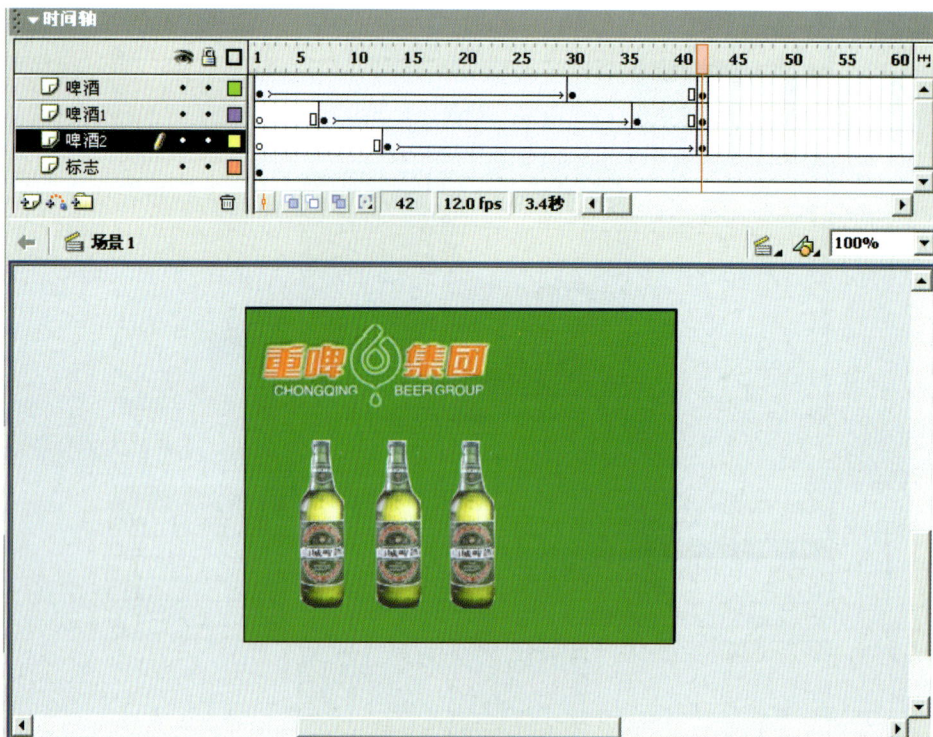

图 6-6　影片的第 42 帧

(6) 新建一图层，命名为"文字"。在该层的 42 帧处插入一关键帧，把"文字"元件从库中拖出，放在场景左边；在 52 帧处插入一关键帧，再单击 42 帧，将动画方式设为"移动"。选中该帧处的文字，在属性面板上将属性 Alpha 调到 0，使它完全透明。在 62 帧处，分别在"啤酒"、"啤酒 1"、"啤酒 2"、"文字"图层插入关键帧，如图 6-7 所示。

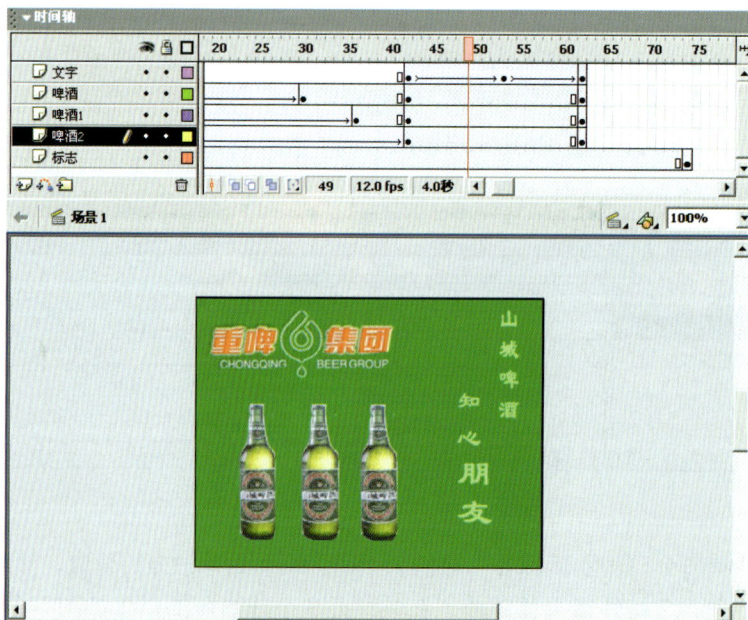

图 6-7　添加关键帧

(7) 新建一个图层，命名为"朋友"。在 63 帧处插入一关键帧，把"朋友"元件从库中拖出，将动画方式设为"移动"，然后在 75 帧处在"啤酒"、"啤酒 1"、"啤酒 2"、"文字"、"朋友"图层插入关键帧。在 63 帧处将"朋友"元件实例的 Alpha 属性调为 0，使它完全透明。图 6-8 表示了该部分的动画设置情况。

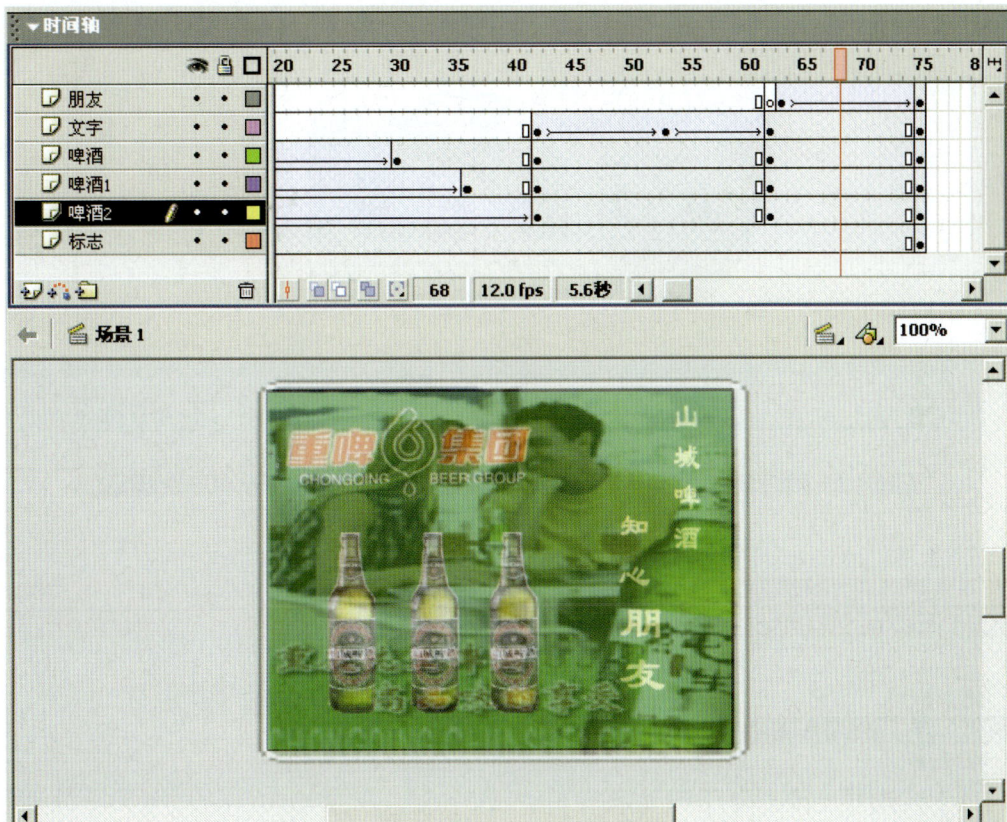

图 6-8　图片的淡入设置

3. 动画发布

将动画发布为 HTML 和 SWF 格式即可。

6.1.2　制作弹出广告

(1) 在 Dreamweaver 中打开要发布广告的网页文档，如图 6-9 所示。

(2) 如果行为面板没有打开，按 Shift+F3 键打开。单击图 6-9 中红圈内的<body>标记，再单击行为面板上的"+"按钮，在弹出的菜单中选择"打开浏览器窗口"项，如图 6-10 所示。最后单击行为面板上的下三角按钮，选择事件为 Onload。

(3) 单击"打开浏览器窗口"后，弹出浏览窗口设置面板，如图 6-11 所示。单击该面板的"浏览"按钮，选择前面发布的广告动画文件，在窗口宽度和高度框内输入 320 和 240，在窗口名称框内输入"山城啤酒　知心朋友"。

(4) 保存网页文档，在浏览器中打开该网页时，你会看到有一个弹出窗口出现，如图 6-12 所示。

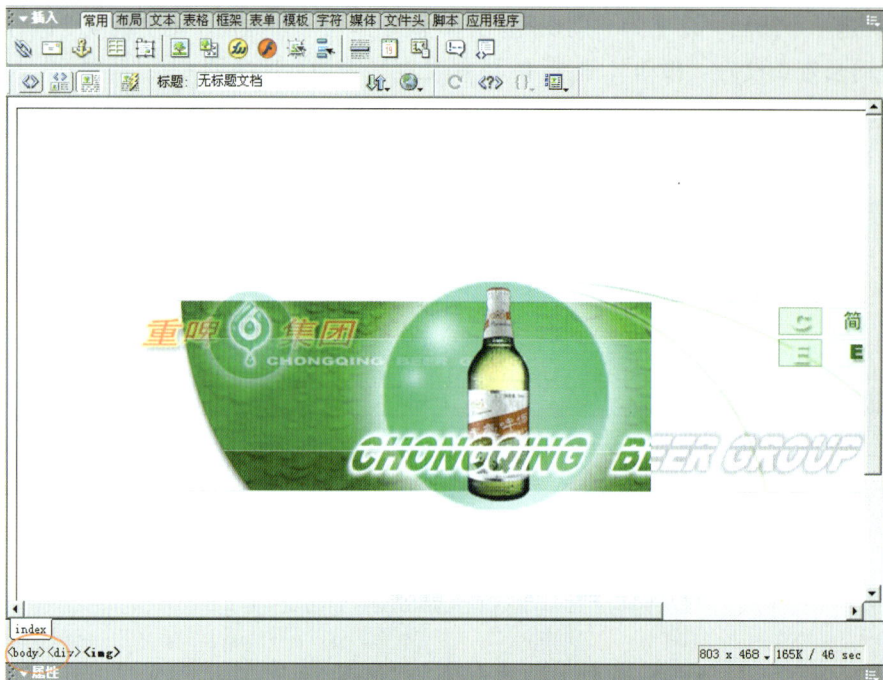

图 6-9　发布广告的网页文档

图 6-10　行为选择

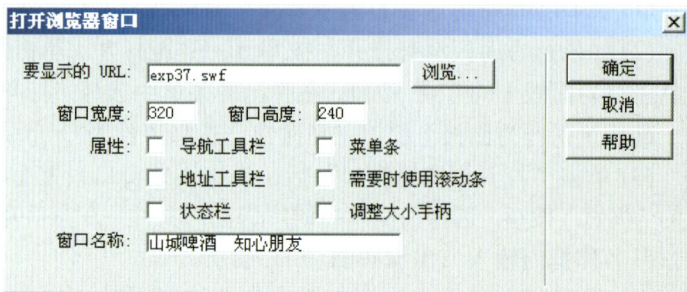

图 6-11　弹出窗口设置

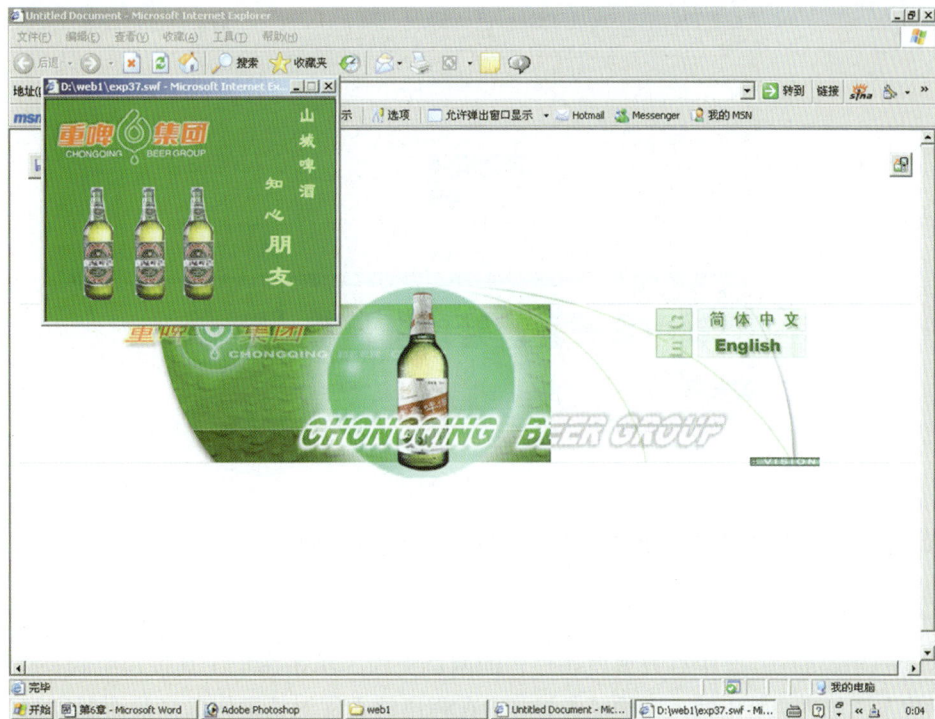

图 6-12　浏览时弹出的广告

6.2　漂移广告制作实例

6.2.1　动画制作

本广告动画用 ImageReady 制作，具体制作步骤如下：

(1) 打开一圣诞老人的 GIF 动画，如图 6-13 所示。

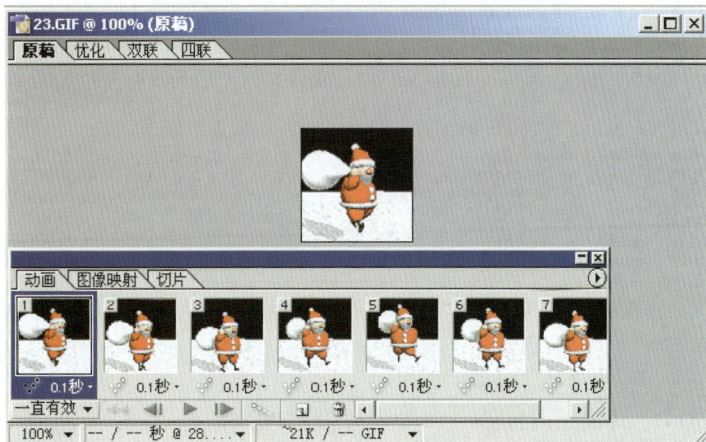

图 6-13　圣诞老人动画

(2) 利用文字工具输入"圣诞老人有礼"，使文字垂直排列。将"圣诞老人有"的颜色设为白色，字体为宋体；"礼"字加大，并将它的颜色设为红色，字体为楷体，如图 6-14 所示。

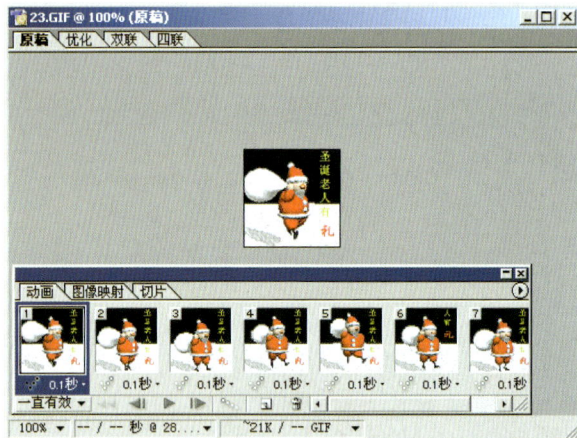

图 6-14　在动画上添加的文字

（3）选择文件菜单的"存储优化结果"命令，保存本动画。

6.2.2　漂移广告制作

（1）在 Dreamweaver 中打开要发布广告的网页文档，单击图层工具按钮绘制一个图层，将光标放入图层内，单击插入图像工具按钮，在弹出的文件对话框内选择前面制作的 GIF 动画文件，调整图层的大小，使其与动画的大小一致，如图 6-15 所示。

图 6-15　在网页上插入的图层和动画

（2）执行"窗口→其他→时间线"命令，打开时间线面板，将图层拖入时间线内。拖动 Layer1 右边的小圆点到 120 帧的位置，然后分别在 20、40、60、80、100 帧处单击鼠标右键，在弹出的快捷菜单上选择"添加关键帧"，最后勾选时间面板上的"自动播放"和"循环"两个复选框，如图 6-16 所示。

图 6-16 在时间线上添加关键帧

(3) 在时间面板单击关键帧,然后拖动图层到适当位置。当各个关键帧的位置设置完成后,形成了一条图层移动的光滑曲线,如图6-17所示。

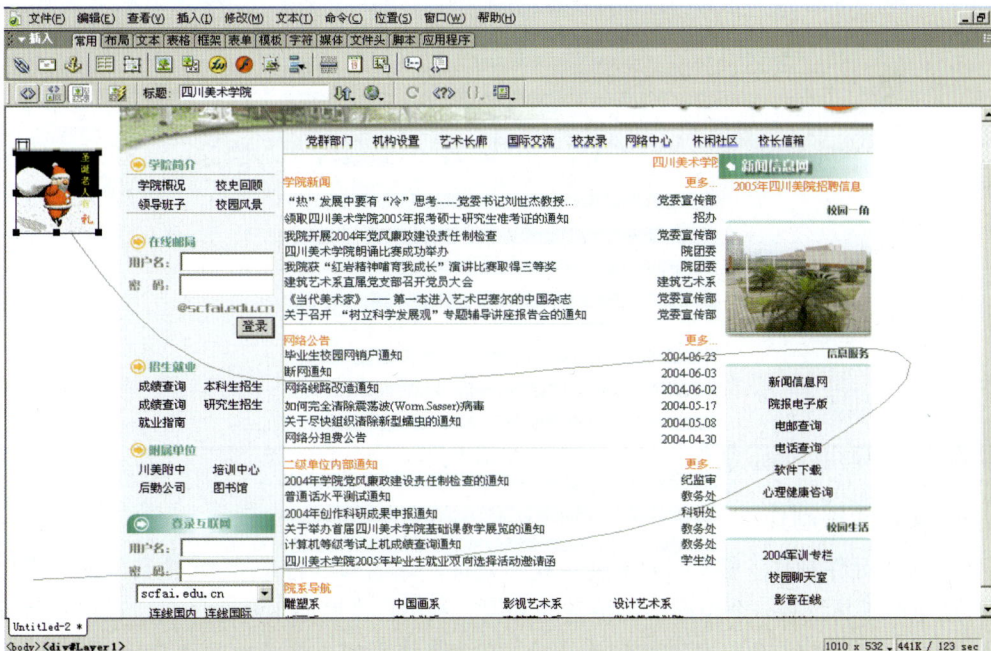

图 6-17 图层的运动路径

(4) 单击图层中的广告动画,在属性面板上为该广告设置链接页面或网址,将目标窗口选为_blank,使单击该广告动画时能弹出一个新窗口来显示链接的广告页面,如图6-18所示。

>>>>>>>>

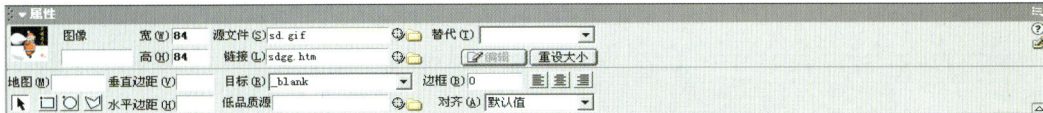

图6-18　在广告动画上设置链接

(5) 保存网页文档，按F12键在浏览器中预览，会看到新制作的广告动画在页面内漂移，如图6-19所示，单击广告动画就可链接到专门的广告页面。

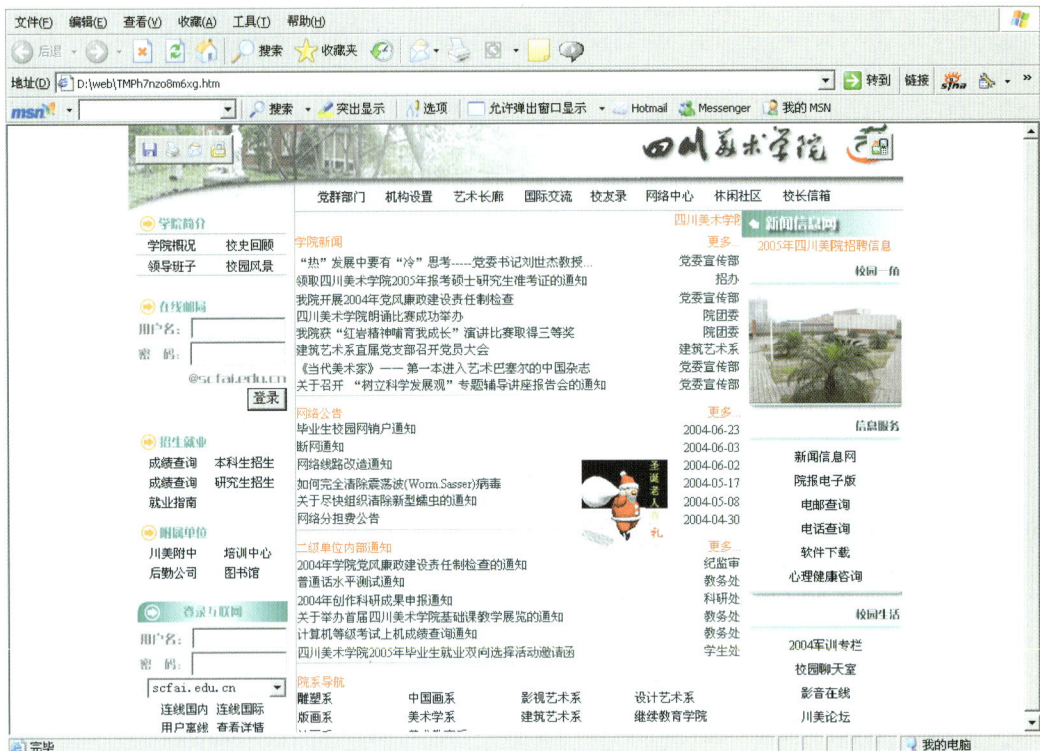

图6-19　浏览网页时看到的漂移广告

6.3　悬浮式广告制作实例

6.3.1　动画制作

本广告动画用Flash制作，具体方法、步骤如下：

1. 动画元件制作

(1) 背景元件制作。按Ctrl+F8键新建一元件，取名为"背景"，元件类型选"影片剪辑"。用矩形工具绘制一个矩形，删掉它的外框；利用自由变换工具选择它，在信息面板上输入它的宽度（W）为100，高度（H）为300；在调色板面板上将填充类型选为"线性"，编辑渐变填充色，利用填充工具从上向下拉伸填充矩形，如图6-20所示。

(2) 标点元件制作。绘制两个多边形，中间镂空，分别将它们转化为图形元件后来制作放大加下移的移动动画，如图6-21所示。

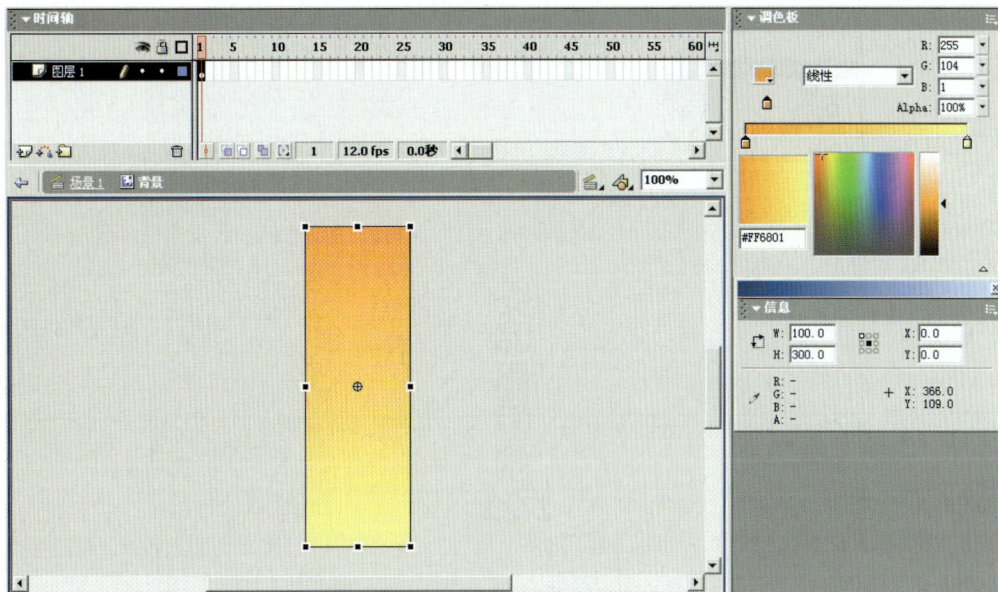

图 6-20　广告的背景元件

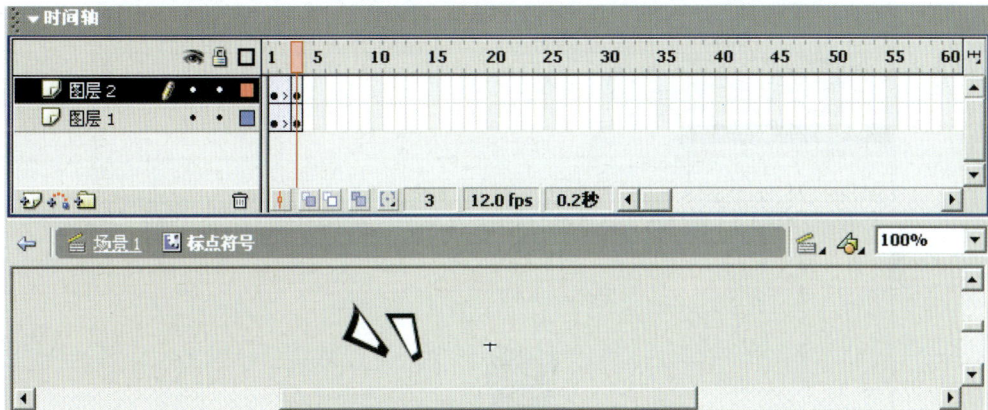

图 6-21　标点元件

(3) 文字元件制作。新建影片剪辑元件，取名为"文字 1"。在图层 1 上绘制一矩形，水平填充黄到白的渐变颜色；新建图层 2，用文字工具输入"知晓最新的"，字体选择华文彩云，颜色选择黑色，执行两次"修改→分解组件"命令，将文字打散为图形；新建图层 3，将图层 2 的文字复制到图层 3 的第 1 帧，移动它使其与图层 2 的文字对齐；用填充工具填充图层 2 上文字的镂空处，在时间线面板右键单击图层 2，在弹出的快捷菜单上选择"遮罩"，把该层设为遮罩层；新建图层 4，把标点元件从库中拖出两次，将其中一个进行垂直翻转，调整大小和位置，使两个标点位于文字的上下两端，如图 6-22 所示。

按类似的方法制作好元件"文字 2"和"文字 3"。

(4) 饮料杯元件制作。新建一个影片剪辑元件，取名为"饮料杯"。在图层 1 上绘制一个带吸管的饮料杯，再新建几个图层，制作有大小变化和透明变化的圆点动画，如图 6-23 所示。

>>>>>>>>>

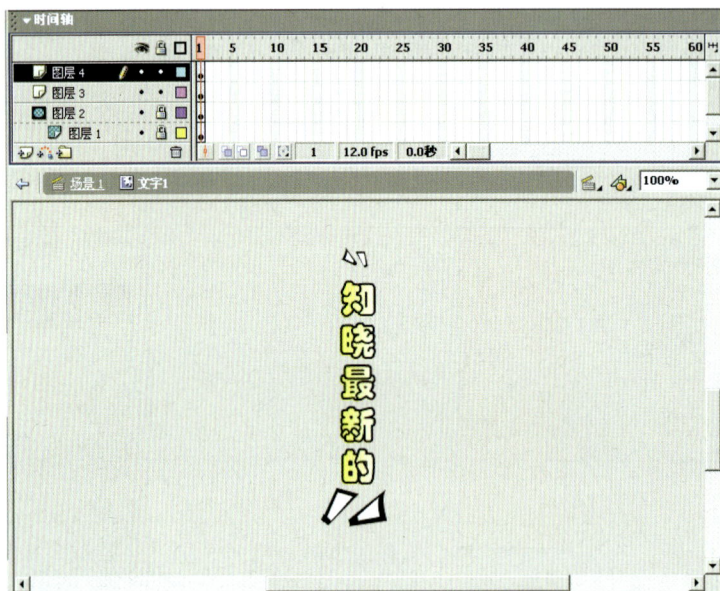

图 6-22　文字元件

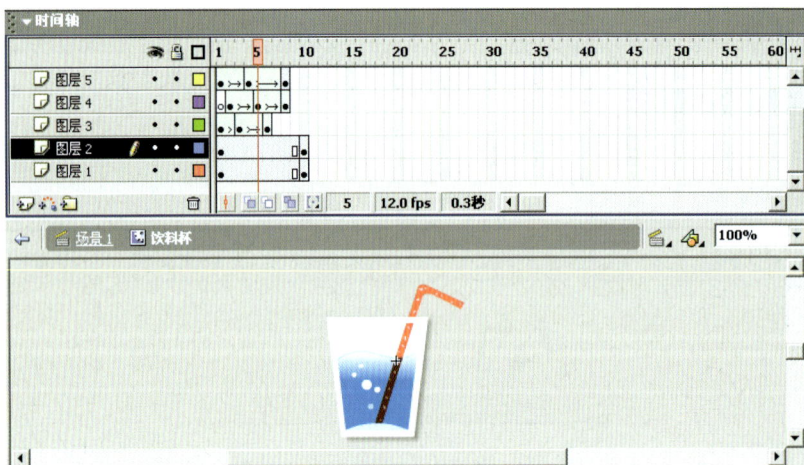

图 6-23　饮料杯元件

(5) 标志元件制作。新建一影片剪辑元件，取名为"标志"。导入制作好的标志图片，执行"修改→分解组件"命令，将其打散，然后用橡皮擦掉周围的背景即可。

(6) 按钮元件制作。新建一个按钮元件，取名为"按钮"。在反应区所在帧处插入一关键帧，然后绘制一个宽为100，高为300的矩形即可。该按钮只有反应区帧有图像，所以它是一个透明按钮。

2．场景动画制作

(1) 设置舞台的尺寸为宽100，高300，将图层1改名为"背景"，在第1帧处将"背景"元件从库中拖出，移动到与舞台对齐的位置，然后在100帧处插入一关键帧。

新建一个图层，改名为"饮料杯"，在第1帧处把"饮料杯"元件从库中拖出，移到舞台下部，在第60帧处插入一关键帧，如图6-24所示。

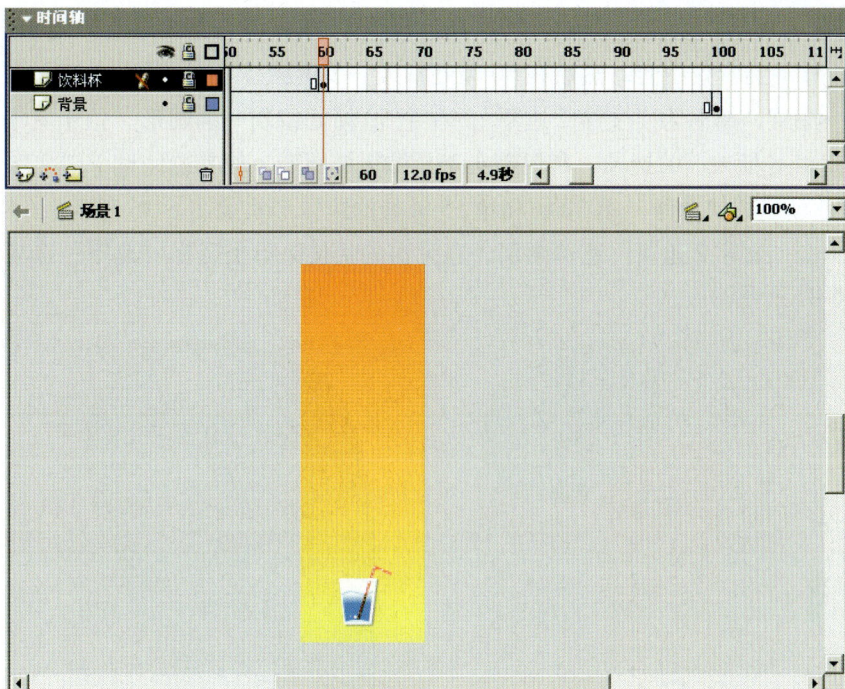

图 6-24　场景中的饮料杯动画

(2) 新建一图层，改名为"文字 1"，在第 1 帧处把"文字 1"元件从库中拖出，移动到背景元件的左边，然后分别在 20、24、26、30 帧处插入关键帧，并在 20、24 帧处创建移动动画。

在 20 帧处将"文字 1"移动到背景中心偏右，在 24 帧处将它移动到背景中心偏左，在 26 帧处把它移到背景的中间位置，创建的动画如图 6-25 所示。

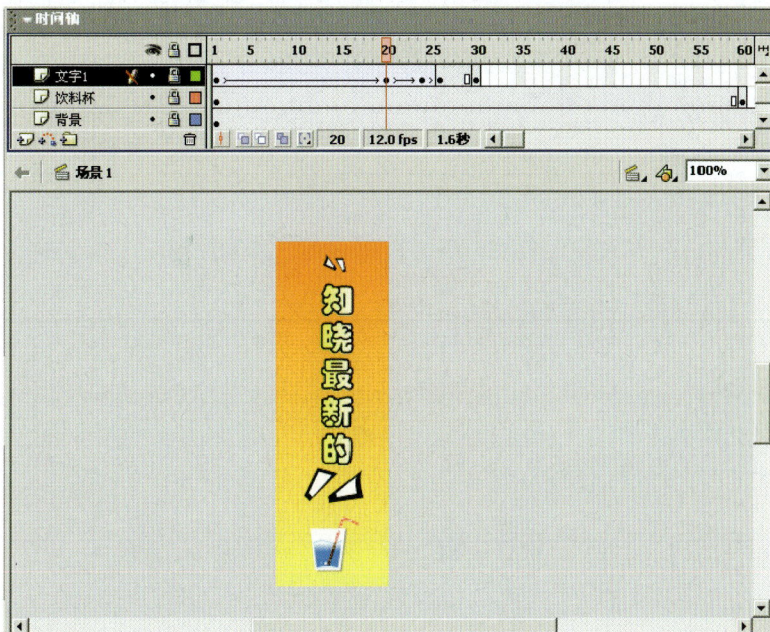

图 6-25　"文字 1"元件在场景中的动画

>>>>>>>>>

（3）新建一图层，改名为"文字 2"。在第 30 帧处插入一关键帧，把"文字 2"元件从库中拖出，移动到背景中间，然后在 60 帧处插入一关键帧。

新建一图层，改名为"文字 2 遮罩"。在第 30 帧处绘制一椭圆形，位于文字 2 的右上角；在第 55 帧处插入一关键帧，利用箭头工具编辑椭圆形，使其遮住整个"文字 2"，然后在第 30 帧处创建形状动画。第 30 帧和第 55 帧处的遮罩形状如图 6-26 所示。

右键单击"文字 2 遮罩"遮罩图层，在弹出的快捷菜单上选择"遮罩"选项，得到的动画如图 6-27 所示。

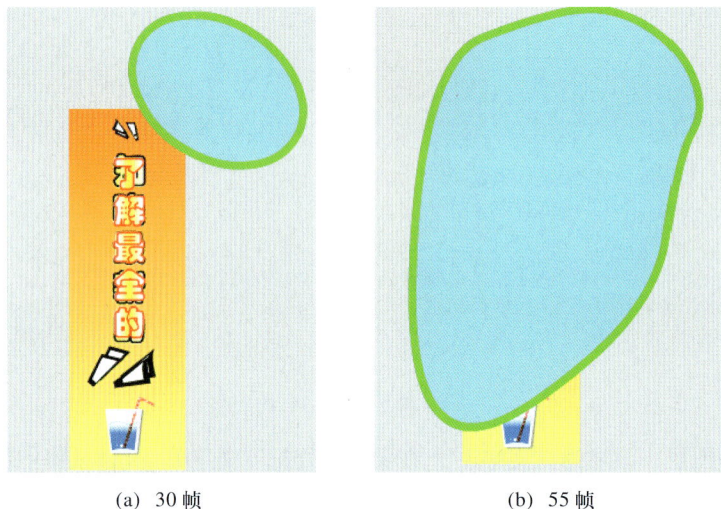

(a) 30 帧　　　　　　　　　　　(b) 55 帧

图 6-26　"文字 2"的遮罩起始

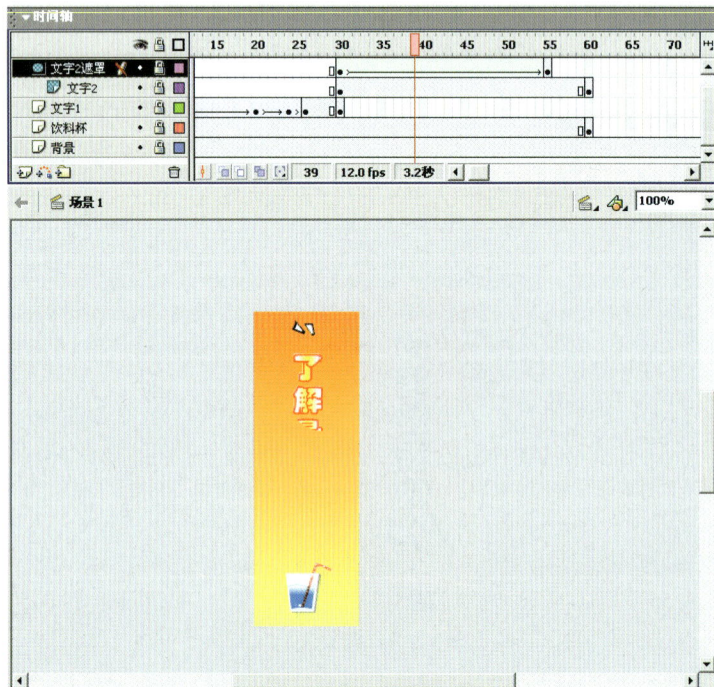

图 6-27　"文字 2"元件在场景中的动画

(4) 新建一图层，改名为"标志"。在第 61 帧处插入一关键帧，把"标志"元件从库中拖出，移到背景的下部，然后在第 100 帧处插入一关键帧。

新建一图层，改名为"文字 3"。在第 61 帧处插入一关键帧，把"文字 3"元件从库中拖出，放在背景中间；在第 65 帧和第 100 帧处插入关键帧，将第 65 帧处的"文字 3"缩小到最小，并在该帧处创建移动动画。

新建一图层，改名为"文字 3 残影 1"。在第 73 帧处插入一关键帧，将"文字 3"元件从库中拖出，移动到与下面的文字对齐；然后在第 88 帧处插入一关键帧，将该帧的"文字 3"放大，并把它的透明属性 Alpha 调到 0；单击 73 帧，在该帧处创建移动动画。

新建两个图层，将"文字 3 残影 1"图层的动画错位复制到新建层，如图 6-28 所示。

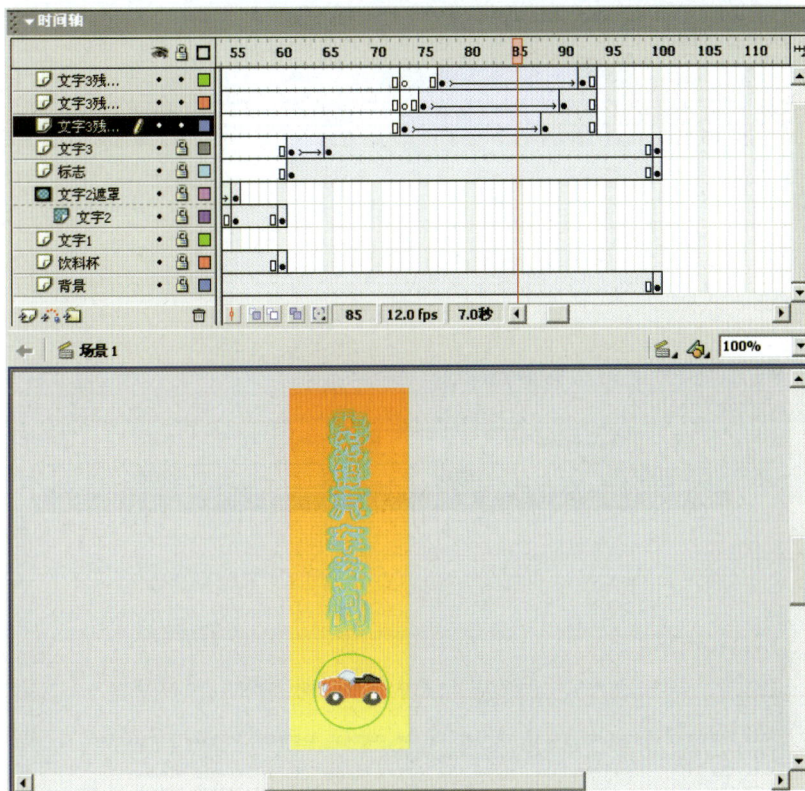

图 6-28 "文字 3"元件在场景中的动画

(5) 新建一图层，改名为"按钮"。在第 1 帧处将"按钮"元件从库中拖出，移动到与背景对齐。在按钮上编写如下脚本：

```
on (press) {
  getURL("http://www.xfcar.com", "_blank");
}
```

该脚本的功能是：当在广告动画上（按钮覆盖了整个动画画面）发生点击行为时，链接到一个汽车咨讯网站（www.xfcar.com）。

(6) 动画发布。将动画发布为 Flash 影片格式（SWF）即可。

6.3.2　悬浮广告制作

1. 安装所需插件

从 Windows 的开始菜单的"程序"中选择 Macromedia 扩展管理器，在弹出的面板上选择安装插件的软件为 Dreamweaver MX，如图 6-29 所示。

选择文件菜单的"安装扩展"命令，在弹出的文件选择框内选择插件存放的磁盘和文件夹，选中 Mx508561flevPersistentDivs.mxp，然后单击"安装"按钮即可。插件安装好后，在扩展器内可看到插件的名称和说明，如图 6-30 所示。

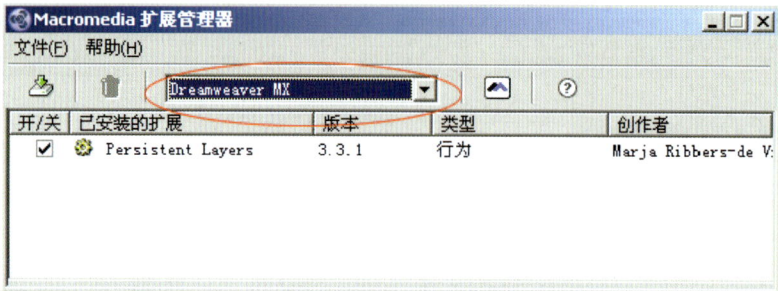

图 6-29　扩展管理器

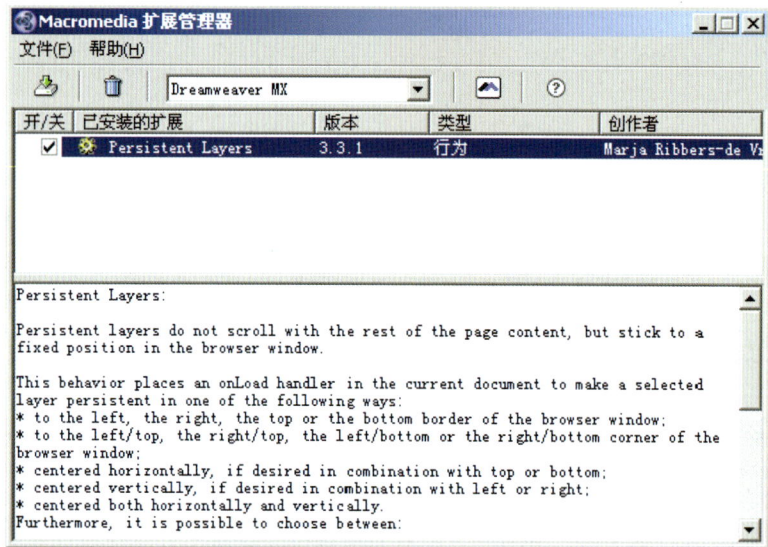

图 6-30　插件的名称和说明

如果没有该插件，可到 Macromedia 的网站或其他相关网站上下载。

2. 悬浮制作

(1) 在 Dreamweaver 中打开要发布广告的网页文档，利用图层工具绘制一个宽 100、高 300 的图层；在图层内单击鼠标，使光标置于图层内，单击 Flash 影片插入工具，将网络广告的 Flash 影片插入图层内，如图 6-31 所示。

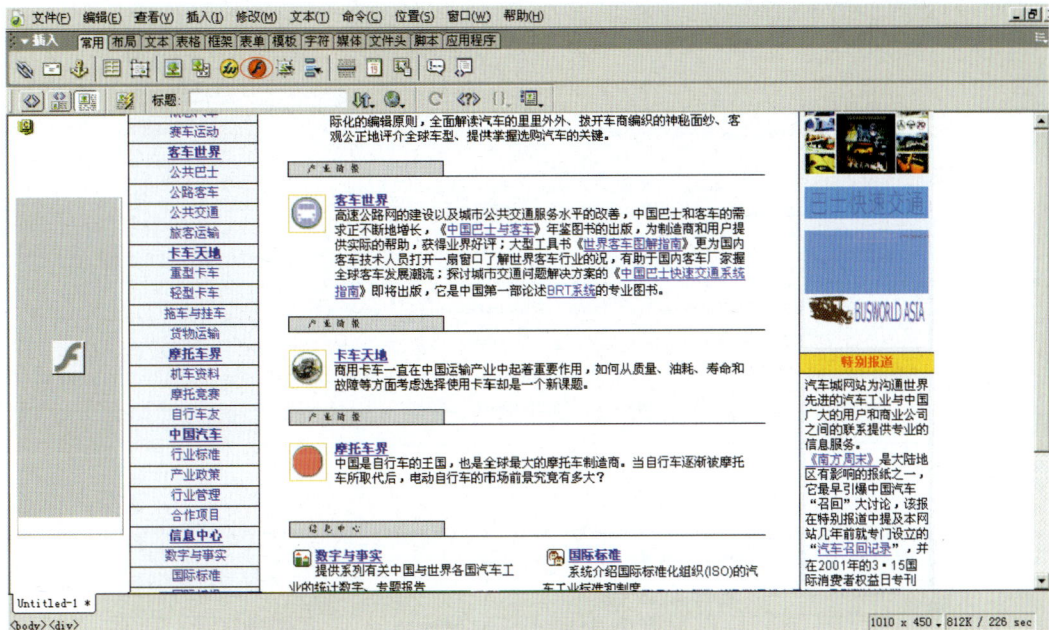

图 6-31　在网页中插入的图层和 Flash 影片

(2) 单击图 6-31 中左下角的<body>标记后，在行为面板上单击"添加"按钮，选择 RibbersZeewoled → Persistent Layers 插件，如图 6-32 所示，出现 Persistent Layers 对话框，然后在 Select Layer 下拉列表中选择刚建立的图层 Layer1，在 Stick to the position... 之后，选择 Left 和 Top，在 Offset from window border 后输入图层具左边界和顶部的偏移距离，以确定图层固定的位置，如图 6-33 所示。最后单击行为面板上的下三角按钮，选择事件为 Onload。

(3) 保存网页文档，按 F12 键测试，会发现当拖动浏览器右边的滑动条时，网络广告动画始终保留在屏幕固定的位置上，不会随页面内容的滚动而滚动，如图 6-34 所示。

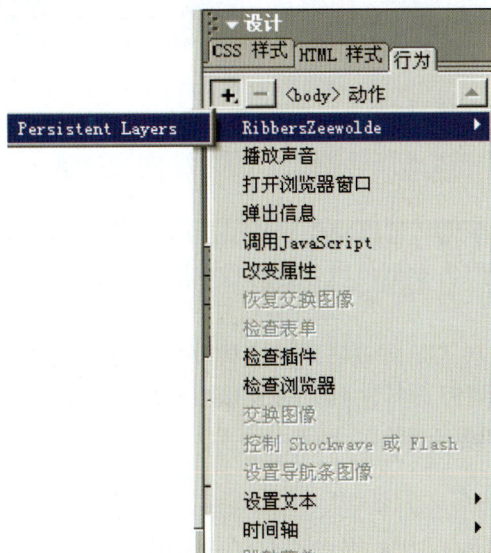

图 6-32　行为选择

> > > > > > > > >

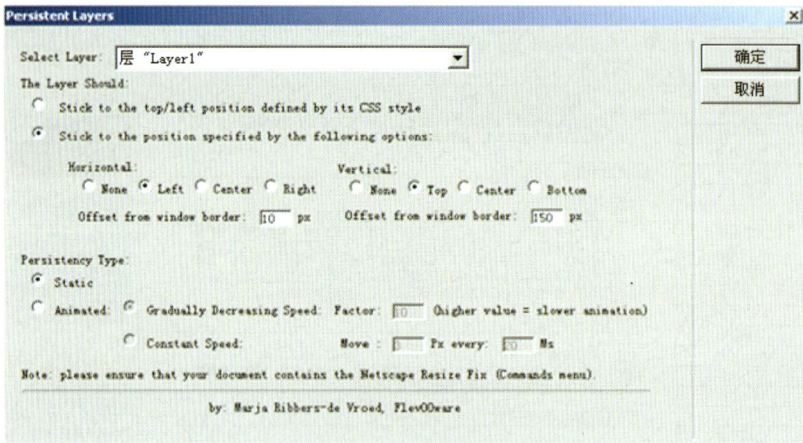

图 6-33　悬浮参数设置

图 6-34　浏览网页时看到的悬浮广告

6.4　邮件广告制作实例

邮件广告的形式非常丰富，可以制作成 Word 文档，也可以制作成图像文件，甚至可以制作成视频等。这些邮件广告类型可以作为邮件的附件发送给邮件接收者，大家一定都很熟悉，不再详述。

目前邮件广告的主流形式是网页格式，这种邮件广告直接作为邮件内容，不需搭载在邮件的附件内发送，接收者打开邮件时，可直接看到广告信息，是最受广告主欢迎的邮件广告形式，本节介绍它的制作方法。

6.4.1　广告页面制作

(1) 在 Dreamweaver 中新建一个网页文档，利用表格工具插入一个两行一列的表格，在

属性面板上将表格的边框和单元格间距设为 0，将表格的对齐方式设为居中对齐，如图 6-35 所示。

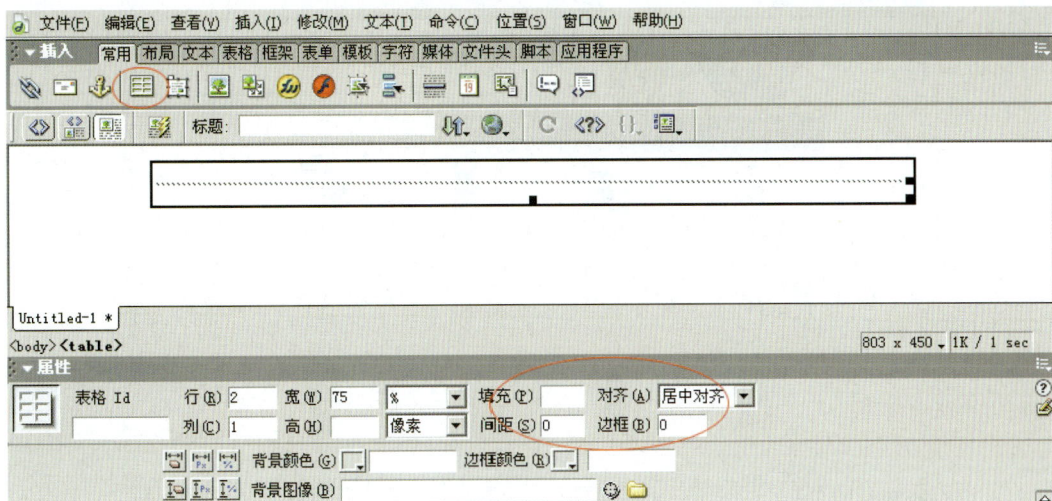

图 6-35　插入的表格

(2) 鼠标右键单击上面单元格的空白处，在弹出的快捷菜单中选择"表格→拆分单元格"命令，在拆分面板上输入列数 2，如图 6-36 所示。

图 6-36　单元格拆分面板

(3) 鼠标单击表格第 1 行的第 1 个单元格，利用图像插入工具插入制作好的圣诞老人的 GIF 动画，按同样方法插入第 2 行的广告图片，最后在表格第 1 行的第 2 个单元格内输入文字"圣诞有礼"，在属性面板上设置字体为华纹彩云，尺寸为+7，前面三个字为绿色，"礼"字为红色，文字的对齐方式为水平居中，垂直对齐方式为中间，如图 6-37 所示。

(4) 单击广告图片，在属性面板上设置链接，该链接地址为购买广告商品的站点地址或产品销售的详细信息页面，如图 6-38 所示。

(5) 按 F12 键预览页面并保存。

6.4.2　邮件广告发送

(1) 书写邮件，在收件人中可以用地址列表给多人发送。在主题栏内输入"圣诞有礼"，在邮件内容文本框内粘贴广告页面的 HTML 代码，如图 6-39 所示。最后单击"立即发送"按钮发送邮件广告。

>>>>>>>>>>

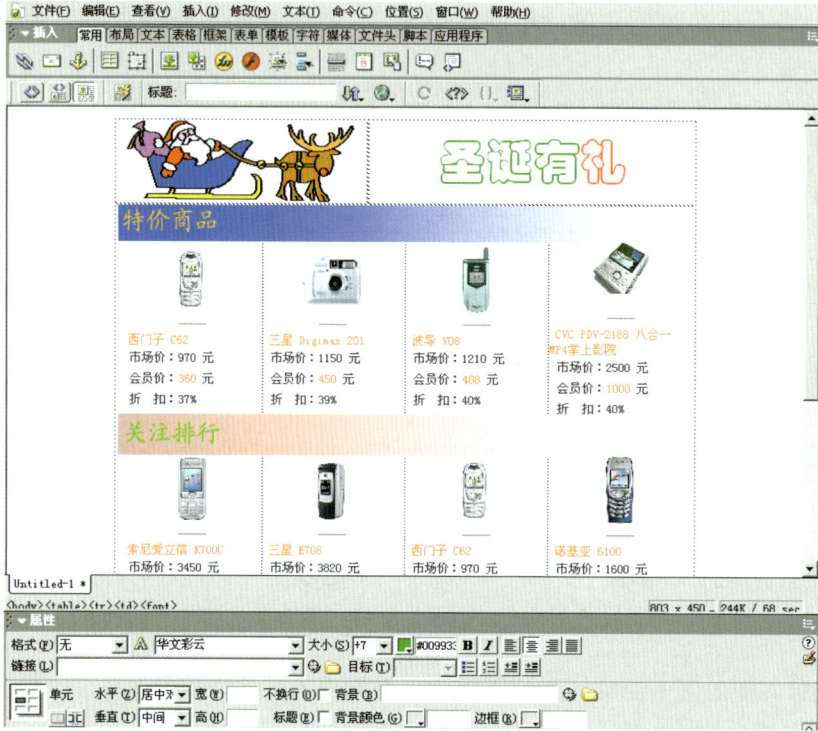

图 6-37 完成的广告页面

图 6-38 为广告图片设置链接

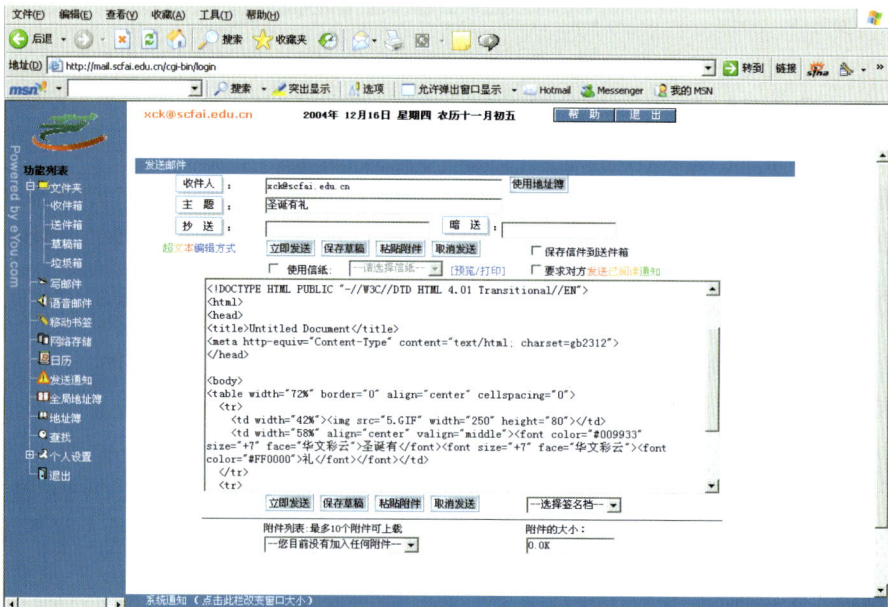

图 6-39 邮件广告的发送

(2) 收件人收到邮件后，在他的收件箱内会出现广告邮件的主题，如图 6-40 所示。

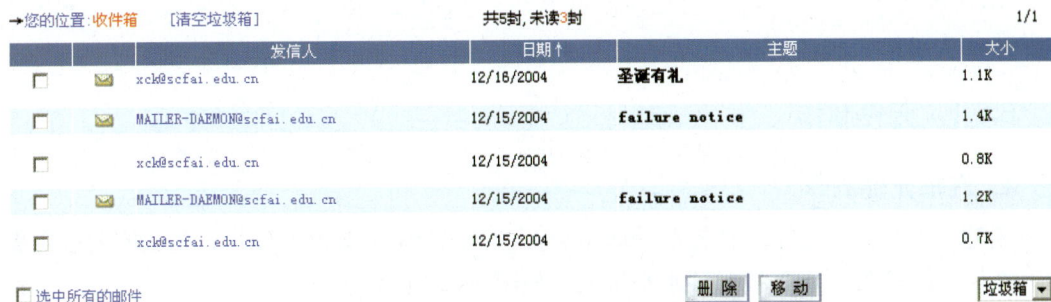

图 6-40　收件人邮箱中的广告邮件

由于是网页式广告邮件，单击查看邮件内容时，邮件内容和邮件的附加信息整合在一个页面上，如图 6-41 所示。

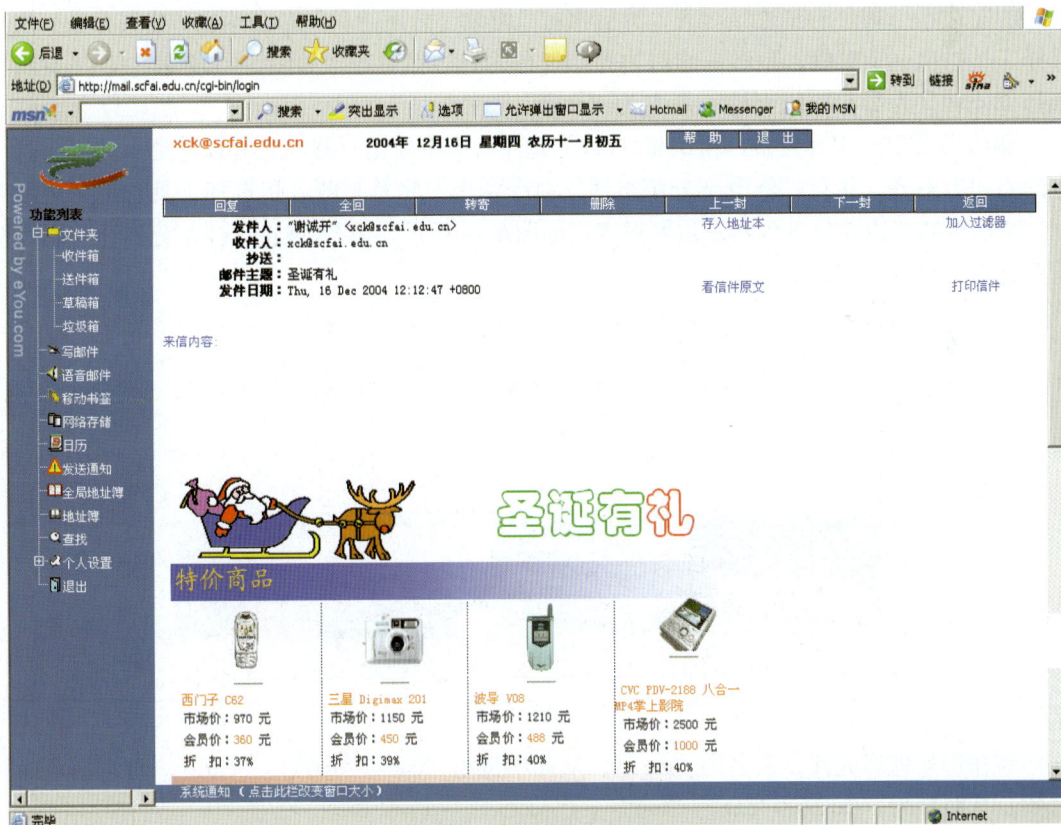

图 6-41　收件人打开的广告邮件

以上只是邮件广告的发送过程描述，具体发送方法与使用的邮件系统有关，特别是广告图片、动画在服务器上的存放位置、超链接设置等，在制作的广告页面代码中要作一些修改才能使广告页面正常显示和链接。

6.5　互动旗帜广告制作实例

本广告采用 Flash 制作，互动采用 Flash 脚本编程。

6.5.1　元件制作

1. 汽车元件制作

新建一影片剪辑元件，取名为"car"。导入准备好的 10 张汽车图片，每张的大小为宽 130 像素，高 80 像素，并按顺序水平排列，如图 6-42 所示。

图 6-42　car 元件

回到场景，将舞台大小设为 468×80（像素），将"car"元件从库中拖出。移动该元件，使它的左边界与舞台的左边界对齐，然后执行"修改→分解组件"命令两次，将其打散。用选择工具拉出一矩形框，矩形框的右边界与舞台的右边界对齐，如图 6-43 所示。按 F8 键将选择部分转化为影片剪辑元件，命名为"car1"。

删除场景中的所有元素，再次将"car"元件从库中拖出，移动它并使它的右边界与舞台的右边界对齐，执行"修改→分解组件"命令两次，将其打散。用选择工具拉出一矩形框，矩形框的左边界与舞台的左边界对齐，如图 6-44 所示。按 F8 键将选择部分转化为影片剪辑元件，命名为"car2"。

图 6-43　car1 元件

新建影片剪辑元件，取名为"car3"，从库中拖出"car"、"car1"、"car2"，将它们水平排列，其顺序为"car2"、"car"、"car1"。

car3 是最终需要的影片剪辑元件，之所以这样制作，是为了能通过互动产生左右循环滚动的效果。

2. 汽车说明元件的制作

每款汽车要制作一个说明影片剪辑元件。

新建一个影片剪辑元件，取名为"sm1"。在图层 1 的第 2 帧插入一个关键帧，利用矩

形工具绘制一个矩形，填充渐变颜色；新建一个图层，在第 2 帧插入一个关键帧，利用文字工具输入该款汽车的说明文字，如图 6-45 所示。最后在第 1 帧上输入脚本 stop()。

图 6-44　car2 元件

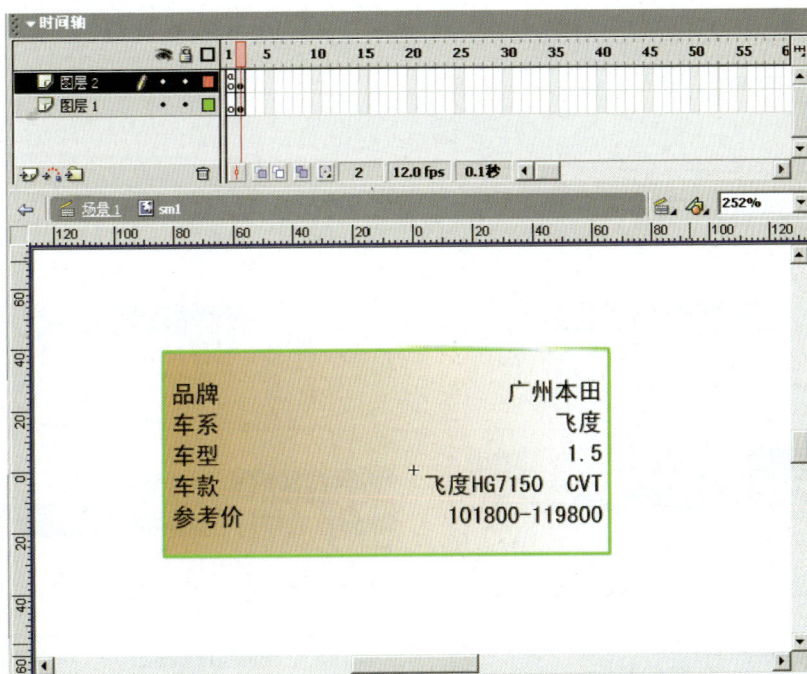

图 6-45　sm1 元件

　　每款汽车的说明元件的制作方法都相同，只是输入的文字不同。按照上述方法制作好 sm2～sm10。

3. 按钮元件制作

　　本广告需要制作一透明按钮，其大小与汽车图片相同。新建一按钮元件，取名为"按钮"，在反应区帧上插入一关键帧，利用矩形工具绘制一个 130×80 的矩形即可。

6.5.2 互动编程

1. 循环滚动编程

(1) 编程所需数据获取。将"car3"元件从库中拖出，移动到右边界与舞台的右边界对齐，打开信息面板，查看其元件实例的 x 坐标，并作好记录，在本例中为 −1007，如图 4-46 所示。这个位置是向左边滚动的最小坐标，如果继续向左移动，就会在舞台上露出空白。为了实现循环滚动的效果，当实例移动到这个位置时，不能继续向左移，而应该将它移动如图 4-47 所示位置。这样，再继续向左移就可以了，并且形成了循环滚动的效果。记录下图 4-47 位置的 x 坐标，在本例中为 324。

按同样的方法，获取向右滚动的最大 x 坐标和到达最大坐标时应该回到的位置的 x 坐标，在本例中为 791 和 −540，如图 6-48 和图 6-49 所示。

(2) 由于舞台的大小是 468×80，它的中心点 x 坐标为 324。本程序实现循环滚动，且滚动的方向与鼠标的光标位置有关，当光标在舞台中心偏左时向左滚动，偏右时向右滚动，刚好在中心点时不滚动。

新建一个图层，改名为"action"，在第 1 帧上输入如下脚本：

```
dx=5;
if(_root._xmouse>234)
{
    x=cars._x+dx;
        if(number(x)<=791)
        {
```

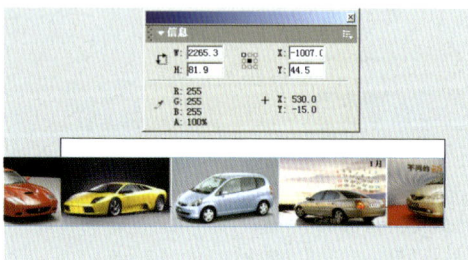

图 6-46　car3 元件左移极限位置坐标

图 6-47　car3 左移到极限后切换的位置及坐标

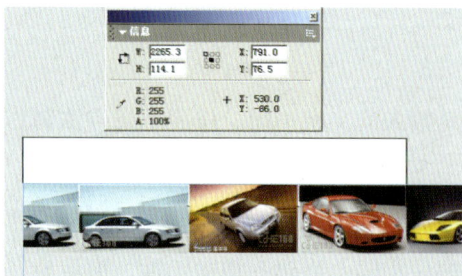

图 6-48　car3 元件右移极限位置坐标

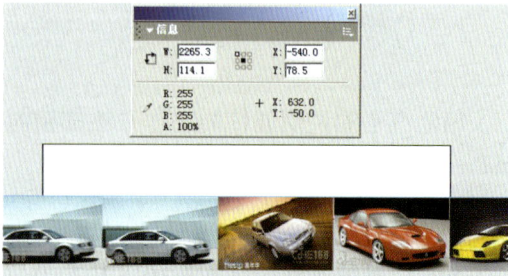

图 6-49　car3 右移到极限后切换的位置及坐标

```
            cars._x=x;
         }else{
            cars._x=-540;
             }
      }else{
         x=cars._x-dx
         if(number(x)>=-1007)
          {
          cars._x=x;
            }else{
               cars._x=324;
                }
            }
```

程序中 dx 是每帧水平移动的距离，改变它的大小可以调整滚动的速度。

将"car3"元件实例在属性面板上命名为 car，移动到它的上下边界与舞台的上下边界对齐，然后分别在 car 图层和 action 图层的第 2 帧处插入关键帧，将 action 图层第 1 帧上的脚本复制到第 2 帧上，如图 6-50 所示。

图 6-50　car3 与舞台上下对齐

测试影片，会看到循环滚动的效果；移动鼠标，则会看到滚动的方向发生改变。

2．鼠标动作的编程

本部分编程实现鼠标放到任意一辆汽车上时停止滚动，同时显示该款汽车的说明文字；鼠标移开时，恢复滚动，同时说明文字消失；鼠标单击时，链接到 www.che168.com.cn。

在库面板中双击元件"car3"，将按钮元件拖到各个汽车上，然后再将各种汽车的说明元件拖到相应的汽车上。由于说明元件的第 1 帧是空白帧，只能看见一个小圆点，把小圆点

对齐汽车中心即可。在属性面板上将说明元件的实例分别命名为 sm1，sm2，…，sm10，如图 6-51 所示。

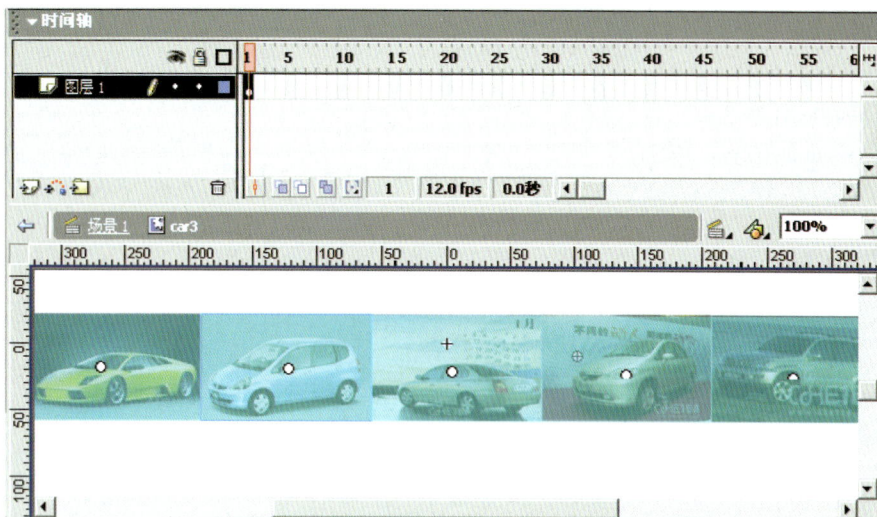

图 6-51　添加的按钮与说明元件

在各个按钮上编写脚本。如下是第 6 辆汽车上按钮的脚本：

```
on (rollOver) {
    _root.stop() ;
    sm6.gotoAndStop(2) ;
}
on (rollOut) {
    _root.play() ;
    sm6.gotoAndStop(1) ;
}
on (press) {
    getURL("www.che168.com.cn", "_blank") ;
}
```

其他按钮上的脚本与此基本相同，只需修改说明元件实例的名称即可。

测试影片，当鼠标光标移入某辆汽车上时，汽车停止滚动，出现该款汽车的说明文字，如图 6-52 所示。

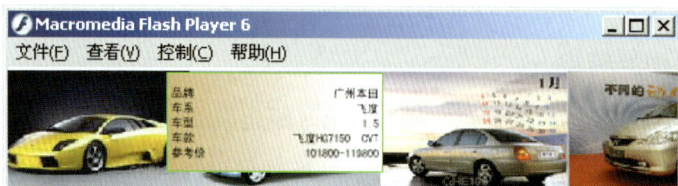

图 6-52　点击汽车时出现的说明

3．发布动画

将动画发布为 Flash 影片（.SWF）即可。

6.5.3　广告发布

(1) 在 Dreamweaver 中打开发布广告的网页文档，在预留的广告位置单元格内单击鼠标，使光标置于其内，利用 Flash 影片插入工具将制作好的影片插入，如图 6-53 所示。

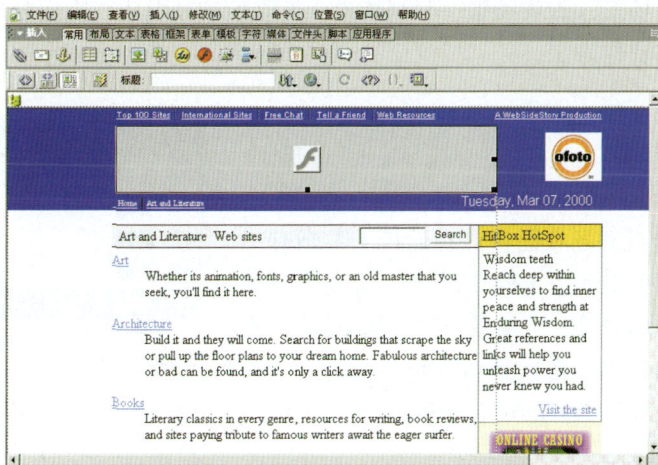

图 6-53　在页面上插入 Flash 广告影片

(2) 按 F12 键在浏览器中测试页面，看到广告已经发布到该页面上了，如图 6-54 所示。

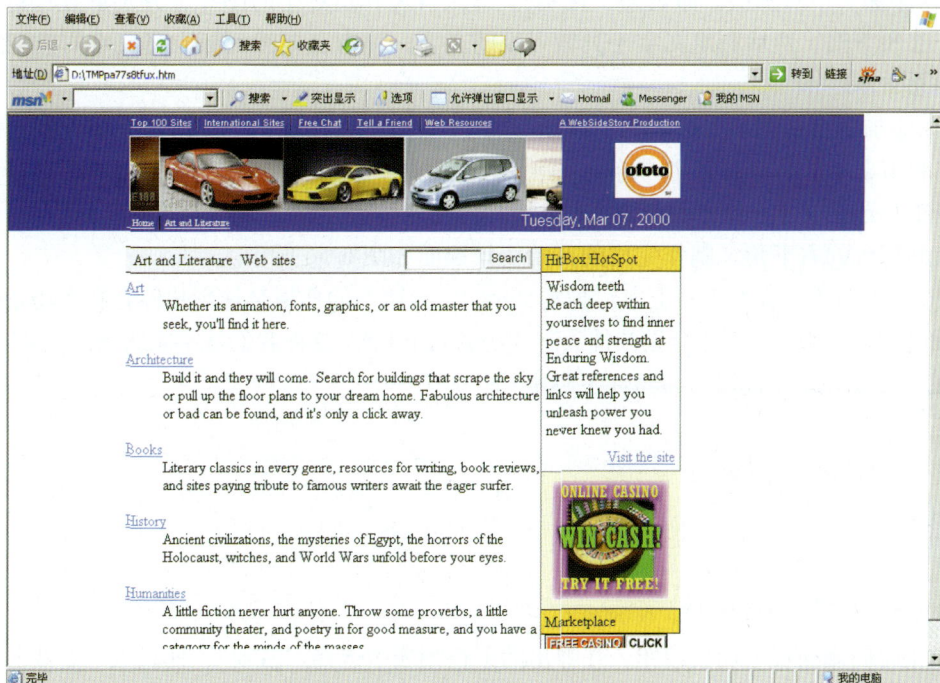

图 6-54　浏览页面时看到的广告

>>>>>>>>

(3) 在文件菜单中选择"保存"命令，保存发布了广告的网页文件。

6.6 游戏广告制作实例

游戏广告能使人们在游戏的过程中加深对广告产品的了解，形成深刻的印象。这种广告一般不发布在信息内容页面上，它常作为一个独立栏目的内容之一，比如在企业的网站内开设游戏天地栏目，也可作为按钮广告、旗帜广告、悬浮广告等广告形式的链接。

本实例由开始场景、游戏场景、胜利场景、失败场景等组成，下面分别介绍在 Flash 中各个场景的内容和制作方法。

6.6.1 开始场景制作

1．场景建立与命名

按 Shift+F2 键打开场景面板，在面板上看到有一个场景"场景 1"，单击面板上的"+"按钮添加 3 个场景，默认名称为"场景 2"、"场景 3"、"场景 4"，依次双击各个场景的名称，将场景名改为"开始"、"游戏"、"失败"、"胜利"，如图 6-55 所示。

图 6-55　场景的建立与命名

2．场景内容制作

(1) 在场景面板上单击"开始"场景，双击图层 1，将其改名为"背景"。利用矩形工具绘制一个与舞台一样大小的矩形，在矩形内利用填充工具填充蓝白的径向渐变色。

(2) 添加一个新图层，命名为"说明"。导入真菌和达克宁的图片，分别放置在舞台左边的上部和下部。然后利用文字工具输入说明文字，注意在属性面板上将文字的类型选择为"静态文本"。

(3) 添加一个新图层，命名为"按钮"。利用矩形工具绘制一个矩形框，填充颜色选为灰色；利用文字工具输入文字"游戏开始"，文字颜色为红色，位置与矩形框中心对齐；利用选择工具选择文字和矩形框，按 F8 键将其转化为按钮元件，命名为"游戏开始"，移动该按钮到舞台的右下角。制作完成的开始场景画面如图 6-56 所示。

(4) 编写脚本。在第 1 帧上书写脚本 stop( )，该脚本的作用是使影片停止在本场景的第 1 帧，如果没有该脚本，影片会继续播放游戏场景的第 1 帧，这样我们就不能阅读游戏说明了。

在"游戏开始"按钮上编写如下脚本：

```
on (press) {
    gotoAndPlay("游戏", 1) ;
    }
```

6.6.2 游戏场景制作

单击时间轴面板上场景按钮，在弹出的下拉列表中选择"游戏"，便进入"游戏"场景的制作，如图 6-57 所示。

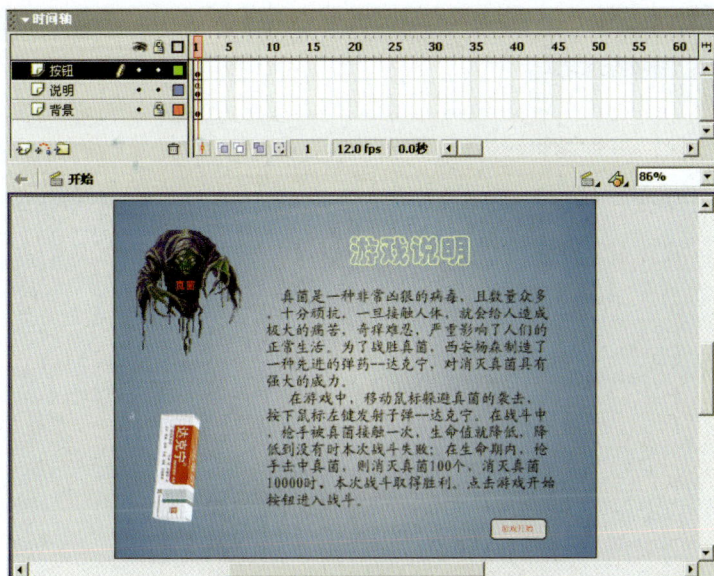

图 6-56　开始场景

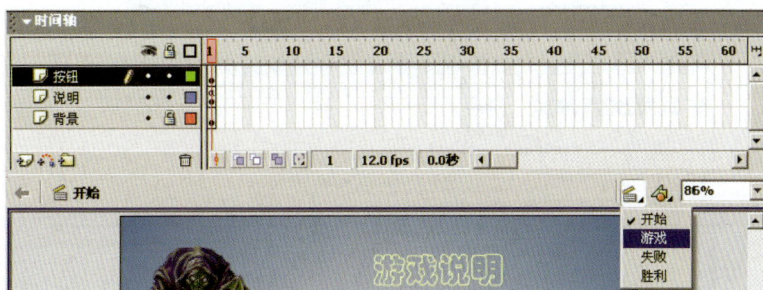

图 6-57　转入游戏场景

1. 背景元件制作

新建一影片剪辑元件，取名为"背景"。将图层 1 改名为"地面"，导入一地面图片；新建一图层，改名为"天空"，在该层的第 1 帧导入一天空图片，向上移动它的位置，使其下部露出一部分地面，如图 6-58 所示。

2. 真菌元件的制作

(1) 原地运动真菌元件制作

● 真菌图层制作。新建一影片剪辑元件，取名为"真菌"。将图层 1 改名为"真菌"，导入一制作好的"真菌"原地动作 GIF 动画，该动画长度为 5 帧；在第 6 帧插入一关键帧，单击该帧，按 F8 键将该帧的图片转化为图形元件，取名为"击中真菌"，在属性面板上将动画方式设为"移动"；在第 10 帧处插入一关键帧，将该帧的图片向上移动一段距离，表示真菌被击中后后退，如图 6-59 所示。

● 文字图层制作。新建一图层，改名为"文字"。利用文字工具输入"真菌"，颜色为红色，在第 5、6、10 帧插入关键帧，在第 6 帧将动画方式设为"移动"，在第 10 帧将文字向上移动，保持与真菌的相对位置不变。

图 6-58 背景元件

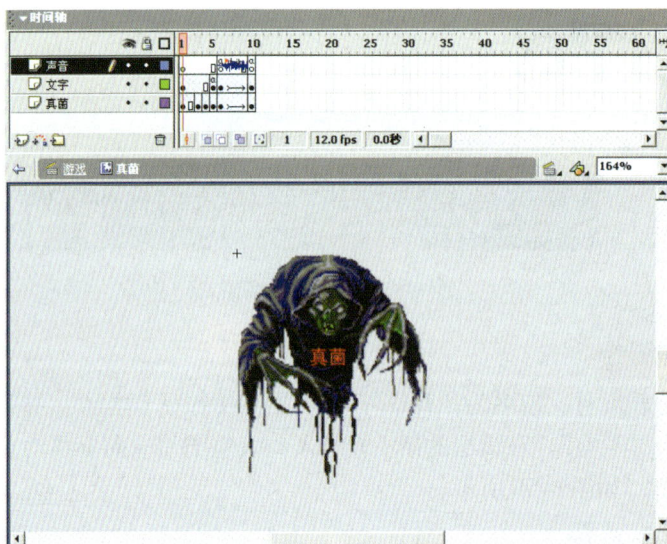

图 6-59 真菌元件

● 声音图层制作。新建一图层，改名为"声音"。在第6帧处插入一关键帧，导入一惨叫声，表示真菌被击中后的叫声，然后在第10帧处插入一关键帧。

● 脚本编写

◆ 在第5帧处的脚本

gotoAndPlay(1);

该脚本使真菌在没有被击中的情况下在1~5帧内循环播放。

◆ 真菌图层第1帧影片剪辑上的脚本

单击真菌图层第1帧的真菌图片，按F8键将它转化为影片剪辑元件，然后在该影片剪辑实例上编写如下脚本：

```
onClipEvent (enterFrame) {
        for (j=1; j<=10; j++) {
                        if (hitTest(String(″ _root.bullet″ +j))) {
                                        _parent .gotoAndPlay (″ hit″ );
                        }
        }
}
```

该脚本判断本影片剪辑实例是否与子弹影片剪辑实例 bullet1～bullet10 相碰撞。如果发生碰撞，表示真菌被子弹击中，则转到父级的 hit 帧播放，即真菌元件的 hit 帧。

◆ 第 6 帧（hit 帧）的脚本

单击第 6 帧，在属性面板上输入帧标签名 hit，然后在该帧上输入如下脚本：

```
_root.score = _root.score+100;
```

该脚本是消灭真菌数的计数累加，每击中一次增加 100。

◆ 第 10 帧上的脚本

```
_parent.gotoAndPlay(1);
```

该脚本使真菌影片剪辑父级转到第 1 帧播放，父级的影片剪辑将在下面制作。

(2) 真菌运动元件的制作

真菌运动元件是真菌元件的父级元件，为了使真菌的运动具有复杂性和不可预测性，要制作多种运动路径的真菌运动元件。下面是一种运动元件的制作方法。

● 真菌图层制作。新建一影片剪辑元件，取名为"真菌运动 1"。将图层 1 改名为"真菌"，从库中拖出元件"真菌"，在第 150 帧处插入一关键帧，然后在第 1 帧处将动画方式设为"移动"。

● 导引图层制作。新建一导引图层，改名为"运动路径"。利用铅笔工具从上到下绘制一条曲线，该曲线是真菌运动的路径。

● 实施导引。锁定"运动路径"图层，在"真菌"图层的第 1 帧上利用移动工具移动真菌，使真菌的中心点对齐路径曲线的上端点，如图 6-60 所示。靠近时有自动吸附功能。

单击第 150 帧，移动真菌使中心点与路径曲线的下端点对齐。导引完成后，滑动播放游标，观察真菌是否沿路径运动，如果没有，则重新导引一次。

按照上述方法分别制作"真菌运动 2"和"真菌运动 3"影片剪辑元件，在元件中只需改变运动路径曲线即可，使真菌有不同的运动曲线和方向。

3. 子弹元件制作

(1) 静态子弹元件制作

新建一影片剪辑元件，取名为"子弹"。利用椭圆工具绘制一椭圆，填充上径向的黑白渐变色，然后利用文字工具输入"达克宁"，纵向排列，红色，位置与椭圆对齐。

(2) 运动子弹元件制作

● 子弹图层制作。新建一影片剪辑元件，取名为"子弹运动"。将图层 1 改名为"子弹"，把"子弹"元件从库中拖出，在第 2 帧和第 18 帧处插入关键帧；然后在第 2 帧处将动画方式设为"移动"，在第 18 帧处将子弹元件向上移动 300 像素左右。

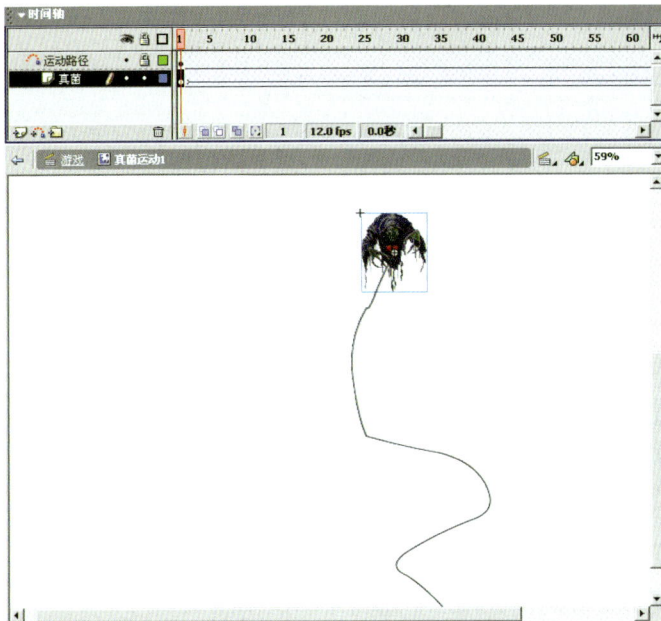

图 6-60 真菌运动元件

● 声音图层制作。新建一图层，改名为"声音"。在第 2 帧处插入一关键帧，导入一子弹呼啸的声音文件。

● 脚本编写

◆ 第 1 帧的脚本

this._y=﹣100；

this._x=﹣100；

stop()；

该脚本使该元件的实例放置在舞台外的左上方，并停止在第 1 帧，这样子弹在未发射之前在舞台内不能看见，且保持静止。

◆ 第 2 帧的脚本

第 2 帧是子弹发射之后运动的开始，由枪手的发射行为来启动播放，该帧的脚本如下：

this._y=_root.shooter._y ﹣ 90；

this._x=_root.shooter._x + 8；

该脚本是将本元件实例的位置放到枪手的枪口位置，使子弹从枪口射出。shooter._y 是枪手的 y 坐标，shooter._x 是枪手的 x 坐标，数值 90 和 8 是枪口与枪手坐标在 y 和 x 方向的偏移量。制作完成的子弹运动元件如图 6-61 所示。

4．枪手元件的制作

(1) 枪手图层制作

新建一影片剪辑元件，取名为"枪手"。将图层 1 改名为"枪手"，在属性面板上设置该帧的标签为"left"，利用各种绘制工具和填充工具绘制一个枪手的右侧形象，表示枪手站

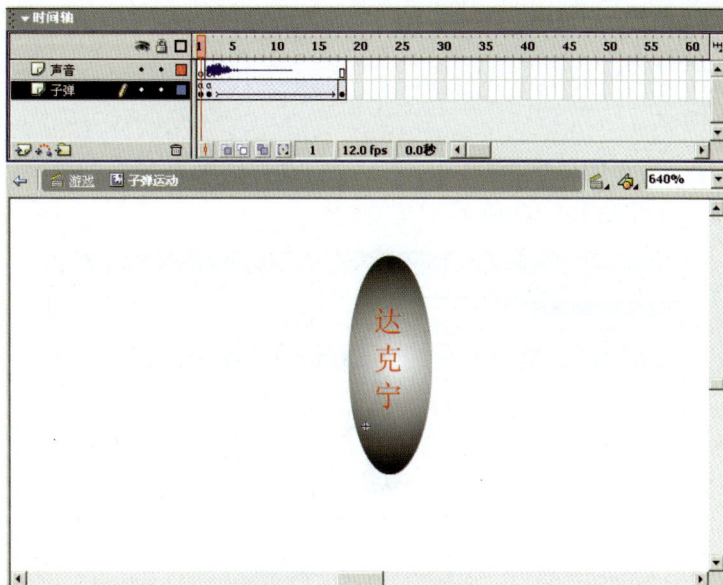

图 6-61 子弹运动元件

在舞台左侧时向右观看，如图 6-62(a)所示。

在第 2 帧处插入一关键帧，选择该帧上的所有图形，执行"修改→转换→水平翻转"命令，得到枪手的左侧形象，并在属性面板上设置该帧的标签名为"right"，表示枪手站在右边向左观看，如图 6-62(b)所示。

在第 3 帧处插入一空白关键帧，绘制一个枪手举枪射击的形象，如图 6-62(c)所示。绘制完成后，在第 6 帧处插入一关键帧，并在第 3 帧处将帧标签名设为"shoot"，表示枪手的射击动作开始。

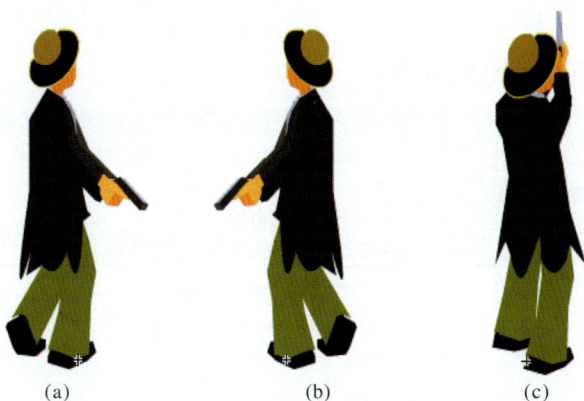

(a) (b) (c)

图 6-62 枪手的 3 个关键帧

(2) 脚本编写

● 第 3 帧上的脚本

_root.shoot = true ;

该脚本将 shoot 变量的值赋为 true，表示射击动作开始。
- 第 4 帧上的脚本

_root.shoot = false;

该脚本将 shoot 变量的值赋为 false，表示射击动作结束。

完成后的枪手元件如图 6-63 所示。

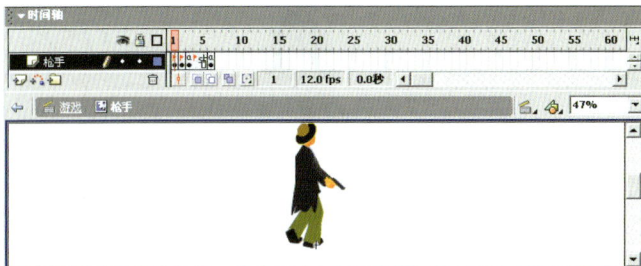

图 6-63　枪手元件

5. 生命线元件制作

(1) 生命图层制作

新建一影片剪辑元件，取名为"生命"。将图层 1 改名为"生命"，利用矩形工具绘制一长方形，填充红色，利用自由转换工具将中心点移到长方形左边缘中间，在属性面板上将动画方式设为"形状"。在第 5 帧插入一关键帧，利用自由转换工具将长方形向左压短，表示最低生命值。

(2) 文字图层制作

新建一图层，改名为"文字"。利用文字工具输入"生命线"，颜色为黑色，位置在矩形的左侧，然后在第 5 帧插入一关键帧。

(3) 脚本编写

在第 5 帧处输入脚本 _root.over = 1；该脚本将变量 over 的值赋为 1，表示枪手的生命完结。

制作完成的生命元件如图 6-64 所示。

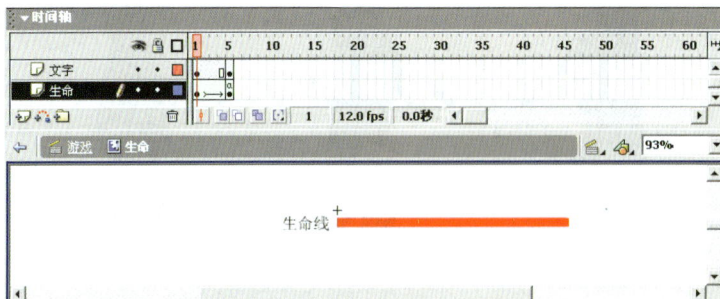

图 6-64　生命元件

6. 场景制作

(1) 背景图层制作

单击时间轴面板上的场景按钮，选择"游戏"回到游戏场景制作。将图层 1 改名为"背

景",从库中拖出制作好的"背景"元件,利用自由转换工具将大小调整到与舞台一致。

(2) 子弹图层制作

新建一图层,改名为"子弹",从库中拖出制作好的"子弹运动"元件 10 次,将它们排列整齐,放在舞台左侧外面,并在属性面板上将它们的实例分别命名为 bullet1~bullet10,如图 6-65 所示。

(3) 真菌图层制作

新建一图层,改名为"真菌",从库中拖出制作好的"真菌运动 1"、"真菌运动 2"、"真菌运动 3"元件两次,放置在舞台之上,并在属性面板上将它们的实例分别命名为 germ1~germ6,如图 6-65 所示。

(4) 枪手图层制作

新建一图层,改名为"枪手",从库中拖出制作好的"枪手"元件,放置在舞台外面,并在属性面板上将实例命名为"shootcr",如图 6-65 所示。

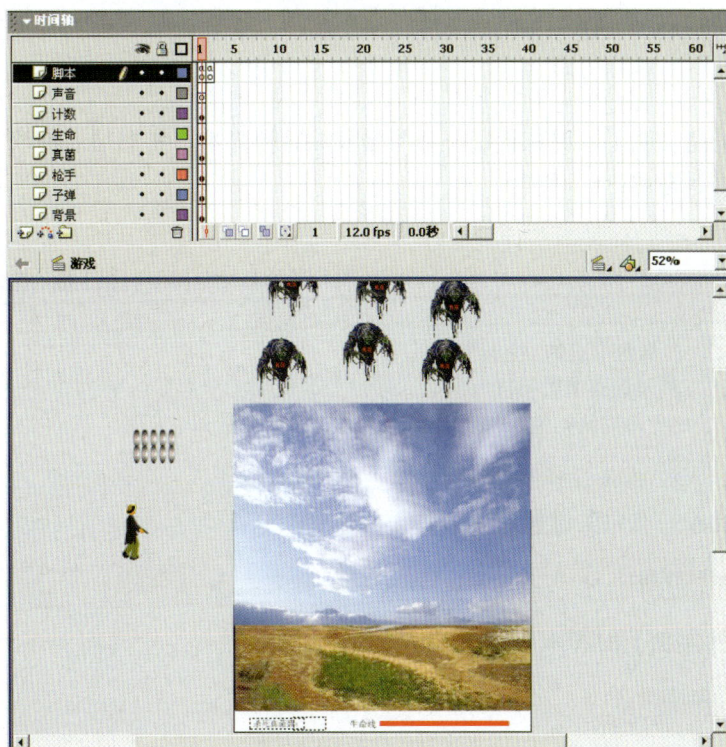

图 6-65　游戏场景

(5) 生命图层制作

新建一图层,改名为"生命",从库中拖出制作好的"生命"元件,放置在舞台外面,并将实例命名为"life",如图 6-65 所示。

(6) 计数图层制作

新建一图层,改名为"计数"。利用文字工具输入"消灭真菌数",文本类型为静态,颜色为黑色;再利用文字工具拖出一文本框,文本类型为动态文本,颜色为红色,在属性面板的变量名文本框内输入 score,如图 6-66 所示。文字和动态文本框的位置如图 6-65 所示。

>>>>>>>>>

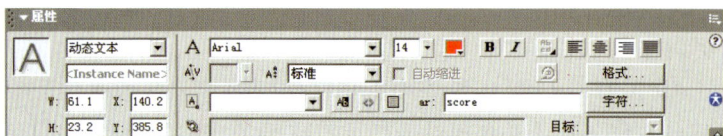

图 6-66　记分动态文本框设置

(7) 声音图层制作

新建一图层，改名为"声音"。导入一击鼓的背景音乐文件，并在属性面板上将声音的循环次数设为 999，声音同步类型设为"开始"，如图 6-67 所示。

图 6-67　声音设置

(8) 脚本编写

● 帧脚本

为了更加清楚、明了，现在新建一个图层来编写帧脚本，将图层名称改为"脚本"，在第 1 帧上输入如下脚本：

```
stop () ;
startDrag ("shooter", true, 0, 260, 540, 350); /* 将枪手的移动范围限制在土地的范围内 */
mouse.hide();
mid_x = 275;     /* 舞台中点的 x 坐标 */
score = 0;        /* 消灭真菌数初值 */
over = 0;         /* 生命完结初值，0 表示没有完结，1 表示完结 */
```

注意：/*　　*/ 内是注释。

在第 2 帧插入一空白关键帧，输入如下脚本：

```
gotoAndStop("胜利", 1) ;
```

● 生命元件实例上的脚本

```
onClipEvent (load) {
  stop() ;
}
```

该脚本使元件实例被加载时就停止播放。

● 真菌运动元件实例上的脚本

在 6 个真菌运动元件实例上书写如下脚本：

```
onClipEvent (load) {
    stop();
  }
```

该脚本使真菌运动的元件实例被加载时就停止播放。

● 枪手元件实例上的脚本

```
onClipEvent (mouseDown) {    /* 影片剪辑装载事件开始 */
/* 每按下鼠标一次，就依次启动子弹运动元件实例 bullet1~bullet10 中的一个，产生连发，并播放枪手
的射击动作 */
    _root.i = _root.i+1 ;
    tellTarget ("_root.bullet" +_root.i) {
            play() ;
            }
    _root.shooter.gotoAndPlay("shoot") ;
    if (_root.i>9) {
            _root.i = 0 ;
            }
}/* 影片剪辑装载事件结束 */
onClipEvent (enterFrame) {/* 播放帧事件开始 */
/* 如果生命完结，停止所有声音并转到下一场景，即失败场景 */
    if (_root.over) {
            tellTarget ("_parent") {
                    stopAllSounds() ;
                    nextScene();
            }
    }
/* 如果消灭的杀菌数超过 10000，经由本场景第 2 帧的脚本转到胜利场景 */
    if (_root.score>=10000) {
            tellTarget ("_parent") {
                    stopAllSounds() ;
                    gotoAndPlay(2) ;
            }
    }
/* 判断是否与真菌相碰撞，如果相碰，置枪手透明，生命元件播放下一帧，即生命线缩短 */
    if (k<6) {
            if (hitTest(String("_root.germ" +k))) {
                    _root.shooter._alpha=10 ;
                    _root.life.nextFrame() ;
                    } else {
                    _root.shooter._alpha=100 ;
                    }
            k = k+1 ;
    } else {
            k = 1 ;
            }
/* 启动真菌运动元件实例播放，每 20 帧启动一个，120 帧后全部启动 */
    if (germNumber<5) {
```

```
            count = count+1；
            germNumber = Math.floor(count/20)；

            tellTarget (String("_root.germ" +(germNumber+1))) {
                    play()；
            }
    }
/* 如果枪手没有发射，根据枪手在舞台中心的左右位置，播放不同的侧面形象 */
  if (not _root.shoot) {
            if (_root.shooter._x<_root.mid_x) {
                        _root.shooter.gotoAndStop("left")；
            } else {
                        root.shooter.gotoAndStop("right")；
            }
    }
}/* 播放帧事件结束 */
```

6.6.3 失败场景制作

1. 元件制作

(1) 真菌生长元件制作

本元件要制作出真菌源源不断生长出来的动画效果。

● 新建一影片剪辑元件，命名为"真菌生长"。在图层1的第1帧从库中拖出真菌的图片，按F8键将它转化为图形元件，然后在第60帧处插入一关键帧，并将该帧的图形下移320像素，在属性面板上将Alpha属性调到0%。再单击第1帧，在属性面板上将动画方式设为"移动"，Alpha设为100%，并将该帧的真菌缩小到20像素左右。

● 分别在第15帧、16帧、30帧、31帧、45帧、46帧处插入关键帧，如图6-68所示。

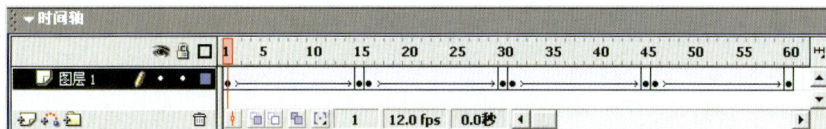

图6-68　生长过程分段动画

● 新建图层2、图层3、图层4，分别将图层1的16～30帧、31～45帧、46～60帧复制到图层2、图层3、图层4的1～15帧，然后删除各图层的16～60帧，如图6-69所示。

(2) 按钮元件制作

本场景需要制作两个按钮，一个用于重玩游戏，另一个用于退出游戏。两个按钮的制作方法相同，如下介绍重玩按钮的制作。

● 新建一个按钮元件，命名为"重玩"。新建图层2，在该层的Up帧用文字工具输入"继续战斗"，字体为隶书，颜色为蓝色，然后在反应区帧插入关键帧。

● 在图层1的反应区帧插入一关键帧，利用矩形工具绘制一文字区域大小相同的矩形，如图6-70所示。

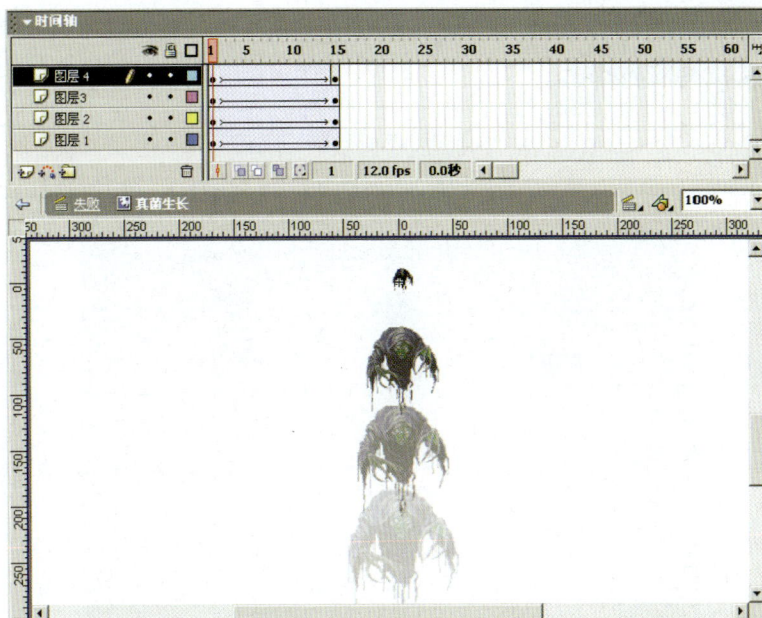

图 6-69　真菌生长元件

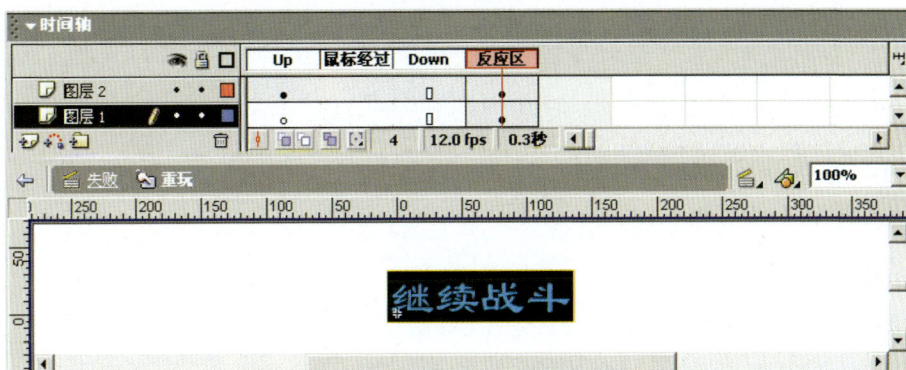

图 6-70　重玩按钮

退出按钮的制作方法完全相同，只是将文字改为"改日再战"。

2. 场景制作

(1) 背景图层制作

将图层 1 改名为"背景"，利用矩形工具绘制一个与舞台大小相同的矩形，并填充径向渐变色；利用文字工具输入"正确使用达克宁是胜利的关键"，颜色为红色，字体为楷体，位置在舞台下部。

(2) 真菌图层制作

新建一图层，改名为"真菌"。将真菌生长元件从库中拖出 3 次，利用自由变换工具将一个实例顺时针旋转 20°，将另一个反时针旋转 20°，3 个实例的排列如图 6-71 所示。

(3) 按钮图层制作

新建一图层，改名为"按钮"。从库中拖出制作好的重玩和退出按钮元件，放置在舞台

>>>>>>>>

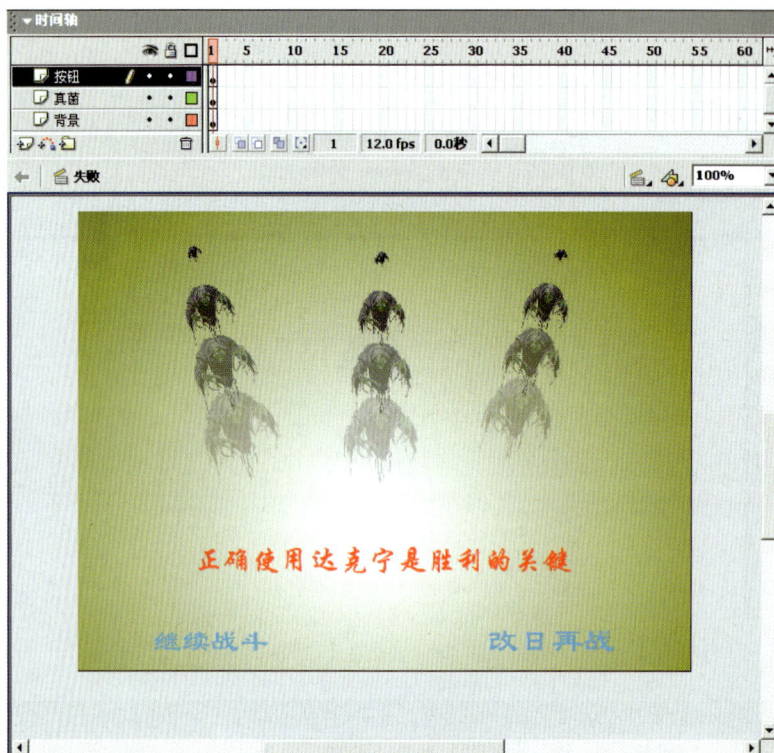

图 6-71　失败场景

下部即可。

在重玩按钮上编写如下脚本：

```
on (press) {
    gotoAndPlay("游戏", 1) ;
}
```

在退出按钮上编写如下脚本：

```
on (press) {
    getURL("javascript:window.close()") ;
}
```

该脚本通过 getURL() 命令来执行 Javascript 语言的窗口关闭命令 window.close()，使在退出按钮上按下鼠标左键时关闭游戏所在的浏览器窗口。

(4) 帧脚本编写

在场景的第 1 帧上编写如下脚本：

```
mouse.show() ;
```

由于在游戏场景中隐藏了鼠标光标，该脚本使鼠标的光标重新显示。

6.6.4 胜利场景制作

(1) 背景图层制作

将图层1改名为"背景"，利用矩形工具绘制一矩形，其大小与舞台相同。在调色板上选择线性填充方式，编辑好渐变颜色，利用填充工具填充矩形，如图6-72所示。

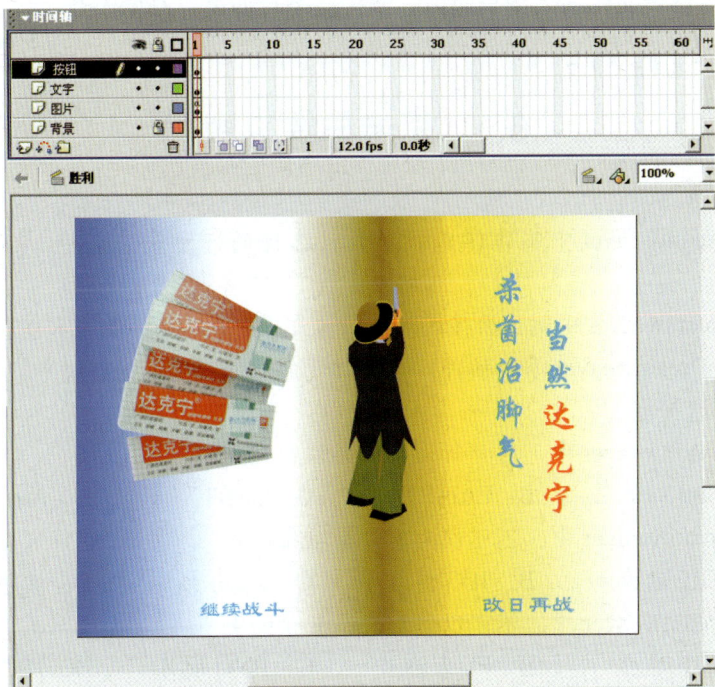

图 6-72 胜利场景

(2) 图片图层制作

新建一图层，将图层名称改为"图片"。导入一张达克宁的图片并放置在舞台的左边，按Ctrl+B键将图片打散后，利用橡皮工具擦掉不要的图片背景。将枪手元件从库中拖出，放置在舞台中部，在属性面板上将实例类型改为图形，播放方式选为单帧，在播放帧框内输入3，如图6-73所示。

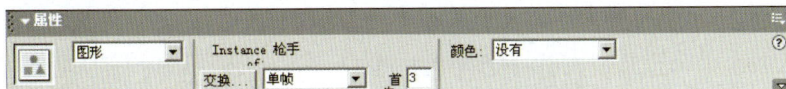

图 6-73 设置图形实例的单帧播放

(3) 文字图层制作

新建一图层，将图层名称改为"文字"。利用文字工具输入"杀菌治脚气"和"当然达克宁"，文字纵向排列，字体为楷体，除"达克宁"三个字的颜色为红色外，其余为蓝色，如图6-72所示。

(4) 按钮图层制作

新建一图层，将图层名称改为"按钮"。从库中拖出重玩和退出按钮，放置在舞台的下部，如图6-72所示。

（5）脚本编写

本场景的帧脚本和按钮脚本与失败场景相同。

6.6.5　游戏广告的发布

游戏广告一般是一个独立的页面，可以直接链接游戏的 SWF 影片格式文件来开始游戏，也可将 SWF 影片格式文件插入到页面内，链接这个页面就可开始游戏。

6.7　思考与练习题

1．填空题

（1）在 Dreamweaver 中制作弹出式广告，选择的行为是 _____，选择的事件是 _____。

（2）在 Dreamweaver 中制作漂移式广告，需要将广告动画的层拖入 _____ 面板。

（3）要为 Dreamweaver 添加插件，需要打开的程序是 _____。

2．单项选择题

（1）在 Dreamweaver 中，打开行为面板的快捷键是（　　）。

    A．Shift+F3　　　　B．Ctrl+F3　　　　C．Ctrl+L　　　　D．Alt+F3

（2）在 Dreamweaver 中，不可以为其设置链接的是（　　）。

    A．GIF 动画　　　　B．JPG 图片　　　　C．Flash 影片　　　　D．文字

（3）在 Dreamweaver 中，不可以作为表格背景的是（　　）。

    A．GIF 动画　　　　B．Flash 影片　　　　C．PNG 图片　　　　D．JPG 图片

（4）在 Dreamweaver 中，下列关于层的说法正确的是（　　）。

    A．层可以改变大小，但不能改变位置

    B．可以为层设置背景颜色和边框

    C．Flash 影片可以插入到层内，也可作为层的背景

    D．层可以隐藏或显示，隐藏的层在浏览时不可见

3．上机题

（1）仿照本章的方法，制作一弹出式广告。

（2）仿照本章的方法，制作一漂移式广告。

（3）仿照本章的方法，制作一悬浮式广告。

4．思考题

（1）如何评价网络广告的效果？

（2）如何选择网络广告发布的站点？

习题参考答案

第 1 章　网络的广告价值

1. 填空题

(1) 通信　资源共享　　(2) 1994　Hotwired　　(3) IT　手机　汽车　房地产

(4) 7950 万

2. 单项选择题

(1) A　　　　　　(2) B　　　　　　(3) D　　　　　　(4) B

3. 多项选择题

(1) A、B　　　　(2) A、B、D　　　(3) A、B、C、D

第 2 章　网络广告的一般原理

1. 填空题

(1) 468　60　　　(2) 文字　图像　声音　动画　　　(3) GIF　Flash

(4) GIF　JPG　PNG

2. 多项选择题

(1) A、B、D　　　(2) A、B、C　　　(3) A、C、D

第 3 章　网络广告设计

1. 填空题

(1) 品牌形象法　　(2) 怎么说　　　(3) 远景　全景　中景　近景　特写

(4) 推拉

2. 单项选择题

(1) C　　　　　　(2) A　　　　　　(3) D　　　　　　(4) B

第 4 章　网络广告动画制作

1. 填空题

(1) GIF　Flash　　(2) COOL 3D　　(3) GIF Animator　(4) Flash

2. 单项选择题

(1) C　　　　　　(2) A　　　　　　(3) B　　　　　　(4) C

第 5 章　网络广告互动技术

1. 填空题

(1) 关键　　　　　(2) false　　　　(3) ab3　　(4) stop( )　play( )

2. 单项选择题

(1) C　　　　　　(2) B　　　　　　(3) B　　　　　　(4) D

第 6 章　网络广告制作实例

1. 填空题

(1) 打开浏览器窗口　(2) Onload　　　(3) 扩展管理器

2. 单项选择题

(1) A　　　　　　(2) C　　　　　　(3) B　　　　　　(4) D

参 考 文 献

[1] 杨坚争，汪芳，李大鹏. 网络广告学. 北京：电子工业出版社，2002

[2] 彭兰等译. 网络研究. 北京：新华出版社，2004

[3] 杜俊飞. 网络传播概论. 福州：福建人民出版社，2003

[4] 纪华强. 广告战略与决策. 大连：东北财经大学出版社，2001

[5] 李光斗. 解密创意. 广州：广东旅游出版社，2004

[6] 张帆，罗琦，宫晓东. 网络界面设计艺术教程. 北京：人民邮电出版社，2002

[7] 中华广告网. www.a.com.cn

[8] 中国互联网中心. www.cnnic.net.cn

[9] 郑伯鸿. Flash MX Action Script 语法参考词典. 北京：中国铁道出版社，2003